Dieser Mann nahm alles mit

Joachim Ringelnatz (1883–1934), den komischen Kauz und Dichter schräger Reime, wer mag ihn nicht? Aber Ringelnatz ist viel mehr. Sein Leben spiegelt das Elend, aber auch den Glanz der deutschen Vergangenheit wider: Der Bürgersohn fliegt vom Gymnasium, weil er sich, von Samoanerinnen auf der Völkerschau fasziniert, tätowieren lässt. Als Seemann fährt er um die Welt, in München lernt er die Bohème kennen, schreibt seine ersten Gedichte. Und nach dem Ersten Weltkrieg wird Ringelnatz ein berühmter Mann: Bei seinen wilden Bühnenshows im Matrosenkleid trinkt, singt und brüllt er und zertrümmert auch mal Stühle. Mit seinen erotischen, zeitkritischen, kuriosen, aber auch schwermütigen Gedichten wird er so berühmt wie die Comedian Harmonists.

An seinem 50. Geburtstag, seit Längerem lebt er in Berlin, feiern ihn Asta Nielsen, Paul Wegener, die Größen jener Zeit. Doch im selben Jahr kommen die Nazis an die Macht. Ringelnatz' Malerei gehört jetzt zur ›entarteten Kunst‹, seine Bücher kommen auf den Scheiterhaufen, er selbst erhält Auftrittsverbot. Ein Freund vermittelt ihm ein persönliches Gespräch mit Hitlers Chefideologen Alfred Rosenberg in der Bar Peltzer, um zu retten, was noch zu retten ist. Ringelnatz geht widerstrebend hin. Kaum erhebt sich Rosenberg bei seinem Eintritt vom Stuhl, bleibt Ringelnatz stehen, sagt »nein«, dreht sich um und verlässt den Saal.

Hilmar Klute hat diesem berühmten und dennoch unbekannten Autor in Büchern, Nachlässen und Archiven nachgespürt – und schenkt uns ein grandios geschriebenes Buch über ihn und sein außergewöhnliches Leben.

Hilmar Klute

War einmal ein Bumerang

Das Leben des
Joachim Ringelnatz

Galiani Berlin

MIX
Papier aus verantwor-
tungsvollen Quellen
FSC® C006701

Verlag Kiepenheuer & Witsch, FSC® N001512

1. Auflage 2015

Verlag Galiani Berlin
© 2015 Verlag Kiepenheuer & Witsch GmbH & Co. KG, Köln
Alle Rechte vorbehalten. Kein Teil des Werkes darf in irgendeiner
Form (durch Fotografie, Mikrofilm oder ein anderes Verfahren)
ohne schriftliche Genehmigung des Verlages reproduziert oder
unter Verwendung elektronischer Systeme verarbeitet, vervielfältigt
oder verbreitet werden.
Umschlaggestaltung: Manja Hellpap und Lisa Neuhalfen, Berlin
Lektorat: Wolfgang Hörner
Gesetzt aus der Joana
Satz: Buch-Werkstatt, Bad Aibling
Druck und Bindung: CPI books GmbH, Leck
ISBN 978-3-86971-109-6

Weitere Informationen zu unserem Programm finden Sie unter www.galiani.de

Für Jule

Was ich weiß, nicht wusste
Über euch, hab ich's versäumt?
Ich's verfehlt? –
Oder musste
Fern vergehn, was ich erträumt? –

Schenkte Gott die Kunst, das Wort
Ferner, Toter nachzulesen.

Inhalt

Wenn ich einen Anfang wüsste, säng ich ein Lied aus Inmirland.

Er steht im Berliner Telefonbuch: Ringelnatz. Und bevor einige ungläubig die Köpfe schütteln, sollten sie doch froh sein, dass der fabelhafte Mann heute noch zu erreichen ist; dass dieser sich fröhlich-geheimnisvoll schlängelnde Name eine Adresse hat, eine Telefonnummer. Aber dann möchte man sich selbst zur Ordnung rufen und sagen: Wozu braucht Joachim Ringelnatz eine Adresse? Er ist ja längst im lyrischen Gedächtnis zumindest der deutschkundigen Menschheit zu Hause. Kaum jemand, der nicht einen Ringelnatz-Vers wüsste, und sei es nur »Warte nur balde / kängurst auch du«. Sobald es etwas zu sagen gibt, das man selbst nicht so schön und so leicht und so heiter ausdrücken kann wie man möchte, bittet man um einen Satz vom Ringelnatz. Selbst der Tod wird ein bisschen handzahm gemacht, wenn statt der Eichendorff-Seele, die ihre Flügel ausbreitet, über der schwarzgeränderten Anzeige steht: »Meine Liebe wird mich überdauern und in fremden Kleidern dir begegnen.« Vergessen ist dieser Mann gewiss nicht, ganz im Gegenteil ist, wie Ringelnatz' Meisterschüler Peter Rühmkorf schreibt, »sein luftiger Mythos einfach nicht aus der Welt zu kriegen«, auch wenn die Welt es in einer ihrer finstersten Phasen durchaus versucht hat.

Mythos – das ist ein wuchtiges Wort und man möchte Ringelnatz diese Veredelung durchaus gönnen. Gibt es schließlich etwas Schöneres als einen Dichter mit einem Geheimnis, einer Legende, die er teilweise sogar selbst gestrickt hat? Einen Mythos mit einer Adresse, die irgendwo im westlichen Berlin liegt, nicht weit vom Tiergarten entfernt, wo Ringelnatz oft war und stundenlang vor dem Aquarium stand und das »seelenblinde Vorbei« der Fische bestaunte. Es öffnet aber nicht Ringelnatz, wenn man läutet. Es öffnet Norbert Gescher, der Schauspieler und Sohn von Muschelkalk, Ringelnatz' Frau. Norbert Gescher ist mit Ringelnatz aufgewachsen, obwohl er ihn nie kennengelernt hat. Seine Mutter hat ihm vom Leben ihres ersten Mannes erzählt, von seinen Liebenswürdigkeiten, seinen schwierigen Seiten, dem ständigen Unterwegssein. Und sie hat ihm all das hinterlassen, was Ringelnatz ihr bei seinem Tod hinterließ: die Briefe, die auf Rückseiten von Rechnungen notierten Gedichte, die Autogrammkarten für sein großes Publikum, das ihn verehrte, die Erstausgaben seiner Bücher. »Ich hatte zwei Väter: meinen leiblichen und Ringelnatz«, sagt Gescher, dessen leiblicher Vater der Arzt Julius Gescher war, selbst ein guter Freund von Ringelnatz. Als sein Vater starb, war Norbert Gescher sieben Jahre alt, als Ringelnatz starb, war er noch nicht geboren. Aber die Geschichte des Dichters Ringelnatz ist auch seine Lebensgeschichte geworden – ein bisschen jedenfalls. Er hat den Nachlass gepflegt, ihn für Wissenschaftler zugänglich gemacht und ist mit Lesungen aus den Briefen und Gedichten unterwegs gewesen. Vieles ist im Laufe der Jahrzehnte verloren gegangen, Manuskripte sind bei einem Fliegerangriff verbrannt und manche von Ringelnatz' Bildern im Dritten Reich vernichtet, andere von den Nazi-Kunsthändlern verscherbelt worden.

In der kleinen Wohnung von Norbert Gescher hängen einige der Ölgemälde an der Wand. Karge Landschaftsbilder, zumeist ohne Menschen, manchmal ein Fesselballon, der stellvertretend für den Wunsch nach Ferne und Fremde am Horizont klebt. Hier in dieser Wohnung hat auch Muschelkalk bis kurz vor ihrem Tod 1977 gewohnt. Sie hat ein bisschen Hof gehalten, sie war so etwas wie eine Salondame ohne großen Pomp. Samuel Beckett kam zu ihr, mit Gottfried Benn war sie nach dem Krieg eng befreundet, und hin und wieder tauchten Frauen auf, deren Wege auch den von Ringelnatz gekreuzt haben. Es lebt heute niemand mehr, der Ringelnatz gekannt hat. Es gibt nur sein Werk, seine Briefe, und es gibt die Orte, an denen er lebte oder an die er reiste, weil dort Freunde auf ihn warteten, Frauen, Kinder, die ihn gern hatten und deshalb bei sich wohnen ließen. Ringelnatz hinterherzureisen heißt, seine Bücher zu lesen, in denen so viel vom Leben und Fühlen der Menschen in der ersten Hälfte des zwanzigsten

Jahrhunderts zu finden ist. Es heißt auch, in die Städte zu reisen, in denen er berühmt wurde. München sowieso, wo es den *Simplicissimus* heute noch als Studentenkneipe gibt. Hier ist aus dem sächsischen Matrosen Hans Bötticher der Kabarettist Joachim Ringelnatz geworden. In Berlin erinnert eine Gedenktafel am Sachsenplatz an sein berühmtes Gedicht von der Nachtigall. Und ganz in der Nähe, auf dem Friedhof an der Heerstraße, kann man auch sein Grab besuchen, mit der Grabplatte aus Muschelkalk, die Renée Sintenis für ihn gestaltet hat. Und es heißt, in die Archive zu gehen, wo seine Briefe in feines Pergamentpapier gewickelt liegen wie kleine Geschenke aus einer fernen, Ringelnatz würde vielleicht sagen: fremdfernen, Zeit.

Aber so fremd und fern kann eine Zeit, aus der ein Künstler wie Joachim Ringelnatz erzählt, gar nicht sein. Die wenigen Jahre, in denen er lebte, schrieb und sein Publikum begeisterte, sind für uns bis heute wichtige Jahre. Weil in ihnen das Projekt der literarischen, künstlerischen Moderne entstand. Die Welt des Kinos, wie wir es heute kennen; die Bedeutung des Theaters als eine Form der Lebenswirklichkeit und die Politik als unsicherste und gefährlichste, weil in ihren guten Seiten gefährdete Größe. Joachim Ringelnatz, der so sonderbar erscheinende, das Besondere, das Abseitige verkörpernde Artist – er war auch ein Kind dieser Zeit, die für ihn lange Glanz und Ruhm bedeutete und am Ende keinen Platz mehr für ihn und so viele andere hatte. Man kann Ringelnatz lesen, ohne etwas von seinem außergewöhnlichen Leben zu wissen. Aber man kann auch versuchen, diesem großen kleinen Mann mit der gewaltigen Nase und dem untrüglichen Gespür für falsche Töne und echte Kunst nachzureisen. Um dann am Ende ein bisschen mehr zu verstehen von unserem Land, unserer seltsamen Geschichte und von diesem fabelhaften Schriftsteller, dem sarkastischen, ernsten und weltklugen Kindskopf, der seine feste Adresse in unserem Gedächtnis hat.

Unsereiner wird immer kleiner

Was für ein Sommer! An den Sonntagen verlassen die Berliner ihre heiße Stadt und fahren mit den Vorortbahnen an die Seen, der Himmel trägt Kandinsky-Blau und in den Biergärten sitzen die Großstadtmenschen; die jungen Leute liegen an den Badestränden, die Cafés, Theater und Kinos sind voll, und der Mädchenschwarm Harry Piel dreht in der Reichshauptstadt seine Science-Fiction-Komödie *Ein Unsichtbarer geht durch die Stadt*. An seiner Seite die schöne Schauspielerin Annemarie Sörensen, die bereits im Herbst Post von der Reichskulturkammer bekommen wird, weil es Hinweise auf ihre »rassenfremde« Abstammung gibt. Schon im folgenden Jahr wird sie Deutschland verlassen. »Die Sonne war unermüdlich«, schreibt Sebastian Haffner in seiner *Geschichte eines Deutschen*, »und ein spöttischer Gott ließ gerade 1933 in Deutschland einen Weinjahrgang reifen, von dem die Kenner noch lange singen und sagen werden.«

Aber wer darf was singen, wer darf was sagen? Am 7. August fasst die Kreisleitung der NSDAP in Breslau den Beschluss, geschminkten Frauen den Zutritt zu ihren Parteiveranstaltungen zu verbieten. Sie macht damit, so steht es zwei Tage später stramm im *Völkischen Beobachter*, »Front gegen die ebenso undeutsche wie hässliche und jeden Menschen mit gesundem Gefühl abstoßende Unsitte«.

An diesem Tag, einem sommerheißen Montag, treiben vier SA-Schläger den Journalisten Felix Fechenbach durch den Kleinenberger Wald nahe der westfälischen Stadt Warburg. Fechenbach, der zum Ende der Münchner Räterepublik der Sekretär des Ministerpräsidenten Kurt Eisner war, hatte in Detmold die sozialdemokratische Zeitung *Volksblatt* redigiert. Der SS-Standartenführer Reinhard Heydrich hatte persönlich den Befehl erteilt, Fechenbach auf seiner Verschleppung ins Konzentrationslager Dachau bestialisch zu ermorden.

Die *New York Times* veröffentlicht an diesem 7. August einen flammenden Appell an alle Demokraten, in den Heiligen Krieg gegen Hitler-Deutschland zu treten: »Es handelt sich um einen Krieg, der bedingungslos geführt werden muss, so lange, bis die schwarzen Wolken der Bigotterie, des Rassenhasses und des Fanatismus, die auf das niederkam, was früher einmal Deutschland hieß und heute das mittelalterliche Hitlerdeutschland genannt werden muss, aufgelöst sind. Wenn wir wie ein Mann dagegen stehen und auf unserem Zweck beharren, dann wird die helle Sonne der Zivilisation wieder über Deutschland leuchten und die Welt wird ein sichererer Ort zum Leben sein.«

Der Mann, der diese Sätze schrieb, die klaren Worte einer Rede, die er wenige Tage zuvor auf dem Jüdischen Weltkongress in Amsterdam gehalten hatte, war der amerikanische Millionär und Anwalt Samuel Untermyer. Er, ein Mann der Wirtschaft und des Handels, ein Selfmademan, wie ihn nur das Amerika des frühen zwanzigsten Jahrhundert hervorbringen konnte, verlangt von den Ländern der westlichen Welt, das Deutsche Reich radikal zu boykottieren.

Thomas Mann, seit seinem Münchner Vortrag über Richard Wagner auf der Flucht vor den Nazis, notiert an diesem 7. August in sein Tagebuch: »Das Maß, in dem von der Macht eines großen Landes wie Deutschland die Wahrheit unterdrückt oder doch zu ohnmächtigem Schweigen gebracht werden kann, unheimlich und bedrückend.«

Am Abend dieses heißen Tages kommen im Berliner Hotel Kaiserhof, das direkt gegenüber der Reichskanzlei liegt, wo seit sechs Monaten Adolf Hitler seine Arbeit am deutschen Volk verrichtet, an die 130 Schauspieler und Künstler zusammen, um den 50. Geburtstag des Schriftstellers, Malers und Kabarettisten Joachim Ringelnatz zu feiern: Die Schauspieler Asta Nielsen, Paul Wegener und Wolf von Kalckreuth, dazu Journalisten der großen Berliner Blätter, die danach noch in ihre Redaktionen laufen und von der »hübschen und herzlichen Feierstunde« berichten. Gedeckt wird im gelben Saal, und im Vorraum, dem Vestibül, hatten

Freunde bereits am Tag davor die Ölgemälde des Künstlers aufgehängt. Jene oft so düsteren Panoramen menschlicher Einsamkeit, auf denen ein großer trüber Himmel über einer öden Landschaft liegt; manchmal schwebt weit hinten ein Luftballon in eine hoffentlich bessere fremde Gegend, die aber sehr weit entfernt liegen muss –»fremdfern« lautet eines der großen Sehnsuchtswörter des Joachim Ringelnatz. Fern hat Ringelnatz immer sein wollen in seinem Leben, deshalb fuhr er zur See, deshalb wechselte er die Orte und die Berufe, deshalb legte er seine Identitäten ab wie die Schlange ihre alten Häute. Und jeder, der in sein Leben trat, wurde von ihm mit einer neuen, feineren, also ringelnatzischen Identität versehen. Keiner, den Ringelnatz seinen Freund nannte, konnte vor ihm mit seinem bürgerlichen Namen bestehen. Paul Wegener war der ›Roland aus Stein‹, Asta Nielsen nannte er ›eine große Barfußmädchenseele‹, seine Jugendfreundinnen hießen ›Eichhörnchen‹ und ›Maulwurf‹, die Puppenspielerin Claire Popp war ›Prinz Muj alias Sinse‹ und seine Frau Leonharda Pieper bekam den Namen ›Muschelkalk‹, mit dem sie bis zu ihrem Tod ihre – sehr zahlreichen – Briefe zeichnete. An Muschelkalk, die an diesem August-Abend im Kaiserhof neben Asta Nielsens Tochter Jesta sitzt, schrieb Ringelnatz vierzehn Jahre zuvor einen Brief, in welchem er sich an ein »liebes Mädel« aus der Jugendzeit erinnerte, das neben ihrem Liebreiz einen entscheidenden Makel gehabt habe, »weil sie … nie mir den Beweis für die Fähigkeit gab, sich in mein fernes Dasein hineinzudenken«.

Dieses ferne Dasein, das war für Ringelnatz ein Aufenthaltsort außerhalb der bestimmbaren biographischen Koordinaten. In diesem fernen Dasein richtet er sich ein poetisches Betriebssystem ein, mit dem er die gesellschaftlich institutionalisierten Werte umprogrammiert. Ringelnatz hat in seinem Leben Erfahrungen gemacht, die weit über den Erlebnishorizont eines Menschen seiner Zeit hinausgingen. Er kannte die Länder der Welt, er erfuhr das Schleudertrauma des Krieges, die Spielarten der Sexualität jenseits der gesellschaftlich akzeptierten Normen; er erlebte den

Ruhm und misstraute denen, die ihn wegen seines Ruhms an sich binden wollten. Ringelnatz war »der Andere«, der auch die anderen anders machen konnte, indem er sie poetisch neu einkleidete. In der Welt des Joachim Ringelnatz gab es alles, was in der realen Welt auch seinen Platz hat: Religion, Ehe, Bürokratie, Gewalt, Freundschaft, Liebe. Aber die Religion des Joachim Ringelnatz war eine viel radikalere als die der Kirchen. Sie wird von Ringelnatz, dem Schöpfer, ausgegeben. Und sie gestattet ihm, »eine Biene oder ein Kind so zu lieben wie eine Bohrmaschine oder wie Blumen im Wind«. Er muss keinen Unterschied machen, wer die Liebe wert ist, Freund, Feind, Pflanze Tier, Gegenstand. Und er entscheidet, was Poesie ist und was nicht: »Wer mich nicht lesen will, der lass es bleiben./ Ich darf den Sau, das Klops, das Krokodil/ Und jeden andern Gegenstand bedichten.«

Ringelnatz ist ein radikaler Künstler, der zu seinem Werk auch eine Kunstfigur erfunden hat: Joachim Ringelnatz, den Seemann und Dichter – das Projekt Ringelnatz ist nicht übertragbar, es sucht keinen Konsens und keine Teilhabe. Es will bewundert und geliebt werden, aber man darf es nicht anfassen. Das ist die große Freiheit dieses Künstlers und gleichzeitig seine große Einsamkeit.

Dass der sogenannte neue Geist, der im August 1933 sein erbarmungsloses Kulturvernichtungsprogramm mit der infernalischen Bücherverbrennung brutal vorgeführt hat, diesen Joachim Ringelnatz nicht auf der Bühne und seine Bücher nicht mehr in den Bibliotheken und Buchläden sehen möchte, versteht sich beinahe von selbst. Am 28. Februar 1933, also noch vor der Wahl zum Reichstag am 23. März, einer parlamentarischen Farce, da Hitler das Parlament mit der Reichstagsbrandverordnung bereits am 8. März kassiert hatte, erließ Reichspräsident Paul von Hindenburg die »Verordnung zum Schutz von Volk und Staat«. Paragraph 1 dieser Gesetz gewordenen Menschenrechtsverletzung setzt das Recht auf Vereins- und Versammlungsfreiheit außer Kraft. Als Ringelnatz in Dresden aus seinen Gedichten vortragen will, untersagen ihm die dortigen Behörden den Auftritt. Es beginnt finster zu werden um den Mann, dessen Stern in der

Weimarer Republik so hell leuchtete und der an Popularität den *Comedian Harmonists* in nichts nachstand.

Die Freunde, die am 7. August im Hotel Kaiserhof den nur 1,60 Meter großen Mann feierten, sind zumindest von der inneren Haltung her Gegner des Nationalsozialismus. Wenngleich ein Star wie Paul Wegener auch in den kommenden Jahren große Film- und Theaterrollen angeboten bekommt und seine Karriere nicht abbricht. Der Abend beginnt mit einer Performance, ein Blitz kündigt den Kometen an. »Der Blitz hat mich getroffen«, beginnt ein Gedicht von ihm. Im Jahr 1933 erfährt die Zeile eine bittere Entsprechung in der politischen Realität. Paul Wegener hält eine Rede auf Ringelnatz. Der Schauspieler wählt einen betont unpathetischen Tonfall, Pathos gibt es in dieser Zeit schon genug. Wegener ist mutig und raffiniert genug, »Ringelnatzens ringende deutsche Seele« zu preisen, seine franziskanische Ehrfurcht vor den Dingen des Alltags. Wegener sagt: »Wie der heilige Antonius könntest Du den Fischen predigen.« Dann überreicht er dem an diesem Abend sehr schüchtern wirkenden Ringelnatz die Statue einer tibetanischen Gottheit.

Joachim Ringelnatz trägt an seinem Geburtstagsabend, den der Rowohlt Verlag ihm ausrichtet, wohl zum letzten Mal in Deutschland seine Gedichte vor. Ringelnatz hatte von vornherein keine Kompromisse gemacht in seiner Haltung zum Nationalsozialismus. Schon seit den späten zwanziger Jahren, als die sogenannte Bewegung in München erstarkte, hat er seine Witze über die braunen Horden gerissen. Für eine Rundfunkaufnahme improvisierte er seine Ballade *Kuttel Daddeldu und seine Kinder* auf raffiniert elegante, gleichwohl brandgefährliche Weise. Als er an die Stelle kam, wo Daddeldu seinen Kindern Anker und Kreuze auf Ärmchen und Beinchen tätowiert, lässt der Rundfunk-Rezitator Ringelnatz seinen Seemann »Hakenkreuze auf Ärmchen und Beinchen« malen. Derlei Späße sind den Nationalsozialisten natürlich nicht verborgen geblieben. Und sie haben auch nicht übersehen, dass Ringelnatz den neuen Mächtigen mit entschiedener Abwehr, ja mit Hass begegnet.

16

Ihre neue, durch die Machtergreifung Hitlers nun institutionalisierte Stärke bekommt Ringelnatz bereits im ersten Jahr des Dritten Reiches zu spüren. Seine Werke werden verboten, er darf in Deutschland nicht mehr auftreten und es ist wohl nur dem Geschick und der Durchtriebenheit seines Verlegers Ernst Rowohlt zu verdanken, dass Ringelnatz' Gedichtbände noch bis Mitte der dreißiger Jahre erscheinen können. Die Karriere dieses beim Publikum nach wie vor äußerst beliebten Künstlers ist mit dem 30. Januar 1933 beendet.

Joachim Ringelnatz ist in der Weimarer Republik zum Star geworden. In seinen Gedichten und Auftritten spiegelt sich der lässige Zeitgeist dieser Epoche. Es sind die Jahre, in denen die deutsche Literatur ihre bedeutendsten Werke hervorbringt; eine Zeit, in welcher die Strömungen der Kunst seit Ende des Ersten Weltkriegs zu einer lebendigen, populären Gesamtkultur verschmelzen. Dichtung und Kabarett, Varieté und Vernissagen − alles rangierte gleichwertig im kulturellen Verständnis dieser Epoche. »Berlin hatte von Paris den Ruf einer Weltmetropole der Laszivität und Obszönität übernommen. Illustrierte und Magazine zeigten nackte Tänzerinnen und internationale Gangster, häufig beide auf einem Bild; das Kino verdarb die junge Generation mit der Verherrlichung von Sadismus und Vergewaltigung der Prostituierten und deren Zuhältern als Haupthelden.« So beschreibt es der Historiker Hermann Glaser. Und so sahen es die Nationalsozialisten, die an die Stelle der verfemten Künstler und Literaten ihre eigenen Volkspoeten setzen wollten, ihre neoklassizistischen Bildhauer, ihre den völkischen Bauernmythos besingenden Schriftsteller − Namen wie Hanns Johst, Erwin Guido Kolbenheyer und Will Vesper, der wohl militanteste Diffamierer der Entarteten − waren hoch im Kurs. Diese Männer rückten in den Verbänden und Künstlergremien an die vorderen Stellen und drängten alles beiseite, was dem neuen Geist zuwiderstand.

Interessanterweise hatte Joachim Ringelnatz mit einigen dieser im Dritten Reich so furchtbaren Autoren zuvor gute Bekanntschaften und Freundschaften gepflegt. Mit Vesper stand er im Briefverkehr, im Schloss Windischleuba des Balladendichters und Antisemiten Börries von Münchhausen diente er in jungen Jahren als Bibliothekar, allerdings bei dessen Vater. Münchhausen und der Herrenreiter-Romancier Rudolf Georg Binding gehörten sogar zu jenen Autoren, die für das im Jahr 1935 von Muschelkalk herausgegebene Buch In memoriam Joachim Ringelnatz den Dichter rühmende Beiträge lieferten. Es gab auch wohlmeinende wie einflussreiche Freunde, die sich für den verbotenen Künstler an höherer Stelle einsetzten. Aber Ringelnatz war zu Kompromissen um keinen Preis bereit. Zu diesen Freunden gehörte der Gastronom Albert Peltzer, der an der Kleinen Wilhelmstraße am Pariser Platz in Berlin Anfang der dreißiger Jahre eine mondäne und bei Politikern und Kulturmenschen sehr beliebte Bar unterhielt, wie der große Kunsthistoriker und Impresario Harry Graf Kessler in sein Tagebuch schrieb, ein »kleines, sehr elegantes Lokal … Jeunesse Dorée mit Damen an allen Tischen«. In der Bar Peltzer endete übrigens auch die Feier zu Ringelnatz' 50. Geburtstag. Walther Kiaulehn schildert in seiner Biographie Ernst Rowohlts, wie Albert Peltzer Ringelnatz zu einem Gespräch mit dem NS-Ideologen Alfred Rosenberg überredete. Rosenberg hatte die nationalsozialistische Kulturpolitik in seinem berüchtigten Essay Der Mythus des 20. Jahrhunderts profiliert. Nach seinen Maßgaben zählte das Werk Ringelnatz' zur jüdisch versippten Bordellliteratur, an deren Stelle Rosenberg die »nordisch-reine« Kunst sehen wollte. Er gehörte zu den ersten nationalsozialistischen Kulturpolitikern, die bereits 1933 die Ermordung entarteter Künstler forderten. Dieser Alfred Rosenberg erwartete Joachim Ringelnatz in einem Hinterzimmer der Bar Peltzer. Ringelnatz hatte sich von Peltzer breitschlagen lassen, Rosenberg aufzusuchen. Doch als Ringelnatz den Raum betrat, in welchem sich Rosenberg gerade von seinem Stuhl erhob, blieb der Dichter auf der Mitte seines Weges stehen, sah Rosenberg an, sagte »Nein!« und drehte sich um. Damit war die letzte Chance, der wirtschaftlichen Vernichtung zu entgehen, vertan. »Hitler ist natürlich ein Unstern für uns«, schrieb Ringelnatz im Februar 1933 aus Frankfurt seiner Frau, »aber wir wollen nicht die Hoffnung verlieren.«

Wer war dieser in seiner Kunst und Haltung so radikale, des groben Witzes und der feinen lyrischen Empfindung gleichermaßen fähige Joachim Ringelnatz, der in nur vierzehn Jahren ein Werk geschaffen hat, das heute zu den wichtigsten und beliebtesten der deutschen Literatur zählt? Was war an diesem kleinen, spinnendünnen und zarten Mann, der das Publikum seiner Zeit in einer Weise verzauberte, dass diejenigen, die ihn sahen, die Nachgeborenen bemitleideten, weil ihnen das Ereignis Ringelnatz nicht vergönnt sein würde? Wie sie gespannt vor dem geschlossenen Vorhang warten, wie sie auf das Tischchen starren, auf dem immer ein Glas Weißwein stand, und wie sie ihn mit wildem Klatschen begrüßten, wenn er den Vogelkopf durch den Vorhang steckte, wie verlegen auf die Bühne trat und langsam anfing, im sächsischen Singsang seine Verse aufzusagen. Später wird er sich die Haare raufen, sich in die langen Ärmel des Matrosenkleids greifen; er wird so tun, als schnappe er sich die Bilder und Texte aus der Luft, als fielen sie ihm gerade in diesem Augenblick erst ein. Er kann die Wirklichkeit zärtlich berühren mit seiner Stimme und seiner verhaltenen Gestik. Und er kann die Wirklichkeit zerschlagen mit seinen Händen; er kann komplett durchdrehen, einmal zertrümmert er eine Glasplatte und holt sich dabei blutige Finger, ein anderes Mal demoliert er einen Stuhl, dann wieder schlägt er sich mit der Hand auf den Mund, wenn ein Satz zu laut oder zu zotig klingt. Und wenn ihn jemand stört, weil ihm diese große Poesie zu unzüchtig erscheint, geht Ringelnatz von der Bühne, schnappt sich ihn und zerrt ihn zum Ausgang. Und einem Publikum, das ihm Gedichttitel entgegen brüllt, entgegnet er formell und sehr humorlos: »Das Programm gestalte ich.« Joachim Ringelnatz führt sein Ein-Mann-Welttheater auf wie ein Shakespeare, der die Nase voll hat von der Schauspieltruppe und lieber alles selber macht. »Es muss Wein getrunken werden. Es muss Radau und Jahrmarkt um ihn sein«, schrieb der Kritiker Bernhard Diebold, der Ringelnatz oft gesehen und seine Darbietungen geschildert hat, auch die Exzesse, die zerstörerischen Überschreitungen: »Wäre Ringelnatz nur in einem

Zipfelchen seines Menschentums noch offiziell und würdevoll – dann wäre sein Spiel, sein Dichten und Sagen ohne Recht und Billigkeit«, schreibt er.

War Joachim Ringelnatz der immer betrunkene Matrose, der mit dem Weinglas in der Hand das Kabarettpublikum seiner Zeit in Staunen versetzte und eine gigantische Schar von Verehrern, echten wie falschen, um sich sammelte? War er ein Lyriker von Rang, der mit seinen Gedichten neben denen Gottfried Benns, Rainer Maria Rilkes und Erich Kästners bestehen kann? War er ein wacher, das politische und gesellschaftliche Treiben seiner Zeit filternder Zeitgenosse, dessen Texte deshalb Gültigkeit behalten, weil sie aus dem Alltäglichen eine allgemeine, für alle Generationen teilbare Erfahrung schöpften?

Aber bitte: nur vierzehn Jahre? Diese Zeitspanne mögen Leser, die auf das Werkverzeichnis blicken, für zu knapp bemessen halten. Schließlich hat der Dichter Ringelnatz bereits 1910 begonnen zu veröffentlichen. Seine ersten Bücher publizierte der Dichter noch unter seinem bürgerlichen Namen Hans Bötticher. Es waren humoristische Arbeiten, aus denen sicher ein großes Talent abzulesen ist; originelle Miniaturen und Versspiele, deren Schnurrigkeit man mit einem Lächeln goutieren kann und deren zwingende und gut gemachte Pointen sich zum Auswendiglernen eignen. Und doch bleiben sie zu einem großen Teil nicht viel mehr als Stilübungen. Auch Ringelnatz selbst kommt in der Rückschau zu einem ähnlichen Ergebnis, was seine erste Sammlung Gedichte im Münchner Hans-Sachs-Verlag betrifft: »Ein dünner Band lyrischer Gedichte. Gedichte, wie sie von Tausenden junger Schwärmer gedichtet werden, aber in ehrlichen Stimmungen mit unbeschreiblicher Leidenschaft geschrieben.« Erst nach dem Ersten Weltkrieg, den Hans Bötticher als Unteroffizier bei der Marine miterlebte und mitkämpfte, fand er seinen eigenen Ton und die dazu passende Kunstfigur, mit der er binnen Kurzem komplett verschmolz. Joachim Ringelnatz hat aber nicht nur Gedichte geschrieben. Aus seiner Feder besitzen wir ein autobiographisches Werk, das wie kaum ein zweites die Wirrungen der ersten zwanzig Jahre des vergangenen Jahrhunderts speichert. Seine beiden Erinnerungsbände *Mein Leben bis zum Kriege* und *Als Mariner im Krieg* sind die Zeugnisse eines großen Erfahrungshungers. Sie schildern die erst hoffnungsreiche, dann zunehmend von Enttäuschungen, Demütigungen und Entbehrungen bestimmte Lebenssuche eines jungen unbedarften Menschen, der für sein Leben eine andre Farbe, eine ihm eigene Temperatur sucht. Die Seefahrt sollte ihm diese neue Klangfarbe geben. Der Bürgersohn Hans Bötticher, der in den ihm angebotenen Bildungsdisziplinen scheitert, möchte an die Stelle des vermittelten Wissens die Erfahrung setzen. Dieser Wunsch, der trotz unsagbarer Quälereien und kaum überwindbarer Hindernisse immer stark bleibt, wird sein ganzes kurzes Leben bestimmen.

Immer wieder wird er ausbrechen aus den Existenzen, die ihm der Zufall, aber auch das begierige Lernen und Abschauen beschert. Er wird in über dreißig Berufen arbeiten, teils aus unmittelbarer Not, aber auch aus dem Wunsch heraus, etwas vorweisen zu können, das auch außerhalb der Kunst Bestand hat. Noch als berühmter Mann wird Joachim Ringelnatz auf der Vorläufigkeit seines Daseins bestehen. Er wird ein Fremder bleiben, sich selbst und anderen. Und exakt so wird Ringelnatz von seinen Freunden und Zeitgenossen gesehen. Sie schildern ihn als einen stillen, in sich gekehrten Mann, der wenige Menschen in seiner Nähe duldet, ja schroff zurückweisend sein kann, wenn jemand ihm auf den Pelz rückt. In seinen Korrespondenzen mit Zeitungen, Theatern und Verlagen kann Ringelnatz von unerbittlicher Härte sein, wenn ihm etwas nicht schnell geht oder er sich in seiner Bedeutung nicht angemessen gespiegelt sieht. Sein literarisches Urteil war direkt und selten revidierbar. Als man ihm das poetische Werk eines Zeitgenossen zur Beurteilung sendet, schreibt er schroff zurück: »Aber ich kann mich für den Autor doch nicht in dem Maße erwärmen, wie Sie das tun, weil ich in seinen Dichtungen eines völlig vermisse: Frömmigkeit.« Das mag für unsere Ohren seltsam abseitig klingen, zumal Frömmigkeit ein ungewöhnliches literarisches Kriterium ist. Aber für Ringelnatz haben Kunst und Literatur nur dann einen Wert, wenn sie tief empfunden sind und aus dem Leben geschöpft werden. Dem großen Gestus, der expressionistischen Emphase misstraut Ringelnatz, weil er in ihr einen Kunstextrakt vermutet, der eher aus dem poetischen Labor stammt als aus der Welterfahrung, die ja seine Schule war. Dem Pathos setzt er das verhaltene Sprechen entgegen, dem repräsentativen Großen zieht er die Bescheidenheit vor: »Unsereiner/ wird immer kleiner/ je tiefer er ins Leben geguckt hat.«

Heißt das in der Folge, dass wir das Werk des Joachim Ringelnatz nur dann verstehen, wenn wir sein Leben kennen? Nicht unbedingt, denn seine Gedichte spiegeln ja sehr häufig ein teilbares Weltbild. Sie handeln von der Einsamkeit, von der Liebe, vom Reisen und von den Mühen des menschlichen Miteinanders. Alles Erfahrungen, die jeder von uns täglich macht oder jedenfalls machen kann. Zugleich aber folgen Ringelnatz' Gedichte einem scheinbar abseitigen, verqueren, mitunter sogar amorphen Wertesystem, das es nur in der lebenserfahrenen Ringelnatz-Welt gibt. Nehmen wir als Beispiel eines seiner populärsten Gedichte, jenes, das seinen Band *Allerdings* eröffnet und mit diesen, heute zum Volksgut zählenden Zeilen beginnt: »Ich habe dich so lieb/ ich würde dir ohne Bedenken/ eine Kachel aus meinem Ofen schenken.«

Wer einem anderen Menschen seine Liebe gesteht und dieses Geständnis mit einem entsprechenden Geschenk krönen möchte, wählt etwas Lebendiges, eine Blume vielleicht oder, größer, aber durchaus passend: ein Kind. Ringelnatz schenkt eine Kachel aus seinem Ofen, also einen toten Gegenstand. Das klingt skurril-unbeholfen, niedlich und in hohem Maß verschroben. Aber wer eine Kachel aus der äußeren Verkleidung des Ofens löst, hat hinterher eine unvollständige Ofenverkleidung. Der Ofen ist dazu da, jemanden zu wärmen, einen Einsamen vielleicht, der aber künftig vielleicht gar nicht mehr so sehr auf die Wärme des Ofens angewiesen ist, weil er jemanden liebt. Die Kachel dient dem großen Ganzen, sie hat für Ringelnatz eine Seele, aber eine, die nicht sprechen kann. In der Wertewelt des Joachim Ringelnatz können profane Gegenstände zur Herzensangelegenheit werden. Es ist eigentlich ganz einfach: Wer von Ringelnatz eine Kachel geschenkt bekommt, der bekommt sein Herz. Seine Leser und Verehrer haben das, möglicherweise unbewusst, verstanden. Auf seinem Grab im Berliner Waldfriedhof Heerstraße hat einer von ihnen eine Ofenkachel niedergelegt. Dabei ist Ringelnatz ein bisschen unglücklich über das Gedicht gewesen. Als er sich in einem Münchner Reisebüro nach einer Reise an den Nordpol erkundigt, platzt es aus der Reisebüro-Dame heraus: »Herr Ringelnatz, ich habe Ihre Gedichte so gerne; vor allem das eine, das so anfängt: Ich habe Dich so lieb, ich könnte dir ohne Bedenken eine Kachel aus meinem Ofen schenken.« Ringelnatz hat daraufhin sein trauriges Gesicht gemacht, das zum mimischen Repertoire seiner Kabarettabende gehörte: »Und gerade der Anfang ist nicht von mir. Den hat mir mal eine Freundin auf eine Postkarte geschrieben.«

Ja, Ringelnatz ist ein großer Schabernacktreiber, der alles in sein Gegenteil verkehrt und dieses Gegenteil auch noch infrage stellt. Er hat ein wunderbares, befreiendes und anarchistisches Spaßprogramm entworfen, dessen Botschaft lautet: Die Welt ist ein großer freundlicher Bazar, den selbst der reichste Mann nicht leerkaufen kann. Joachim Ringelnatz will den unbändigen Spaß, den radikalen Humor. Weil er ein ernster Schriftsteller ist. Für ihn gilt in gewissem Maß, was er selbst einmal in einem etwas geheimnisvollen Vierzeiler über Shakespeare schrieb: »Er sah wie Christus die Welt/ Die er erlebte als Knecht. Was er spielend uns vorgestellt/ Hat ewig recht.« Es ist wahr: Joachim Ringelnatz als trunken-genialen Kindskopf mit schwankendem Gang zu karikieren, würde bedeuten, ihn in seinem Ernst, seiner Traurigkeit und seiner poetischen Tiefe zu verkennen. Ihn aber umgekehrt als verkannten Tragöden zu porträtieren hieße, die Narrenkappe mit der King-Lear-Krone zu vertauschen, und das wäre ebenso falsch. Natürlich war Joachim Ringelnatz ein humoristischer Dichter. Er war auch ein sehr komischer und amüsanter Mensch, die vielen Anekdoten über ihn illustrieren dies, und es sind weiß Gott nicht alles Projektionen von ulkverliebten Spießbürgern. Ringelnatz war kein Bürger, der sich abends ins Matrosengewand warf, um drei Stunden lang die komische Nummer zu geben. Sein ganzes Auftreten, seine Art, mit Menschen in Kontakt zu treten, Geschenke zu machen und Liebeserklärungen zu geben, waren aufwendig inszenierte und beinahe programmatische Komödien. Wenn er drei Stunden lang auf dem Münchner Hauptbahnhof auf seine Freundin Asta Nielsen wartet und sich dann die Jacke über den Kopf zieht, um als scheinbar kopfloser Zwerg einen Strauß Blumen zu überreichen, dann zeigt das seinen unbedingten Willen, die Welt in Spaß umzudeuten. Wenn er seine neue Wohnung am Berliner Sachsenplatz dergestalt einweiht, dass er ein Leberwurstbrot an die Decke wirft und verkündet, es für immer dort kleben zu lassen, dann ist das die extravagante Geste eines Menschen, der den Witz im Wortsinn hochleben lässt. Am Tag danach, so berichtet es Muschelkalk viele Jahre später in einem Rundfunkinterview, hat Ringelnatz, der ein sehr ordentlicher Mensch war, das Leberwurstbrot entfernt und um die Stelle ein Herz mit einer Widmung für Asta Nielsen gemalt.

Joachim Ringelnatz hat ein ungeheuer farbiges, vielstimmiges und in manchen Teilen unergründliches Werk hinterlassen. Als Lyriker hat er seiner Zeit und ihren Menschen täglich den Puls gemessen. Deshalb sind seine Gedichte in den Hausschatz der Deutschen eingegangen, genau wie die Verse von Wilhelm Busch, dessen Humor ebenfalls von jener Prise Bitterkeit durchzogen ist, die dem Komischen das Gewicht des Welternsten geben. Aber was ist überhaupt komisch und was ist ernst? Ringelnatz hat diese Frage nicht gestellt, so wie es überhaupt so gut wie keine poetologischen Äußerungen von ihm gibt. Seine Reflexionswelt ist die Dichtung – was in ihr nicht verhandelt wird, wird nirgendwo verhandelt. Auch in seinen zahlreichen Briefen hat Joachim Ringelnatz nur dann über sein Werk gesprochen wenn es um verlegerische oder editorische Fragen ging. Seine Briefe, und er schrieb sie täglich und in großer Zahl, waren Lebenszeichen, Flaschenpost und Wasserstandsmeldungen des reisenden Artisten. Sie kamen aus dem Leben und sie hatten das Leben zum Gegenstand – die Wäsche, die Taschentücher, die Geldüberweisungen und Hotelbeschreibungen, die Adressen neuer Bekanntschaften, die es zu archivieren galt, die in der Nacht bei einem selbstgebrühten Kaffee und einer Zigarette notierten Gedichte, die Muschelkalk abschreiben musste.

Auf ein »Wie haben Sie das gemacht, Herr Ringelnatz?« oder das beliebte »Warum schreiben Sie?« hätte er so wenig geantwortet wie auf die Frage, was ihn auf die Idee für sein Pseudonym gebracht hat: Es ist mir so eingefallen. Es mag sein, dass auch für ihn das Schreiben ein Geheimnis war. Er wollte diesem Geheimnis nicht auf die Spur kommen, es war das Wunder seines Lebens, das er nicht antasten wollte: »Und im dunkelsten Schatten lies das Buch ohne Wort«, hat er in einem Gedicht geschrieben: »Was wir haben, was wir hatten/ eines Tages ist alles fort.«

Es ist unfassbar, wie viel Leben in diesen 51 Jahren steckt, die zwischen der Geburt des Hans Bötticher und dem Tod des Joachim Ringelnatz liegen. Die Größe dieses Schriftstellers ist die Summe seiner Erfahrungen und seiner Neuanfänge, wenn man so will: seines glücklichen Scheiterns. Und wenn er eine Zeitlang Erfolg hat, misstraut er diesem Erfolg und tritt ihn im wahrsten Sinne in den Rinnstein. Was für ein großartiger Moment muss es für Ringelnatz gewesen sein, als er eines Abends aus dem Münchner Simpl tritt, jener Kneipe, die ihn groß gemacht hatte, seinen neuen Regenschirm aufspannt und wie ein Kind in diesen Regenschirm springt. Die Kunst, nach der er sich so lange gesehnt hat und die zu erster Reife zu führen er alles gegeben hat – sie ist ihm zur Routine geworden. Ringelnatz ist klug genug, der Routine zu misstrauen. Er springt in alles hinein. Er probiert die verschiedenen Künste aus, weil er spürt, dass jede ihm ein Spiegelbild seines Lebens sein könnte. In den Gedichten ist er der Seismograph des Alltags; in seinen Ölgemälden ist er der düstere Weltdeuter, der das Wagnis einging, rückhaltlos melancholisch zu sein, ohne den rettenden Filter der Ironie. Und als Kabarettist durfte er der raue Seemann sein, der scheinbar ein Verhältnis mit der Welt eingeht, der seinem Publikum zuprostet, um es damit zum Verbündeten einer trunkenen Lebensfeier zu machen. Aber in Wahrheit steht zwischen ihm und dem Publikum, also zwischen Ringelnatz und der Welt, eine No-go-Area. Die Welt darf den kleinen schmalen Mann mit der langen Nase und den großen Gesten bewundern und lieben. Aber sie darf ihn nicht berühren. Große Kunst darf man nicht anfassen. Das wissen die Museumswächter, und die großen Künstler wissen das auch.

Man darf nicht vergessen, dass der große Illusionist Joachim Ringelnatz eine große Verpflichtung mit sich selbst eingegangen ist: Er will wahrhaftig sein. Er verabscheut die Lüge und weist seine Frau, seine Freunde immer wieder an, die Wahrheit zu sagen und zu schreiben. Deshalb lesen wir seine autobiographischen Texte ohne ernsthafte Zweifel an ihrer Stimmigkeit. Ringelnatz redet nichts schön; er hatte zähe Kämpfe mit seinem Verleger Ernst Rowohlt ausgefochten, der *Mein Leben bis zum Kriege* von seiner Detailfreudigkeit erlösen und den Text kürzen wollte. Ringelnatz bestand auf der Ausführlichkeit – denn wenn ein Ringelnatz Rechenschaft über sein Leben abgibt, dann darf keine Einzelheit unterschlagen werden. Nichts in dieser Autobiographie ist geschönt, nichts wird unternommen, den Seemann Hans Bötticher, der im Buch – unablässig wird das Spiel mit den Namen weitergetrieben – Gustav Hester heißt, in ein mildes Licht zu stellen, wo ein ungünstiges wahrhaftig ist. Wo hat ein Zeitgenosse derart unverstellt und rücksichtslos über seine Zeit im Krieg erzählt? Wo hat ein Schriftsteller dieser Epoche so modern und ich-bewusst dargelegt, dass ein Mensch in einer Zeit des Tötens und Getötetwerdens nur bedingt anständig bleiben kann? »Wir waren insgesamt keine sehr geistige Gesellschaft«, schreibt er, »die anwachsenden Kreideaufschriften auf den Zugwänden zeugten davon.«

Dieses Leben – einundfünfzig Jahre soll es dauern. Ein kurzes Leben. Wenn man nur die Spanne Zeit nimmt und nicht wahrnehmen möchte, dass es viele Leben waren, die Joachim Ringelnatz gelebt hat. Und wer weiß, was er noch in sich entdeckt hätte, wäre er nicht ein Jahr, nachdem die Nationalsozialisten ihm die Lebensgrundlage nahmen, gestorben. Wäre Joachim Ringelnatz, ähnlich wie Erich Kästner, im Land geblieben und hätte sich taktisch klug in vorgebliche Opposition zum Regime positioniert? Unwahrscheinlich. Ringelnatz ist kein Taktiker. Er macht keine Kompromisse mit dem neuen Staat, der in diesen wundervollen Sommer 1933 einbricht als unabwendbare Katastrophe. Ringelnatz, der sich nie als politischen Schriftsteller gesehen hat, ist in diesem Moment des Unheils politisch radikal wie wenige Autoren in dieser Zeit. Sein Freund Hans Siemsen, als Kommunist und Homosexueller selbst vor den Nazis auf der Flucht, berichtet von einem Abend im März 1933, den Asta Nielsen auf einem Empfang mit Goebbels und Hitler verbracht hatte. Die dänische Schauspielerin ließ sich von den NS-Größen einlullen, zumindest geriet sie in Zweifel, ob man ihnen nicht doch ein bisschen Zeit geben solle für ihre Politik. Hinterher treffen sich alle in der Wohnung des Schriftstellers Hans Siemsen, der sich Jahre später an diesen Abend erinnert. Die Euphorie der Nielsen stößt auf betretenes Schweigen, welches Ringelnatz mit der Frage beendet, ob er ein Gedicht aufsagen dürfe, das er vor Kurzem geschrieben habe. Beifall und Drängen natürlich und Ringelnatz spricht:

So ist es uns ergangen.
Vergiss es nicht in bessrer Zeit!
Aber Vöglein singen und sangen,
Und dein Herz sei endlos weit.

Vergiss es nicht! Nur damit du lernst
Zu dem seltsamen Rätsel »Geschick«. –
Warum wird, je weiter du dich entfernst,
Desto größer der Blick?

Der Tod geht stolz spazieren.
Doch Sterben ist nur Zeitverlust. –
Dir hängt ein Herz in deiner Brust,
Das darfst du nie verlieren.

Das Großartige an diesem Text ist, dass er die Gegenwart von der Zukunft aus betrachtet. Größe wird nur erkennbar, wenn man sich von ihr entfernt – eine poetische Erkenntnis, die sich bei Ringelnatz oft findet: Die Erde hat ein freundliches Gesicht,/ So groß, dass man's von weitem nur erfasst«, heißt es in einem seiner berühmtesten Gedichte. Spätere Generationen werden wissen wollen, was damals vor sich ging. Nur im Abstand zum Zeitgeschehen wird der Blick klar und das seltsame Rätsel Geschick löst sich als das auf, was es ist: eine Angelegenheit, der man sich stellen muss und zu der man sich stellen muss – ohne Kompromisse.

Nachdem Ringelnatz das Gedicht vorgetragen hatte, soll die Nielsen gesagt haben: »Du hast wie immer recht, Ringel.« Und sie hat in keinem der von Goebbels und seiner Propagandamaschine angeleierten Filme mitgespielt, sondern ging zurück nach Dänemark. Für sie beginnt eine große Karriere im Ausland. Für Joachim Ringelnatz dagegen fängt das letzte Jahr seines Lebens an. Die neue Zeit will das Klare, Kalte und Berechenbare in der Kunst. Sie will den Tod der Kunst. Sie hat keinen Platz mehr für den Mann, dem alles rätselhaft ist und fremd. Der das Fremde sucht und am Ende von beinahe allen und allem entfremdet ist.

Das Fremde kommt zu ihm

Es ist auch wieder ein Sommer, als das Fremde zum ersten Mal und dann auch gleich so folgenreich in das Leben Hans Böttichers tritt. Er ist dreizehn Jahre alt in jenem August 1896, und er steht am Ende seines zweiten Quintajahrs. Die Schule, das Königliche Staatsgymnasium in Leipzig? Eine Katastrophe. Die Quinta hatte er wiederholen müssen, weil er nicht lernen wollte, und er mochte auch nichts erklärt bekommen von diesen Lehrern, die er als »respektfordernde Dunkelmenschen« erlebt. Wie alle Menschen, denen die Schule eher als freudlose Veranstaltung in Erinnerung bleibt, pflegte Ringelnatz seinen Hass auf die Lehrer noch als erwachsener Mann, sehr eindrucksvoll in dem Gedicht *Meine Lehrer*, das er in keins seiner Bücher aufgenommen hat.

> Die, die ich meine, meine
> Die waren (bis auf einen Fall)
> Noch dümmer als ein Gummiball,
> Zum Teil sogar dumme Schweine.
> Ich hätt' es ihnen mitgeteilt,
> Doch hab ich das vergessen.
> Vielleicht hat sie indessen
> Der Tod ereilt.

Der eine, im Gedicht in Klammern gesetzte, Fall eines nicht widerwärtigen Pädagogen dürfte der Mathematik- und Zeichenlehrer Dr. Dörry gewesen sein, der auf eine unfassbare Frechheit des seine Grenzen austestenden Hans Bötticher ungewöhnlich souverän reagiert. Hans hebt den Arm, Dörry fragt den miserablen Schüler, was er wolle, und Hans stellt die eigentlich tödliche Frage: »Darf ich fünf Minuten lang in den Puff gehen?« Ein Lehrer dieser Zeit, der auf ein solches Ansinnen die Antwort gibt »In fünf Minuten bist du zurück«, muss einem Schulversager bis zum Lebensende in leuchtender Erinnerung bleiben. Später, in München, wird sich Hans Bötticher für seine ersten Veröffentlichungen in dem Humorblättchen *Grobian* das Pseudonym Fritz Dörry zulegen.

Die Trostlosigkeit der Schule, der körperverletzende Drill der kaiserzeitlichen Pädagogik machen aus dem zarten Jungen einen Komplettversager. Er bekommt nichts zustande, selbst im Aufsatz gelingt ihm kein Triumph, dabei hat er doch daheim mitbekommen, wie unkonventionell, komisch und elegant einer mit Sprache umgehen kann. Hans' Vater war der im damaligen Leipzig vielgelesene und beliebte Humorist Georg Bötticher, ein sanfter, liberal denkender Mann, der einen großen Gelehrtenkreis um sich scharte – Georg Bötticher war einer der großen heiteren Bildungsbürger des neunzehnten Jahrhunderts, die auf der Tradition der deutschen Klassik ein verschmitztes Halbkünstlertum gründeten. Er kannte Emanuel Geibel, stand mit Fontane und dem damals weltberühmten Paul von Heyse in Briefkontakt. Im Hauptberuf ist Georg Bötticher Musterzeichner, ein Avantgardist ist er, ein Kämpfer gegen den schlechten Geschmack der bürgerlichen Interieurs. Er fertigt Vorlagen für Tapeten an, ein Beruf, den es bis dahin in Deutschland gar nicht gab. Seine Kenntnisse erwirbt er sich in Dresden und in Paris, wohin er im April 1876 den Sozialrevolutionär Carl Schulz begleitet. In Wurzen bekleidet er die Stelle als erster Tapetenzeichner. In seinen *Erinnerungen eines Musterzeichners* schreibt Georg Bötticher über die verbesserungswürdige Ästhetik seiner Zeit:

In jenen Jahren – 1868 auf 69 – vollzog sich in Deutschland ein Geschmacksumschwung im Kunstgewerbe: die bisher herrschend naturalistische Verzierungsweise wich einer stilistischen. Man fühlte mit einmal, welche Geschmacklosigkeit darin lag, sich auf ein Sofa niederzulassen, dessen Sitz einen Waldbrand oder eine

Tigerjagd vorstellte, oder sein Zimmer mit Tapete zu bekleben, die ein und dasselbe bewegte Blumenbukett in hundertfacher Wiederholung zeigte.

Sofa, Tapete, Waldbrand – vielleicht ist es kein Zufall, dass es bei der Weihnachtsfeier des Kuttel Daddeldu heißt: »Plötzlich brannte das Sofa und die Tapete«. Georg Bötticher liebt die Schönheit. Und er liebt seine Kinder Ottilie, Wolfgang und den ältesten, Hans Gustav, dessen Verträumtheit ihn rührt, dessen Lernqual ihm nahegeht, ihn sicher auch nicht glücklich macht. Es ist ein offenes Haus, das Georg und Rosa Marie Bötticher mit ihren Kindern in der Leipziger Poniatowskistraße führen. Es gibt Kindermädchen, viel Spielzeug, familiäre Theateraufführungen und eine Verwandtschaft, wie sie vermutlich wenige Kinder damals und heute haben. Eines der Dienstmädchen, Ringelnatz nennt sie in seinen Erinnerungen Berta, muss offenbar das Interesse von Georg Bötticher in einer Weise geweckt haben, die zu einem mittelschweren Drama in der Ehe von Rosa und Georg geführt hat. Das ging sogar so weit, dass sich Rosa aus dem Fenster stürzen wollte, »und dass ich«, schreibt Ringelnatz, »aufschluchzend ihre Füße umklammerte«. Natürlich wird Berta entlassen, aber Ringelnatz erfindet für sie noch ein Nachleben mitsamt spektakulärem Ende, das allerdings so nicht stattfand. Wahr ist, dass die Haushaltshilfe, die in Wahrheit Clara Hanmann hieß, später unter dem Namen Kläre Heliot großen Erfolg als Löwenbändigerin hatte. Es ist auch wahr, dass sie einmal mit dem Kopf in einen Löwenhals geriet und dabei sehr schwer verletzt wurde. Aber sie starb hochbetagt, allerdings vergessen und verarmt in Stuttgart. Es gibt erstaunliche Parallelen zwischen der abenteuerlustigen Hallenserin Claire Heliot und dem abenteuersehnsüchtigen Hans Bötticher. Auch Kläre hat einen Großteil ihrer Kindheit auf Jahrmärkten und in Zoologischen Gärten verbracht, auch sie suchte das Gefährliche, das Abenteuer, von denen eines sicher das Kunststück war, den Kopf in einen Löwenrachen zu tauchen, ein anderes der Reiz, den bürgerlichen Familienmann Georg Bötticher zu verführen. Auch

Hans unternimmt den Versuch, sich dem Dienstmädchen zu nähern, indem er Claire »plötzlich an die Beine« greift. Aber Claire knallt ihm eine. »Süß ist die Lady, und der Leu ist wild«, steht in einem Gedicht aus dem Nachlass.

Hans' Onkel ist der Religionswissenschaftler und Historiker Adolf Hilgenfeld, ein Vertreter der damals als innovativ geltenden Tübinger Theologen-Schule, die Bibelkunde und Geschichtswissenschaft zusammenführt. ›Onkel‹ nennt Hans auch den Dialektdichter Edwin Bormann, der mit seinem Vater befreundet war und mit diesem die Gelehrtenrunde »Leoniden« gründete – an diese beiden dem höheren Witz verpflichteten Männer erinnert heute noch eine Tafel am Alten Rathaus in Leipzig. Hans Bötticher erkennt früh, dass es zwei, wenn nicht mehrere Welten gibt, und dass er augenblicklich ziemlich sicher in der falschen unterwegs ist. »Es war ein geheimnisvoll lockender Trieb in mir, etwas zu entdecken, etwas zu erfinden, etwas zu finden«, schreibt Ringelnatz später in seinen Erinnerungen *Mein Leben bis zum Kriege*. Er schwänzt die Schulstunden, treibt sich auf Jahrmärkten herum und ist glücklich, wenn er mit Eltern und Geschwistern in Thüringen wandern geht, dem »engeren Heimatland« von Georg Bötticher.

Aber dann kommt dieser Sommer 1896, der so viel entscheiden wird im Leben des kleinen blondlockigen Hans Bötticher, der immer mit Samtanzügen und Spitzenkragen in die Klasse kommt und dafür dem Spott der Mitschüler ausgesetzt ist. Im Zoologischen Garten von Leipzig ist vom 5. August an eine der in jenen Jahren so populären Völkerschauen zu sehen, »und zwar drei Samoaner mit dreiundzwanzig Samoanerinnen. Herrliche, stattliche Gestalten. Die Frauen trugen nur ein hemdartiges Gewand und steckten sich Blumen ins Haar.« Hans Bötticher steckt in der Pubertät, mit allem, was diese Phase an sexueller Neugier und Reizbarkeit mitbringt. Und er langweilt sich in der engen Welt des bürgerlichen Lebens, wo er nichts weiter ist als ein kleiner Junge, der unter dem

Drill der Schule leidet und der vom Andersartigen träumt, weil er sich selbst auch für anders erachtet. Er will den Samoanerinnen gefallen, rennt nach Hause und kramt den Christbaumschmuck aus dem Schrank des Vaters. Am Ende tragen alle Frauen aus Samoa kleine Weihnachtsmänner, Schokoladenherzen und Wachsengel aus dem Hause Bötticher im Haar. Völkerschauen dieser Art sind neu in jenen Jahren und ziehen, besonders in der noch jungen Kolonialmacht Deutschland, ein Millionenpublikum an. Einer der großen Völkerschauen-Unternehmer ist der Hamburger Zoogründer Carl Hagenbeck, auch die Brüder Fritz und Carl Marquard machen sich mit der Präsentation exotischer Menschen und deren Gebräuchen einen Namen und natürlich ein ziemlich einträgliches Geschäft. Samoa und seine Exotik galten vielen Deutschen als vorzivilisatorischer Sehnsuchtsort, einige reisten auf die Inselgruppe im Pazifik. Der preußische Snob Otto Ehrenfried Ehlers besuchte das Atoll bereits 1895 und verfasste den damals vielgelesenen Reisebericht *Samoa. Perle der Südsee*. Seine Schilderungen sind auch heute noch lesenswert, weil er in ihnen ein scharfes Porträt seiner in exotische Verzückung geratenen europäischen Landsleute zeichnet. Der später durch seine von Veit Harlan verfilmte Komödie *Krach im Hinterhaus* erfolgreich gewordene Schriftsteller Maximilian Bötticher kam 1896, als der junge Hans die Samoanerinnen in Leipzig sieht, mit dem Lustspiel *Die tanzenden Samoarinnen* zu frühem Ruhm.

Trotz der rassistischen Grundierung dieser Veranstaltungen werden die Völkerschauen in der heutigen ethnologischen Forschung nicht ausschließlich als Ausbeutung gewertet. Eine Ausstellung im Münchner Museum für Völkerkunde dokumentierte 2014 eine differenzierte Darstellung, nach der die Präsentation der Samoavölker durchaus von beidseitigem Interesse war. Carl Hagenbeck schloss mit den Inselbewohnern vernünftige Verträge, die diesen anständige Unterkünfte, Gagen und medizinische Versorgung garantierten. Es waren aufwendig inszenierte Settings, in denen die Menschen ihre vermeintliche Exotik präsentierten: die typischen Jurten, in denen sie in Samoa leben, werden nachgebaut, die Kulissen werden in eklektischer Vielseitigkeit gehalten:

indische Tempel, Pyramiden und Moscheen sollen suggerieren, dass hier das Geheimnisvolle und Fremde in den europäischen Städten Einzug gehalten hat. Es waren interaktive Verlockungen, zu denen die Bürger geführt wurden. Sie konnten sich von arabischen Barbieren die Haare schneiden lassen oder auf nachgebauten Basaren kostbares Kunsthandwerk kaufen. Und sie konnten sich tätowieren lassen – ein Angebot, das sich der fernwehkranke Hans nicht entgehen ließ:

> Aber eine von ihnen erfüllte mir eines Tages meinen Wunsch, mir ein »H« auf den Unterarm einzustechen. Das geschah in der großen Unterrichtspause. Die dauerte eine Viertelstunde, das Tätowieren aber einundeinhalb Stunden. Es tat ein bisschen weh und kostete auch ein Tröpfchen Blut.

Die Kultur der Tätowierung haben die schon erwähnten Marquard-Brüder von Samoa nach Deutschland gebracht, wo es als moderne Körperschmuck-Kultur angenommen und von manchen Gesellschaftslöwen getragen wurde. Bereits 1899 veröffentlichte Carl Marquard sein Buch *Die Tätowirung beider Geschlechter*, das rasch zum Bestseller avancierte und das Ringelnatz auch gekannt haben dürfte. Das Motiv der Tätowierung leuchtet bei Ringelnatz immer wieder auf; in der Novelle *Fahrensleute* schreibt er: »welche schöne Kraft spricht aus ihren Händen, welche Einfachheit der Seele aus ihren Tätowierungen.« Und in der Erzählung *Der tätowierte Apion* rückt der seefahrende Sohn der Putzfrau, der sich Kreuz, Herz und Anker in den Oberarm stechen lässt, im Kopf des weltentrückten Professors in die Nähe des reinen antiken Helden. Nicht zu vergessen die schon erwähnte Angewohnheit des Seemanns Kuttel Daddeldu, Ringelnatzens poetisch-wildem Seelen-Schatten, seinen »Kleinchen Anker und Kreuze auf Ärmchen und Beinchen« zu tätowieren. Als Kabarettist wird Ringelnatz sich seine Tätowierungen immer wieder aufmalen: »Ich merke eben, dass ich meine Tätowierung wieder nicht abgewaschen habe«, schreibt er einmal an Muschelkalk. Für Ringelnatz ist die Tätowierung durch die Leipziger Samoanerin ein Initiationsritus, dessen lebensverändernde Bedeutung auch der Knabe sofort zu begreifen scheint.

Er geht zurück ins Klassenzimmer, schreitet mit erhobenem Blick am Lehrer vor bei »und sagte, jedes Wort stolz betonend: ›Ich habe mich tätowieren lassen!‹«« Die Folge ist, was Ringelnatz im Höhere-Schule-Latein ›Consilium abeundi‹ nennt: Er fliegt von der Schule, und über einen kurzen Umweg direkt in das Leben, das er sich so sehnlichst wünscht. Und das so anders werden soll als die Welt, in die Hans Gustav Bötticher am 7. August 1883 hineingeboren wird. Auf seinen Geburtsort, die mittelgroße sächsische Industriestadt Wurzen, blickt Ringelnatz mit wenig Interesse und mildem Spott zurück. Man kann heute in Wurzen sein Geburtshaus in der Straße mit dem hübschen Namen Crostigall anschauen. Das Haus ist verfallen, Land und Behörden tun sich ein bisschen schwer damit, es zu einer schönen Gedenkstätte umzubauen. Am Domplatz steht ein Brunnen mit einer Steinfigur – sie stellt Ringelnatz dar, wie er auf einem Seepferdchen reitet. Lieb gemeint ist das, aber es zeigt auch, dass die Wurzener ihren Hans Bötticher bis heute nicht so richtig verstanden haben. In den Zeiten der DDR hatte man ohnehin wenig mit dem nonkonformistischen Ringelnatz im Sinn. Ein Artist, der von der Ferne träumt, vom Meer und von der Freiheit, ist ein denkbar schlechtes Vorbild für den real existierenden Sozialismus. Dass Ringelnatz sich zu Lebzeiten tatsächlich ein wenig mit Wurzen verbunden fühlte, lag an dem Museumsdirektor, der ein großer Ringelnatz-Verehrer war und alles sammelte, was mit dem großen Sohn der kleinen Stadt zu tun hatte. Ringelnatz wies Muschelkalk immer wieder an, Briefe und Devotionalien nach Wurzen zu schicken – dort, glaubte Ringelnatz, werde sein Lebenswerk würdig gepflegt. Vermutlich haben wir es Ringelnatz' Vertrauen in diesen Herrn zu verdanken, dass heute noch sein alter Seesack von der HSMDS im Ringelnatz-Museum zu sehen ist. Nach 1945 wollte Muschelkalk den gesamten Nachlass ihres Mannes nach Wurzen bringen, aber die politischen Verhältnisse ließen sie den Plan rasch verwerfen.

Als Hans Bötticher drei Jahre alt ist, zieht die Familie ins nahe gelegene Leipzig. Georg Bötticher ist, wie bereits gesagt, im Brotberuf Musterzeichner – er entwirft Tapeten, recht scheußliche Dinger, aber er gilt als früher Meister auf diesem Gebiet. Will man behaupten, Ringelnatz trete als Dichter in die Fußstapfen seines Vaters, so kann man für die jüngere Schwester Ottilie reklamieren, dass auch diese in eine väterliche Fußstapfe tritt – sie heiratet den Tapetenhändler Hermann Mitter und baut mit diesem ein gut gehendes Geschäft in Leipzig auf. Für das Tapetengeschäft des Schwagers wird Ringelnatz noch 1930 als Werbetexter tätig:»Tapeten und Linoleum:/ Bei Mitter nur!! Man weiß, warum./ Und was dir Hermann Mitter rät,/ Ist praktisch, schön und: Qualität.« Hans' älterer Bruder Wolfgang wird später Bergwerksdirektor in Freiberg. Die Bötticher-Kinder erleben eine Kindheit in feierlichbürgerlicher Tradition. Die Erziehung übernimmt hauptsächlich der Vater, von der eher wortkargen und verschlossenen Mutter Rosa schreibt Ringelnatz später mit wertschätzender Distanz. Rosa Marie Bötticher, geboren am 23. August 1857 in der Nähe von Tilsit, entstammt der Familie Engelhart, aus der Tuchhändler und Juristen hervorgingen. Sie und Georg Bötticher heiraten am 20. April 1876 in der Stadtkirche St. Martin in Jena. Rosas Bruder Martin Engelhart wird Hans' großes Vorbild. Onkel Martin ist Kapitän, sein Leben legendenumwoben – ihm wird er sein Buch *Matrosen* widmen. Georg Bötticher hat der Nachwelt einen schönen, etwas rührseligen Einblick in das Familienleben der Böttichers gegeben. In seinem schmalen Erinnerungsband *Meine Lieben* schildert er einen Weihnachtsabend mit Frau und Kindern. Alle haben kleine künstlerische Arbeiten angefertigt, Wolfgang einen Holzteller, Ottilie eine Stickerei, und der neunjährige Hans, der Dichter der Familie, hat den Geschwistern je ein Notizbuch mit einem Gedicht, der Mama und Großmama ein Weihnachtslied, dem Papa aber gar ein eigenes Buch geschenkt, das *Landpartie der Tiere* heißt und von ihm selbst verfasst, geschrieben und sogar illustriert worden ist.

Später bekommt dieser Weihnachtsabend noch eine gewisse Turbulenz, nämlich als die Kinder sich ihren Geschenken widmen: »Hans stellt seine Marine auf, Wolfgang probiert die Dampfkraft seiner zwei Maschinen.« Und Ottilie nimmt ihr neues Notizbuch, in das Hans ein Gedicht geschrieben hat. Das Mädchen liest den Text mit boshafter Genugtuung über die zahlreichen orthographischen Unebenheiten vor:

> Da warf ihn ab sein schwarzes Roß
> Bums! Da fiel der Reiter in das Moß.
> Es klitterte sein blankes Schwerd –
> Hobbs! saß er wieder auf dem Ferd!

Es gibt noch eine andere, leicht literarisierte Geschichte in Georg Böttichers Erinnerungsbändchen. Sie trägt den Titel *Hans und Hilda*, in den beiden Kinderfiguren sind unschwer Hans Gustav und seine Schwester Ottilie zu erkennen. Bötticher erzählt hier recht anrührend, wie das Mädchen bei allen denkbaren Gelegenheiten um die Zuneigung ihres renitenten Bruder buhlt. Sie fragt ihn refrainartig: »Leidest du mich?« Und Hans gibt jedes Mal die herzlose Antwort: »Nein, ich leide dich nicht.« Ob sie ihn küsst, ob sie ihm nach einem Sturz im Wald hilft, seine kleine Jacke von einem Wurzelzweig zu lösen – der Bruder verweigert ihr die Liebe, vermutlich aus Trotz und jungenhaftem Härtebedürfnis. Eines Abends geraten die Geschwister in einen Streit um eine blaue Blume – ob die Blume wirklich blau war oder dem Novalis-Liebhaber Bötticher die Farbe besser in den Kram passte, sei dahingestellt. Durch eine Unachtsamkeit fällt Hilda in einen See, Hans lacht zunächst über ihr Missgeschick, beginnt dann aber laut zu schreien und macht Erwachsene auf ihre gefährliche Lage aufmerksam. Das Mädchen wird gerettet, und am folgenden Morgen findet Mutter Rosa die Geschwister eng umklammert in Ottilies Bett schlafend. Natürlich löst sich die Leidensgeschichte glücklich auf. Hans fällt seiner Schwester um den Hals und schluchzt: »Ich leide dich, Hilda, ich leide dich!« Es ist der ganz normale Wahnsinn einer bürgerlichen, liberal eingestellten Familie des späten neunzehnten Jahrhunderts, in der man eher auf Herzensbildung setzt anstatt seine Kinder einem sittenstrengen Regiment zu unterziehen. Es ist das, was der französische Soziologe Philippe Ariès in seiner *Geschichte der Kindheit* »die gefühlsmäßige Anteilnahme, die man dem Kind als dem lebenden Abbild seiner Eltern nunmehr entgegenbringt«, nennt. Joachim Ringelnatz beschreibt das Verhältnis zu seinem Vater – umgekehrt – ganz ähnlich:

Trotzdem ist mir von allen Gesprächen Vaters und von jeder Erzählung aus seiner Jugend, aus seiner Pariser Zeit, aus seinem Leben immer ein Pünktchen im Gedächtnis geblieben. Ich meine: Ich könnte heute daraus ein deutliches Bild zusammensetzen. Vaters Bild. Leider erst heute. Manchmal meine ich sogar, ich könnte daraus mein eigenes Bild zusammensetzen.

Auf einem Foto aus jenen Jahren sehen wir die Familie Bötticher beim Kaffee im häuslichen Garten. Vater Georg schenkt seiner Frau Rosa eine Tasse ein, der ältere Bruder Wolfgang hat sich im selbstbewussten Jungmänner-Habitus mit Hut und schmalem Schlips zwischen den Eltern aufgestellt. Ottilie sitzt mädchenhaft brav neben ihrem Bruder Hans, der eine Feder im Hut stecken hat und ziemlich abwesend auf das Kaffeegeschirr starrt. Ein ernster Junge, der seine Kindheit nicht unbeschwert lebt. Aber welcher Junge, der in der autoritären Welt des neunzehnten Jahrhunderts erzogen wurde, verlebte schon eine unbeschwerte Kindheit? Wäre dem so gewesen, fehlte in der deutschen Literatur ein entscheidendes Sujet: der Kindheits- und Schuldroman als Narrativ des Leidens, Unverstandenseins und der gequälten Kinderseele, fehlten all die jungen Helden der schulischen Knechtschaft, die bei Thomas Mann Christian Buddenbrook heißen, bei Robert Musil Thomas Törleß, bei Hermann Hesse Hans Giebenrath und Kurt Gerber bei Friedrich Torberg. Joachim Ringelnatz ist ein ähnlich empfindsamer Junge wie die vier, das schulische Leiden ihrer Autoren spiegelnden Figuren. Aber der junge Hans Bötticher hat auch Anteile eines rauen, dem Grobschlächtigen nicht fern stehenden Burschen. Nach dem Rauswurf vom Gymnasium kommt Hans auf die Toller'sche Privatschule in Leipzig – eine Art pädagogische Resterampe, auf der vor allem solche Schüler einen Abschluss machen sollen, die es auf den besseren Schulen nicht gepackt haben. Auch hier herrscht Drill, auch hier wird als Pädagogik verkleidete sadistische Gewalt ausgeübt. Aber die Schüler können den Spieß auch umdrehen. Sie tricksen und täuschen – einmal liest Hans vorgeblich einen Aufsatz vor, der in Wahrheit gar nicht im Heft steht. Eine ähnliche Genieleistung erbracht zu haben behauptet übrigens auch der miserable Schüler Alfred Andersch von sich – vielleicht schreibt einer mal eine Studie über den Mythos des imaginierten Aufsatzes bei Schulversagern. Hans Bötticher wird Teil einer recht haltlosen Jugendbande, ein paar Kriminelle sind darunter, die Einbrüche begehen und vor Gewalttaten nicht zurückschrecken. Die Toller'schen Privatschüler quälen einen greisen Lehrer, bis dieser einen tödlichen Herzinfarkt erleidet. Sie lassen ihren antisemitischen Affekten freien Lauf, wenn es darum geht, den Klassenkameraden Arthur Tausig, Sohn eines Rabbiners, wegen dessen Herkunft zu verspotten. Hans wird unter dem Einfluss der harten Jungs zum unerträglichen Familienmitglied. Er raucht, wird dabei erwischt und fängt sich ein paar Ohrfeigen. Er lässt es an Respekt vor seiner Mutter mangeln – »Ich hasse sie!«, schreit er dem Vater entgegen, als dieser ihn fragt, was er mit der armen Frau nur habe. In seinen Kriegserinnerungen erzählt Ringelnatz später, wie ihn die Lektüre einer Stifter-Biographie zu der Erkenntnis gelangen lässt, dass er »eigentlich niemals richtige Mutter- oder Vaterliebe genossen hatte«. Zwar hätten ihm sowohl der Vater als auch die Mutter Herzlichkeit zukommen lassen, »aber der unergründliche See von Liebe war mir doch fremd geblieben«. Der Vater ist hilflos, zumal er alles tut, um seinem Sohn zu helfen. Er gibt ihm privaten Französischunterricht – schließlich hat Georg Bötticher

1868 an der Pariser Hochschule für Design-Zeichner, man nannte die Studenten damals Dessinateure, studiert. Aber Hans ist nicht willens und damit nicht fähig, den Stoff umzusetzen. Der Vater verzweifelt: »Und der Privatunterricht endete damit, dass mein Vater wieder den Klemmer verlor, mich an seine raue Backe drückte, und wir beide weinten.« Georg Bötticher liebte seinen Sohn Hans so innig wie verzweifelt. Er strafte ihn nicht, wie es in jener Epoche gang und gäbe war. Er ließ seinen Sohn gewähren, versuchte sogar, ihm das beschwerliche Schülerdasein zu versüßen. Am Anfang seiner Erzählung *Nervosipopel* zeichnet Ringelnatz ein Porträt des Jungen, der er einmal war. Ringelnatz nennt den zappeligen Knaben Feix Daddeldu und Feix' Bruder bekommt den Namen Kuttel. In der Geschichte heißt es, die Gutmütigkeit des Jungen sei nicht erkannt worden, »vom eigenen Vater, wenn dieser sein Pfeifenrohr mit Wachs verstopft fand, und sogar von der Mutter, wenn Feix durchaus nicht dazu zu bewegen war, das Kippen mit dem Stuhl einzustellen. Diese eigensinnige Beharrlichkeit war das Hässlichste daran.«

Als ihm der Vater ein Brennabor-Fahrrad – damals der neueste technische Schrei – schenkt, dreht Hans komplett ab. Heute würde man ihn mit streetworkerhafter Besorgnis der sozialen Gruppe gewaltbereiter Jugendlicher zurechnen. Er riskiert lebensgefährliche Sprünge, überfährt Hunde, verletzt Spaziergänger und verliert sich komplett in dieser Sportwelt, deren Popularität damals durch den Erfolg von Rennfahrern wie Thaddäus Robl und Willy Arend befeuert wurde. Sein Freundeskreis besteht aus sozial gefährdeten Jugendlichen, Rowdys, wie Ringelnatz sie nennt. Er verwendet in diesem Zusammenhang auch das Wort »Halbstarke«, das eigentlich erst seit den fünfziger Jahren gebräuchlich ist – Ringelnatz' erster Biograph Herbert Günther weist darauf hin. Allerdings belegen andere Quellen, dass dieses Wort durchaus bereits vor dem Krieg für rüpelhafte Jugendliche verwendet wurde und aus dem Vokabular der Pferdezüchter stammt: Halbstark nennt man dort ungezähmte junge Hengste.

Wie auch immer, Ringelnatz selbst urteilt rückblickend:»Heute würde ich mein radfahrendes Ich von damals, wenn es mir als fremd begegnete, anhalten und durchbleuen.«Eines wird aus diesen Kapriolen und Überschreitungen jedoch deutlich: Hans Bötticher hat sich in diesem Jahr 1901 längst aus dem bürgerlich-familiären Schutzraum entfernt. Er möchte selbst Rennfahrer werden oder Krimineller oder was auch immer – jedenfalls nichts, das sich in irgendeiner Weise mit den Vorstellungen des Bürgertums deckt. Seine Eltern, seine Geschwister – sie alle werden ihm fremd. Die Schwester Ottilie mit ihren Verehrern und ihrem Wunsch, bald zu heiraten und ein bürgerliches Leben zu führen, steht ihm ebenso fern wie Wolfgang, der ältere Bruder, der mit naturwissenschaftlichen Studien beschäftigt ist und sich damit mehr oder weniger gezielt seinem späteren Beruf als Bergwerksdirektor entgegenarbeitet.

Hans kriegt die Zeit an der Erziehungsanstalt mit Ach und Krach herum. Er besteht im März das Examen und kann sich damit zum Einjährig-Freiwilligen Militärdienst melden. Diese Regelung gab es im preußischen und sächsischen Schulgesetz seit 1877; und es folgten ihm viele Jungen, die aus begütertem Haus stammten, und die Ausrüstung, Bekleidung und Verpflegung für den Militärdienst selbst aufbringen konnten. Normalerweise dauerte die Militärzeit drei, seit 1893 zwei Jahre. Der Abschluss mit der Obersekundarreife gab den Jungen die Möglichkeit, nur ein Jahr zu dienen und danach in den Stand des Reserveoffiziers zu rücken. Kaiser Wilhelm II. hatte diese Regelung eingeführt, um auch junge Männer aus dem Bürgertum in den Genuss einer militärischen Laufbahn kommen zu lassen. Er stellte den»Adel der Gesinnung«dem»Adel der Herkunft«zur Seite – eine etwas gönnerhafte Formulierung, die nicht darüber hinwegtäuschen sollte, dass das Militär zu jener Zeit weitgehend vom Adel kultiviert wurde und Bürgersöhne höchstens eine mittlere Laufbahn einschlagen konnten. Das militärische Leben sollte für die jungen, sozial eher niedrig eingestuften Rekruten eine Schule zur Selbstdisziplin und zur christlichen Lebensweise sein – Werte, die damals hoch angeschrieben sind und denen der junge Hans Bötticher eigentlich gerade zu entwischen trachtet. Wohlgemerkt hat Hans einen ganz anderen sozialen Hintergrund als die meisten Einjährig-Freiwilligen. Er entstammt dem Großbürgertum, besaß alle Möglichkeiten, umfassende Bildung zu genießen, einen höheren Schulabschluss zu machen und eine Universität zu besuchen. Aber es steckte nun einmal der geheimnisvoll lockende Trieb, etwas zu finden und zu erfinden, in ihm. Und damit ist bei Ringelnatz vor allem eines gemeint: Das Finden und Erfinden einer neuen Identität, eines anderen Lebens, das fern und fremd ist von dem, was ihm von Haus aus geboten wird. Hatte er beim Weihnachtsabend, das der Vater so liebevoll in seinen Plaudereien geschildert hat, nicht immer wieder »seine Marine« aufgestellt? Und hatte Hans nicht den Bruder der Mutter, jenen legendären Kapitän Martin Engelhart, zu einem seiner Hausheiligen erklärt? Hans Bötticher will Seemann werden, und auch hier kann er – wie fast immer – auf die Unterstützung seines weichherzigen Vaters zählen. Mögen alle, einschließlich des erfahrenen Kapitäns Engelhart, von diesem waghalsigen Entschluss abraten – Georg Bötticher begleitet seinen Sohn zum Hamburger Hafen und mietet sich für die Nacht vom 3. auf den 4. April 1901 mit ihm in einem schäbigen Hotel ein. Ein abzockerischer Matrosenanheuerer zieht ihm 450 Mark für eine überteuerte Ausrüstung aus der Tasche – Georg Bötticher zahlt, denn er versucht alles, um seinem Sohn einen Grundstock an Sicherheit zu geben – später an Bord des Schiffes wird Hans einen Umschlag öffnen, der mit Goldstücken gefüllt ist und denen ein Brief beiliegt »in schlichten, herzlichen Worten, die mich zu Tränen rührten«.

Als alles geregelt scheint – in Wahrheit ist nichts geregelt, denn die Leutseligkeit des Heuerbaas ist reine Täuschung –, bringt Hans seinen Vater zum Bahnhof. Jetzt gibt es für Hans kein Zurück mehr in die beschützende Welt in Leipzig, wo der Vater seine raue Wange an die zarte Wange des unerfahrenen, aber so erfahrungshungrigen Jungen drückt. Jetzt muss Hans Bötticher das nächste Kapitel der Fremde kennenlernen. Die Seefahrt, die ihn so viel an

Illusionen kosten soll. Und die doch nur ein Vorgeschmack ist auf die große Katastrophe, auf den Ersten Weltkrieg, nach dessen Ende aus dem Matrosen Hans Bötticher der Weltendeuter Joachim Ringelnatz wird.

Wir gingen in See

Wie unbeleckt dieser kleine Matrose von allem ist. Wie leicht können ihn die nur wenig älteren vorführen und auf seine Weltunkundigkeit verweisen. Auf der Überfahrt von Hamburg nach Le Havre lügen ihm seine Kameraden im wahrsten Sinn des Wortes das Blaue vom Himmel herunter. Das Meer schimmert an einer Stelle grün, an der anderen blau? Das Blau kommt vom Atlantik, das Grün ist Nordseewasser, erklären ihm Jahn und Bootsmann. Aha. Und diese seltsamen Kegel, die dort vorne aus dem Wasser ragen? Untergegangene Kirchtürme seien das. Erst der ernste Freund Hermann klärt den naiven Jungen aus Sachsen über Sinn und Funktion der Bojen auf. Und dass Hans der Mutter des französischen Jungen, der mit auf den Schleppkahn Elli geht, ein elegantes Oui Monsieur entgegenruft, zeigt noch einmal, wie vergeblich die Schulausbildung des Bürgersohns Hans Bötticher gewesen ist. Aber was schert ihn das – er ist jetzt an Bord. Als Schiffsjunge der Bark Elli, die Kurs nach Westindien aufnimmt, um aus Honduras, damals unter britischer Herrschaft, Edelhölzer nach Europa zu importieren. Das Deutsche Kaiserreich hatte noch einen weiteren Seefahrt-Verrückten aufzubieten, nämlich seine Majestät persönlich. Wilhelm II. träumte, ähnlich wie Hans Bötticher, bereits als Kind davon, zur See zu fahren, ja, der Monarch nannte als seinen frühesten Berufswunsch »Marinemaler«, wofür ihm, wie er in beruhigender Selbsterkenntnis zugibt, jegliches Talent fehlte. Im Gegensatz zu Ringelnatz, dessen Malerei immer wieder Seefahrts-Motive aufgreift; oftmals inszeniert Ringelnatz das Schiff als Spielball der Urgewalten oder in den Turbulenzen einer Seeschlacht. Immer wieder und das sind seine stärksten Bilder, taucht die See als ruhige, gleichzeitig leere und menschenarme Seelenlandschaft auf. Ein Wrack liegt im Wattenmeer, leicht nach rechts gesunken, zwei Männer kämpfen sich gebückt zum Schiff und darüber drückt der endlos graue Himmel alles nieder. Eines der merkwürdigsten Ölgemälde von Ringelnatz trägt den Titel *An der harten Kante*, Ringelnatz malt es im Jahr 1933. Auf der schwarzen, von felsartigen Wolken überflogenen Horizontlinie fährt ein Dampfer. Der Betrachter sieht ihn in der Ferne, während direkt vor ihm die hinten ruhige See nahe der Felsküste schaumig aufgewühlt ist. Auf dem Felsgrund, nahe der Klippe, steht ein Kinderwagen, das Bettzeug liegt daneben auf dem Stein. An der harten Kante, diese Ortsbeschreibung hat im Jahr 1933 für Joachim Ringelnatz mehr als eine geographische Bedeutung. Das gleichnamige Gedicht übersetzt das Bild in Sprache; ohne ihm sein Geheimnis zu nehmen, verweist es vage auf die Geschichte dahinter:

Ein leerer Kinderwagen stand
Vor der steilen Felsenwand,
Als ich abends gewandert bin.
War kein Kind darin.
War auch kein Mensch dabei,
Kein Mensch in der kahlen Weite.

Aber Kettchen lagen beiseite
Und im Wagen ein Pferdchen mit nur drei
Holzbeinchen. – – Und ein verschlossener Brief.
Weit sieht man vom Felsen dort über das Meer,
Das tosend unter mir tief
In blendender Brandung zerschellte
Und wieder sich wälzte und wellte.

Ein Schiff am Horizont. Woher?
Wohin? War nicht zu sehen,
Und was auch kümmerte mich das.

Ich fühlte nur: es war etwas
Verzweifeltes geschehen.

Das Kind ist, einen anderen Schluss lässt die düstere Andeutung nicht zu, über die Klippen gefallen, womöglich geworfen worden, da es sich um einen Säugling handelt. War das Kind Hans Bötticher, der sich nach der See verzehrte, ins tosende Meer gestürzt? Oder war der Traum des Joachim Ringelnatz von der Welt als poetischer Benutzeroberfläche an der harten Kante der politischen Wirklichkeit des Dritten Reiches zerschellt? Ringelnatz hat immer wieder auf die maritime Metaphorik zurückgegriffen, um politisches Unheil zu beschreiben. Keinen günstigen Wind haben, die Richtung verlieren, das Schiff, das die uferlose See treibt – der Lyriker Ringelnatz ist sich des Bilderreichtums bewusst, den ihm die Seefahrt beschert hat. 1931 lässt er sein Gedicht *Schiff* mit den Worten enden:»Fragt ihr: wohin? Ich bin nur ein Matrose.« Und das heißt: Ich weiß genau wie ihr, dass kein Mensch eine Ahnung hat, in welches Unglück uns diese Leute stürzen werden.

Nur ein Matrose? Ach, weit weniger als das ist Hans Bötticher, als er im April 1901 mit der Barke *Elli* in See sticht. Er ist der Arsch vom Dienst, Kajütenjunge, Ausputzer und gedemütigter Deckschrubber eines cholerischen und unnachsichtigen Kapitäns namens G.W. Pommer. Noch von Le Havre, zwei Tage vor der Abfahrt am 18. April, aus schickt Pommer einen Brief an Georg Bötticher, in welchem er unter dem Blütenstaub rhetorischer Schmeicheleien unmissverständlich klarmacht, was sein Sohn Hans an Bord des Schiffes ist und was er zu erwarten hat, nämlich wenig Erfreuliches.

Für mich macht ihr Sohn einen guten Eindruck, habe ihn deshalb, weil er noch nicht zur See gefahren ist, zum Steward, d.h. in meiner Kajüte zu meiner Aufwartung, eingestellt. Der Wandel und Anstand ihres Sohnes gefällt mir sehr gut, er gibt sich viel Mühe, ist sehr flink, was für einen Seemann die Hauptsache ist.

Pommer, den sich Georg Bötticher als »37 Jahre alter christlicher Kapitän« vorstellt, erweist sich im Lauf der Reise eher als sadistischer Leuteschinder:»Unter dem christlichen Kapitän Pommer wurden wir Boys mit Tauenden und Fäusten, ja sogar mit Eisenstücken geschlagen und mit Fußtritten traktiert.« Die Lust am Quälen der unerfahrenen Landratten nimmt Ausmaße an, deren Schilderung noch bei dem reifen Schriftsteller Ringelnatz sichtlich Ekel auslösen. Allerdings verschweigt Ringelnatz nicht, durchaus fröhlich mitgemacht zu haben, wenn es daranging, Schwächere zu schikanieren:»Auf einer Spanienreise haben wir einem schwachsinnigen Heizer nachts, als er schlief, Leim über den Bart gegossen, was freilich auch komische Wirkungen ergab.«

Böttichers Jungfernfahrt fällt in eine Zeit, da Kaiser Wilhelm daranging, die deutsche Flotte wirkmächtig auszubauen, was in der Bevölkerung breite Zustimmung fand.»Unsere Zukunft liegt auf dem Wasser«, lautete des Kaisers Losung und der Aufschwung der deutschen Schwerindustrie gab dem versponnenen Monarchen recht. In seiner Rede zur Eröffnung des Stettiner Hafens postulierte Wilhelm sein Ziel, Deutschland in den Rang einer Seefahrernation versetzen zu wollen, um neben England als Weltmacht bestehen zu können. Er ernennt Alfred von Tirpitz 1897 zum Staatssekretär des Reichsmarineamts. Tirpitz ist ein geschickter Vermarkter der kaiserlichen Expansionsträume. Ihm gelingt es, den Reichstag mit immer neuen Gesetzesvorlagen zu großzügigen Rüstungsetats zu bewegen, obwohl die Abgeordneten den maritimen Träumen des Monarchen äußerst skeptisch gegenüberstanden.»Ziel erkannt – Kraft gespannt«, lautet das Lebensmotto des umtriebigen und immens fleißigen Admirals Tirpitz, der erkannt hatte, dass sich Deutschland extrem anstrengen muss, um auf dem internationalen Handelsmarkt auf lange Sicht mehr als einen Blumentopf gewinnen zu können. Insbesondere die See- und Kolonialmacht Großbritannien hat den Daumen auf dem Exportgeschäft – ein Umstand, der die Tonlage im Kaiserreich bereits um 1900 verschärft und Tirpitz ist kein Mann, der das Öl zur Seite stellt, wenn er vor dem Feuer sitzt:»Ohne auf den Stand eines armen Ackerbaulands zurückzusinken, können wir England nicht zum Freund und Gönner gewinnen.«

Von den großen Plänen und der Würde der kaiserlichen Seefahrt bekommt der Fünfhundert-Mark-Junge Bötticher an Bord der Elli wenig mit. Er tut, was er kann, räumt Geschirr ab, putzt Gläser aus, weckt den Kapitän und macht ihm sein Frühstück. Aber der dünne sächselnde Hans kann es niemandem recht machen. Einmal hebt er den gewaltigen Kompass aus den Angeln, um ihn mit Putzstein und Öl zu reinigen. Das Donnerwetter, das daraufhin auf den ahnungslosen Schiffsjungen niederbricht, bringt ihm eine Handvoll Ohrfeigen und weitere Demütigungen durch die Besatzung ein. »Ja, es war hässlich, das Leben, das ich führte«, schreibt Ringelnatz in der Rückschau. Und schon nach wenigen Tagen schleicht sich Bedauern ein, dass er die Warnungen der Erwachsenen vor dem Seemannsberuf so leichtfertig in den Wind geschlagen hatte. »Wie schön hatten es doch die an Land! Kaufleute, Maler, Schriftsteller!« Drei Berufe, die, aber das kann er noch nicht wissen, sein späteres Leben bestimmen würden. Dass sich Joachim Ringelnatz später so minutiös an den Ablauf der trostlosen Tage an Bord erinnert, hat seinen Grund in der manischen Schreiblust des jungen Hans Bötticher. Er führt Tagebuch. Eines Tages sieht er, wie der christliche Kapitän Pommer in den Aufzeichnungen seines Kajütenjungen schmökert: »Er durchblätterte es schmunzelnd und las die ungünstigen Bemerkungen, die ich darin über den Bootsmann gemacht habe, in dessen Gegenwart laut vor.« Die Resonanz kommt wenige Tage später, der Bootsmann schlägt ihn mit der Faust, dann mit einem Tau auf den Kopf. Von der Glückseligkeit, Seemann zu sein, kann Hans nur noch in Träumen zehren. Er sieht sich dabei zu, wie er selber verroht. Er beginnt selbst, Schwächere zu demütigen, und die Schwächsten auf einem unter der Flagge der Verrohung segelnden Schiff des Kalibers der Elli sind die Tiere. Bei einem sprachgewaltigen Dichter wie Joachim Ringelnatz, der den Sprachlosen in seinen Texten immer wieder eine Stimme gab, lohnt sich ein kleiner Exkurs über die Tierporträts in seinen Werken. Dass das Herz auf etwas lausche, »was nie geschrieben steht und was keiner spricht«, ist das schöne Geheimnis, das er einmal dem Berliner

Aquarium abringen wird. Auf der Elli gab es eine Katze, die, wie Ringelnatz schreibt, verrückt geworden ist und kurzerhand über Bord geworfen wurde. Ein neues Tier musste her, denn die Besatzung brauchte Lebewesen, mit denen sie ihr grausames Spiel spielen konnte. Bei einem Landgang findet Hans einen herrenlosen Pinscher, den er mit an Bord nimmt und der im Handumdrehen die Grausamkeit des Bootsmanns zu spüren bekommt. »Dieser Hund führte überhaupt ein elendes Dasein. Da er von allen misshandelt wurde, war er ganz scheu geworden. Selbst vor mir, der ich es wirklich gut mit ihm meinte, hatte er andauernd Angst und lief davon, wenn ich ihn streicheln oder ihm ein Stück Salzfleisch geben wollte.« Allerdings schlug auch Hans den Hund, wenn er Schuhe zerbiss oder das Deck vollkackte, denn dem Schiffsjungen, der ebenfalls wie ein Hund behandelt wurde, oblag die Aufsicht über das Tier. Die Grausamkeiten gegen den Hund nehmen zu, am Ende wirft der Bootsmann das entkräftete und gedemütigte Tier über Bord. Als Hans Bötticher während des Krieges auf dem Minensuchboot arbeitet, gibt er einem »äußerst unedlen Hund« an Bord den Namen Bootsmann und garniert die Namensgebung mit eleganter Polemik: »Wir sagten: Er unterscheidet sich von unserem anderen Bootsmann dadurch, daß der eine das Deck rein und der andere es voll macht.« Später wird Hans mit Abscheu reagieren, als der Truppenleiter der Marinedivison der H.M.S.D. damit prahlt, dreihundertfünfunddreißig Katzen erschlagen zu haben, und auch die Erschießung eines entzückenden kleinen Zugvögelchens lässt den Marineoffizier Bötticher protestieren. Es wühlt ihn so auf, dass er ein Gedicht über das Massaker schreibt: »Wenn den, der Ringe blasend und mit kalter Mine/ 300 zarte Kater graß getötet/ .../ Nicht lebenslänglich zu Arrest verdammt/ So scheint es nicht Gerechtigkeit zu geben./ Man sollte eigentlich ganz anders leben.« Eines Tages fängt Hans eine Schwalbe ein, die sich in seine Kajüte verirrt hat. Er will das Tier ausstopfen. Was aber dann geschieht, gehört zu den ergreifendsten Schilderungen in Ringelnatz' Mariner-Erinnerungen: »Verroht, wie ich durch meine Umgebung geworden war, griff ich das Tier und presste ihm die Kehle zusammen, um es zu ersticken. Als ich aber sah, wie es vor Schmerz und Angst die schönen dunklen Augen verdrehte, dauerte es mich wieder, so dass ich es freiließ und in ein weiches Nest aus Werg bettete. Der kleine Vogel erholte sich und flog eines Tages von dannen.« Hans fängt immer wieder kleinere Tiere ein, um sie zu konservieren; einen Skorpion will er in Cognac einlegen, ein Ameisenbär wird derart verzogen und artfremd gehalten, dass er einem ebenfalls gefangenen Krokodil den Kopf abbeißt. Den Delphin, welcher der Mannschaft in den Fang geht, tötet Hans, »während ich ihn mehrmals mit einer Handspake auf den Kopf schlug«. Der christliche Kapitän Pommer hält sich Papageien in einem Käfig, die er genussvoll abrichtet. Der gefangene Vogel – das ist ein Motiv, das einem in Ringelnatz' Bildern und Gedichten immer wieder begegnet. Das Gemälde *Flucht* zeigt einen Mann, der auf einem geflügelten Schiff dahinrast, während über ihm in der freien Luft ein Vogel in einem Käfig hängt, und einen Goldfisch im Glas: »Hinter dir, hinter Glas und Draht und Eisengeflechten/ Blicken dir lange nach: Gefangene«, heißt es in dem gleichnamigen Gedicht. In Warnemünde besucht er einmal den Zoo und ist betrübt von dem dürftigen Bild, das die auf engem Raum eingesperrten Tiere ihm bieten, wobei er den dort gehaltenen Haustieren noch ein glückliches Leben zuschreibt, weil sie, so schreibt er in misanthropischer Resignation, »an die Hartherzigkeit der Menschen gewöhnt waren«. Aber der Bär, der, so der Titel eines Gedichts aus den *Flugzeuggedanken*, »aus dem Käfig entkommen ist«, wünscht sich die Gefangenschaft zurück, als er in der Freiheit die grausam entfesselte Menschheit kennenlernt. »Was ist nun jetzt?/ Wo sind auf einmal die Stangen,/ An denen die wünschende Nase sich wetzt?/ Was soll er nun anfangen?« Er möchte die tausend Stäbe wiederhaben, die Rilkes Panther die Kraft nehmen. Die Nachtigall, die in einem der traurigsten Gedichte von Ringelnatz gefangen ist, und selbst namentlich auf das Wort Gall reduziert wird, stirbt »ganz klein als Nachtigall«. Tiere sind ihm Botschafter einer fremden, beseelten Welt, er liebt sie so sehr, dass er sich einmal sogar ein Tier erfindet, das »Thar«, von dem er sagt: »Das Tier schien mir durch die Seele zu schaun/ Und weiter und fernhin, doch wohin?« Da ist es wieder, dieses rätselhafte Ferne, und was für ein schönes Wort ist übrigens »fernhin«! Und in einem der finstersten Monologe des Seemanns Kuttel Daddeldu, der seine Einsamkeit beklagt, versammeln sich die gequälten Vögel alptraumhaft und rächen sich für die Qual mit demonstrativem Verstummen an dem Seemann, der an seiner Einsamkeit »wie ein Hund verreckt«:

> Ich reiße auseinander meine Brust
> Und lasse steigen all die Vögel, die
> Ich eingekerkert, grausam dort gefangen
> Ein Leben lang gefangen hielt und nie besaß und die
> Mir niemals sangen.

Joachim Ringelnatz hat die Tiere ausdrücklich unter seine lyrische Schirmherrschaft gestellt. »Wie weh Gefangenschaft tut/ Merken wir erst, wenn wir eingesperrt werden«, mahnt er in seinem Gedicht *Tierschutz-Worte* aus dem Band *Allerdings* von 1928, dessen schönste und wahrhaftigste Zeile lautet: »Alle Tiere haben/ Augen aus einer uns unbekannten Welt.« Ein Gedicht weiter protokolliert er, wie ein Papagei, ein Affe, eine Fliege und ein Wolfshund sein angefangenes Gemälde *Einsame Sehnsucht* mit chaotischer Kreativität dergestalt beseelen, dass er es hinterher *Mein Selbstporträt* nennt. Und wie liebevoll liest sich Ringelnatz' lyrischer Nachruf auf seine Dackelhündin Frau Werner, die er nach seinem Umzug nach München bei seiner Berliner Wirtsfamilie Oertner zurücklässt: »In meinem besten Erinnern wird stets/ Etwas wedeln und etwas bellen.«

Gefangen wie ein Vogel – so fühlt sich der gedemütigte und geknechtete Hans Bötticher auf der kaiserlichen Barke *Elli*. Er denkt an Flucht, er plant zu desertieren. Er verschickt Flaschenpost, er überlegt, in Amerika abzumustern. Doch die Sterne stehen nicht sehr günstig. Als die *Elli* in Honduras vor Anker geht, plant Hans, gemeinsam mit dem Bordkoch zu fliehen. Aber auch dieser Plan geht schief, der Gewährsmann stellt sich als unzuverlässig heraus. Am 20. Juni erteilt ihm der Steuermann kurz vor der Weiterfahrt die Erlaubnis, noch einmal in Belize an Land zu gehen. Nach einem Wirtshausbesuch erklärt er seinen Kameraden, er müsse noch Besorgungen machen, und läuft »immer geradeaus«, in entgegengesetzter Richtung zum Hafen, wo die Elli auf ihn wartet. Was nun folgt, ist eine Odyssee durch den Regenwald, ein unbehaglicher Irrlauf durch ein exotisches Dystopia: Vor einer Hütte muss er ausharren, ohne von den Bewohnern eingelassen zu werden, ein gigantischer Tropenregen durchnässt ihn bis auf die Knochen, und die berechtigte Sorge, dass ihn der vor Zorn glühende Kapitän Pommer am Fockmast aufhängen würde, falls er ihn in seine Finger kriegt, wächst mit jeder Stunde. Seine Angst paart sich mit Zweifel und Sehnsucht nach dem Elternhaus: »Ich malte mir aus, wo und wie ich mich vor einem halben Jahr befunden hätte, und überlegte mir, wie das Leben mich in einer so kurzen Zeit in eine so ganz andere Lage gebracht hatte.« Man muss tatsächlich ermessen, wie gewaltig das Abenteuer ist, auf das sich der siebzehnjährige Bürgersohn aus Leipzig eingelassen hatte. Noch vor wenigen Monaten lebte er bei seinen besorgten Eltern und seinen Geschwistern. Inzwischen hat Wolfgang sich verlobt und seine Schwester ist verheiratet. Nur Hans ist im Wortsinn meilenweit entfernt von einer sicheren Existenz. Er möchte arbeiten und fragt sich in den Orten durch. Er wird überall abgewiesen: »Auf einem Schild las ich den Namen Winzerling. Das muss ein Deutscher sein, dachte ich und trat in den Laden. Der Inhaber, ein deutscher Jude, fragte, ob ich von einem Schiff ausgerissen sei.« George Winzerling war ein studierter Architekt aus einer verarmten Wiener Offiziersfamilie. Er arbeitete als Buchhalter in einer Breslauer Mehlfabrik, bis er den Job satthatte und 1890 nach Britisch-Honduras emigrierte, um dort wiederum sein Geld als Buchhalter in einem Realitätengeschäft zu verdienen. Nach seiner Hochzeit öffnete er seinen eigenen Laden, den Winzerling Brothers Store, eben jenen, in dem Hans Bötticher um Anstellung ersuchte. Winzerling war einer jener Männer, die sich von den Aussichten der Kolonialisierung locken ließen. Ihm gelang es auch, in Belize eine Existenz als angesehener Geschäftsmann zu gründen. Hans Bötticher gelang in Belize dagegen nicht einmal die Flucht. Er kommt für einige Zeit bei einem Kreolen unter und findet einen körperlich anstrengenden Job im Warenhaus James Brody, den erfolgreichen Lebensmittel-Lieferanten gibt es in Belize heute noch. Ein Angestellter dort fragt Hans, ob er auf ein mexikanisches Kriegsschiff gehen möchte. Hans unterzeichnet den Heuervertrag. Doch am Hafen bekommt die Polizei Wind von dem Bootsflüchtigen, Bötticher wird auf der Polizeistation festgehalten. Am Ende erscheint Pommer und nimmt seinen verzweifelten Kajütenjungen zurück auf die Elli. Für Hans beginnt die zweite Phase der Erniedrigung. Die Verachtung der Besatzung für den dünnen Sachsen schlägt in blanken Hass um. Der Kapitän erklärt Hans Bötticher gewissermaßen für vogelfrei. Der Steuermann schlägt ihm ins Gesicht und tritt ihn in den Leib. Das Schiff verwahrlost zunehmend, verdorbenes Essen, eine Moskitoplage und Ratten, Ratten, Ratten. Außerdem muss sich Hans eingestehen, dass seine Sehkraft den Anforderungen des Marinelebens wohl auf Dauer nicht genügen wird. Am 13. Juli macht sich die Elli auf die Heimreise. Hans ist inzwischen von den Strapazen und Demütigungen an Bord gezeichnet. Seine wunden Füße machen ihm zu schaffen und für seinen Fluchtversuch bekommt er vierzehn Mark von der Heuer abgezogen. Und doch gibt es auch für den nun beinahe zum Freiwild erklärten, wieder eingefangenen Bootsflüchtling Bötticher erhabene Momente, jene »herrlichen Stunden, in denen meine Erinnerung gern verweilt. Der freie Blick über das weite Meer, die vom Himmel sich abhebende Silhouette des Festlandes oder der vorgelagerten Inselgruppen haben sich mir fest eingeprägt.« »Schwer erkämpftes Seemannsglück« nennt Ringelnatz die besseren Momente in seinem Gedicht *Hafenkneipe*, das erst nach seinem Tod veröffentlicht wird. Joachim Ringelnatz hat in späteren Jahren immer wieder seine autodidaktische Bildung betont. Er, der Schulversager, stehe im Abseits, wenn es darum geht, Wissenshorizonte abzugleichen und Belesenheit zur Schau zu stellen. Es mag sein, dass Ringelnatz eine Abneigung gegen ausgestelltes Bildungsgehabe pflegte. Dass er unbelesen und ungebildet war, ist eine der Legenden, die er immer wieder selbst gestrickt, allerdings auch immer wieder mehr oder weniger beiläufig widerlegt hat. Noch auf dem Schiff Elli arbeitet er sich durch die Schiffsbibliothek, liest Unterhaltungsliteratur, später wird er zum kritisch reflektierenden Leser, der seine Lektüren bereits an eigenen Geschmackskriterien misst. Lessings *Hamburgische Dramaturgie* liest er begeistert und »mit steigender Bewunderung«, von einem Band mit Gesprächen des Kunsthistorikers Paul Gsell mit Auguste Rodin ist er gefesselt. Der zeitgenössischen Literatur gewinnt er wenig ab, Richard Dehmels Roman *Zwei Menschen* wirft er in die Ecke, von Friedrich Huchs *Geschwister* ist er gelangweilt, Mörike und Daudet liest er, ohne dass sie großen Eindruck auf ihn machen. Überhaupt scheint Bötticher wie später auch Ringelnatz keinen gesteigerten Wert auf die Bezeichnung Dichter oder Literat zu legen. Der Journalist Walter Anatol Persich, einer der wenigen, die Ringelnatz zu einem Interview überreden konnten, entlockte ihm Anfang der dreißiger Jahre einen eher robusten Kommentar zum Thema: »Ich habe als Junge bereits gedichtet, wie jeder kleine Scheißkerl es tut. Und auch in späteren Jahren blieb ich dieser Gewohnheit treu. Ich bin durchaus kein Dichter und erhebe nicht einmal den Anspruch darauf, als Literatur rubriziert zu werden.« Er selbst nimmt für sich die Bezeichnung Artist in Anspruch. Überhaupt pflegt Ringelnatz auffällig wenige und dann auch eher flüchtige Bekanntschaften mit Schriftstellern. Und wenn, dann stehen diese in engem Zusammenhang mit seiner eigenen Arbeit, das heißt, sie dienen als Vermittler oder Redakteure seiner Texte. Ringelnatz ist lieber mit Schauspielern und Malern zusammen. Diese ostentative Zurückweisung des Literatentums steht bei Ringelnatz in engem Schulterschluss mit seinem Seemannsleben. Persich erklärte er, dass für ihn die seemännischen Freundschaften an erster Stelle stünden, und wie wir wissen, pflegte Ringelnatz bis zu seinem Tod Kontakte zu Kameraden aus der Marinezeit, allen voran Fritz Otto, der den Spitznamen Pampig trug. Joachim Ringelnatz schreibt ihm am 19. Januar 1927 einen Brief. Damals steckt Ringelnatz in der Arbeit an seinen Kriegserinnerungen und diktiert Muschelkalk ein Kapitel, in welchem Pampig und die Kameraden vorkommen. Er, Pampig, sei ihm der liebste gewesen, und was nach den melancholisch-klagenden Erinnerungsbeschwörungen folgt, ist eines der schönsten privaten Dokumente der lebenslangen Liebe zur Seefahrt. Pampig plant offenbar ein Fest mit maritimem Themenschwerpunkt und bittet Ringelnatz um einige dramaturgische Tipps. Ringelnatz, der zu dieser Zeit auf der Höhe seines Ruhms steht und viele Anfragen mit dem Hinweis auf Zeitmangel abwehrt, nimmt sich ziemlich viel Zeit, dem alten Freund Pampig eine detaillierte dramaturgische Anleitung auszuarbeiten. So soll Pampig in seiner Wohnung eine Wäscheleine spannen, die mit Schlüpfern behängt werde, an der Damentoilette könnte stehen Funkraum, an der Herrentoilette Außenbords, mahnt aber, die Ausdrücke nicht allzu fachmännisch ausfallen zu lassen. Immer wieder soll auf irgendjemandes Wohl getrunken werden, die Seemannslieder *Stürmisch die See* und *Stolz weht die Flagge* dürfen immer wieder angestimmt werden und bei einer Schunkeleinlage möchten die Gäste bitte *Zack das Segel von Helgoland* anstimmen. Leider ist nicht bekannt, ob Fritz Otto die Ideen von Ringelnatz seinen Gästen zugemutet hat, aber bei der Performance ›hoher Seegang‹ wäre man doch gerne dabei gewesen: »Für zehn Pfennige wird den Herren von Herren, den Damen von Damen ein gefährlicher Strudel gezeigt, das heißt, man führt sie einzeln auf den Lokus und zieht am Strang. Für zehn Pfennige wird ihnen eine Wasserhose, nasse Herren- oder Damenhose gezeigt, die gesammelten Gelder für einen lustigen und wohltätigen Zweck bestimmt.« Später erscheint Neptun, werden Äquatorpassierscheine ausgestellt, bis alles in »Wildem Durcheinander« endet, Paare umschlingen sich ertrinkend, edle Rettungsszenen und so weiter, immerhin ist der Ausklang einigermaßen entspannt: »Dann Heimweg oder gemütlich unseemännisches Beisammensein der Geretteten.«

Der Heimweg von Honduras über die mexikanische Westküste nach Liverpool bedeutete für Hans Bötticher noch einmal das volle Programm des wilden Durcheinanders, das inzwischen auf der *Elli* herrschte. Das Schiff sollte nach kurzem Aufenthalt in England wieder zurück nach Belize fahren, um weiteres Edelholz zu verschiffen. Wer will abmustern? Hans Bötticher stellt sich in die erste Reihe. Er bekommt 31 Mark Heuer ausgezahlt, fängt sich noch ein paar Misshandlungen ein und fährt mit der *Lutetia* zurück nach Hamburg. Er hat seine erste große Reise in die Fremde hinter sich gebracht. Aber was soll er jetzt tun? Ein Jahr auf See macht aus einem sächsischen Schulversager noch keinen gestandenen Seemann. Außerdem braucht er ein weiteres Jahr, um das Steuermannsexamen zu machen und die mittlere Offizierslaufbahn anstreben zu können. Jetzt muss ihm wieder einmal der Vater helfen. Georg Bötticher kennt einen Reeder, der eine Stelle für seinen Sohn auf einem Dampfer anbieten könnte. Aber Hans braucht ein Segelschiff, um die Patente zu bekommen. Also macht er wieder das, was er immer macht, wenn er nicht im Geschirr einer Mannschaft ist: er treibt sich herum. In der Bierkneipe am Kraienkamp verliebt er sich in Meta, eine der drei Töchter der Hamburger Wirtin Seidler, die eine Kellerkneipe gegenüber der Michaeliskirche betreibt. Ringelnatz hat diese Kneipe später zur Bühne seines Theaterstücks *Die Flasche* gemacht, ja sie scheint der Prototyp der Seemannskneipe in Ringelnatz' Werk zu sein. Und Meta? »In Meta verliebte ich mich mehr und mehr. Es ergaben sich Romane und dramatische Szenen.« Andererseits unterhielt er ein Techtelmechtel mit der Frau eines Kameraden. Immerhin scheint Meta die erste Frau zu sein, die ihm etwas bedeutet, und mit der er eine Beziehung eingeht. Hans Böttichers Lebensumstände lassen es nicht zu, dass sich die Verbindung intensiv hält, aber noch als Kriegsteilnehmer besuchte er die inzwischen verheiratete Freundin in Hamburg: »Mir war die Hauptsache, dass ich Meta Seidler aufsuchte. Sie war meine erste Liebe, und ich war ihre erste Liebe gewesen.« Dass Ringelnatz diese erste Liebe sein Leben lang gegenwärtig war, zeigen zwei Briefe an Muschelkalk. Im ersten vom

September 1923 erwähnt er Meta als bald zu versorgende Brief-
partnerin. Und als es um die Frage geht, wem er seine Erinnerungen *Als Mariner im Krieg* widmen solle, zählt er seiner Ehefrau
ein paar Namen auf, darunter einige Verflossene wie Meta Seidler. Was mag Muschelkalk gedacht haben, wenn ihr Mann Ringel
so freimütig mit seiner Liebe zu den anderen Damen jonglierte?
Eifersucht jedenfalls schien keine ihrer Eigenschaften gewesen zu
sein. Ihr Sohn Norbert erinnert sich daran, dass hin und wieder
ehemalige Geliebte von Ringelnatz bei Muschelkalk auftauchen,
darunter die Schauspielerin Annemarie Ruland, von der noch die
Rede sein wird, weil Ringelnatz sich von ihr schmählich verlassen
fühlte. Trotzdem trifft er sich auch in den späteren Jahren immer
wieder mit Annemarie, sicher nicht zur Freude von Muschelkalk,
die er auch immer wieder beruhigen muss: »Sie kommt Montag
nochmals. Sie ist hübsch und hat Charme, aber ist (und dies von
Herzen gesagt) kein Muschelkalk und keine Gefahr.« Nach Ringelnatz' Tod gehörte dessen Jugendfreundin Alma Baumgarten,
Maulwurf genannt, zu den wenigen Auserwählten, die von Muschelkalk per Telegramm in Kenntnis gesetzt werden. Und noch in
seinen *Flugzeuggedanken* lässt Ringelnatz einen ehemaligen Matrosen
über das Haus seiner großen Liebe fliegen: »Und ich wusste: Meta
wohnt darin. Wenn ich dort vorbeigefahren bin, / hat sie mir und
hab ich ihr gewinkt, / Ein Signal »Ich liebe dich«. / Und ich sah
sie, und sie sah auch mich.«

Aber – Meta hin, große Liebe her – was fängt er jetzt an? Die
erste Runde Abenteuer liegt hinter ihm – besonders glorreich war
sie nicht gewesen. Die Seefahrt hat ihm ihre Instrumente gezeigt.
Jetzt sitzt er in Hamburg fest, liebt eine Frau, mit der er sich in
Gaststätten trifft, und weil die Liebe tief geht und keine Zukunft
hat, streiten sich die beiden oft und quälend. Er muss eigentlich
wieder auf See, denn das ist ja sein Traum. Und dieses eine Jahr
auf der *Elli* wäre für die Katz gewesen, wenn am Ende der Tortur
nicht wenigstens das Steuermann-Examen steht. Dann entdeckt
er auf dem Hamburger DOM den Schlangenbändiger Friedrich
Malferteiner und seine Schaubude. Hans spricht vor und wird als

Schlangenträger eingestellt. Der kleine Matrose muss für die Vorstellungen eine Boa constrictor halten. Das Exotische steht bei den Deutschen hoch im Kurs, man möchte das Gefährliche fremder Länder bequem bei sich daheim anschauen, und mit dieser Sensationslust der Bürger macht Malferteiner sein Geschäft, genau wie es die professionellen Organisatoren der großen Völkerschauen taten. Hans empfindet den Alltag des Schaustellerlebens als ähnlich unbehaglich wie die Qualen auf der Elli, er muss bei eisiger Kälte früh raus und Wasserochsen mit Fußtritten ins Wasser jagen. Durch eine Intrige verliert er bald die Stelle, auch anheuern kann er nicht und muss seinem Vater, der gerade eine Tapetenfabrik in Köln als Farbenexperte berät, leider eingestehen, dass er gescheitert ist. Georg Bötticher, grundgütig wie wir ihn kennen, hat allerdings noch zwei anderen Kindern die Steigbügel zu halten. Wolfgang ist zwar inzwischen verheiratet, muss aber noch sein Bergfach-Studium abschließen und kommt ohne die Unterstützung des Vaters nicht über die Runden. Und was macht Ottilie? Sie will Schauspielerin sein und quält sich auf Provinzbühnen ab. Aber letztlich stehen die beiden vor dem Eintritt ins bürgerliche Leben und werden dem Vater nicht zur Last fallen. Hans dagegen ist obdachlos, er schläft in Hauseingängen, drückt sich in Wartehallen herum und pennt am Hafen. Es muss dringend etwas geschehen, sonst geht er vor die Hunde. Er neigt nämlich dazu, sich treiben zu lassen, sein altes Phlegma, das ihn schon die Schullaufbahn gekostet hat – es könnte ihm jetzt das Leben komplett verderben. Aber sie kommt, die erhoffte Wendung zurück ins Leben. Sie trägt den Namen *Florida*. Mit dem Frachtdampfer – ein Dampfer muss es ja sein wegen des Patents – fährt er über Venedig, Konstantinopel nach Nikolajew, wo sie Getreide einladen. Hans macht eine ziemlich gute Figur auf dieser Schiffsreise für Fortgeschrittene. Er empfiehlt sich den Vorgesetzten als gebildeter und erfahrener Seemann, protzt mit seinen angeblichen Italienisch- und Englischkenntnissen. Es geht nach Algier, nach Odessa, ein desertierter Fremdenlegionär kommt an Bord, der den Matrosen mit seiner Faulheit provoziert. Dann ist auch diese Reise zu

Ende und Hans schippert wieder durch den Hamburger Hafen, um nach dem nächsten Schiff Ausschau zu halten. Joachim Ringelnatz mag in seinem Leben – wie er mit eifrigem Genauigkeitsstolz aufführte – fünfunddreißig Berufe ausgeübt haben – der wichtigste war der des Seemanns. Er hat ihm die Blaupause für seine Kunstfigur Kuttel Daddeldu geschenkt, der jeweils so grob und fein war, wie Ringelnatz ihn benötigte, um sich entweder selbst in ihm zu spiegeln oder ihn einfach als kabarettistische Spaßrakete zu zünden. »Auch Artisten kleiden sich gern nach Marinevorbild«, schreibt er selbstbewusst in seinem Skizzenbuch *Matrosen*. Im Matrosenkostüm erobert Ringelnatz die Kleinkunstbühnen von München, Berlin, Frankfurt, Wien, Zürich. Im Matrosenanzug steckt er, als die Nazis ihn in Dresden von der Freilichtbühne Hellerau holen. Das alte Matrosenlied *La Paloma* erklingt, als er an einem kalten Novembertag auf dem Berliner Friedhof an der Trakehner Allee begraben wird. Das Patent, nach dem der junge Hans Bötticher mit allen Kräften strebt, für das er sich an den Fockmast binden, prügeln und demütigen lässt – als Joachim Ringelnatz hat er es endlich in Händen: die unverwechselbare Emblematik des dichtenden Seemanns. Kann man die Synthese aus Schreiben und Erleben bildlich genialer fassen? Es ist einerseits richtig, wenn wir heute darauf bestehen, dass Ringelnatz eben nicht der betrunkene Seemann war, der langnasig und kurzweilig den polternden Daddeldu gab. Andererseits: Ringelnatz selbst hätte sich zu Lebzeiten gegen solche wohlmeinenden Ringelnatz-Versteher mit allen Kräften zu Wehr gesetzt. Das war doch seine Idee, dieser Daddeldu. 1920 stellt er ihn uns zum ersten Mal vor. *Kuttel Daddeldu und das schlüpfrige Leid* heißt die kleine Broschüre, die Alfred Richard Meyer in seinem legendären Expressionistenverlag herausgibt. Der langhaarige Meyer, der auch selbst lustige Sachen schreibt und sich, den Spaß noch im Pseudonym auslebend, Munkepunke nennt, ist auch der erste Verleger von Gottfried Benn, den Ringelnatz bewundern wird. Muschelkalk wird sich lange nach Ringelnatz' Tod erinnern, wie sie beide eines Abends mit der U-Bahn vom Bahnhof Neu-Westend in die Stadt fahren, wo Ringelnatz einen Auftritt hat. Und wie er ihr plötzlich in der Bahn mit dem Arm in die Seite stößt und mit erregter Miene flüstert: »Schau mal unauffällig nach links drüben. Da sitzt unser größter lebender deutscher Dichter, Gottfried Benn.« Der Militärarzt Dr. Benn mit den umschatteten Augenlidern hatte eigentlich schon resigniert, da kommt Meyer und druckt seine dekadent todesverliebten Pathologiegedichte *Morgue*, die Benn berühmt machen. Und jetzt, acht Jahre nach den Leichenschauhaus-Elegien Benns, macht Meyer dem vitalen Seemann Kuttel Daddeldu die Verlagstore auf. Der Seemann tritt ein und seine Ouvertüre ist ein genialer Paukenschlag. Alles ist darin, der Kompass stimmt, die Temperatur ist eingestellt, die gebildete Welt wird jetzt gleich erfahren, was es heißt, ein Seemann zu sein und was es heißt, ein Dichter zu sein:

> Eine Bark lief ein in Le Haver,
> Von Sidnee kommend, nachts elf Uhr drei.
> Es roch nach Himbeeressig am Kai,
> Und nach Hundekadaver.

Ringelnatz will seinem Publikum erzählen, was dieses Seemannsleben aus einem Menschen macht. Er will den Leuten sagen, dass diese Männer zwar nicht verroht sind, aber dass sie ihre Sexualität nicht unbedingt nach den charmanten, niedlich frivolen Sitten des Berliner und Münchner Gesellschaftslebens ausrichten. »Losgelassene Stiere, durchgehende Pferde nach langer Stallzeit, so stürmen die Matrosen an Land«, schreibt Ringelnatz nachbereitend in seinem kleinen Skizzenband *Matrosen* aus dem Jahr 1927. Im ersten Daddeldu-Auftritt klingt das konkreter:

> Weil vor dem ersten Hause ein Mädchen stand,
> Holte er sich von dem ersten Mädchen die Krätze.
> Weil er das aber natürlich nicht gleich empfand,
> Ging er weiter, – kreuzte topplastig auf wilder Fahrt.
> Achtzehn Monate Heuer hatte er sich zusammengespart.

...

In Nr. 6 traktierte er Eiwie und Kätzchen,
In 8 besoff ihn ein neues, straff lederbusiges Weib.
Nebenan bei Pierre sind allein sieben gediegene Mädchen,
Ohne die mit dem Celluloid-Unterleib.

Er möchte, dass diese wilde Welt auch in den feinen Kreisen Widerhall findet. Die Derbheit und die Dringlichkeit, das Betrunkensein und die Erniedrigung, die einer erfährt, der an den Mauern der bürgerlichen Welt abprallt und sich eine blutige Nase holt, wenn es auch nicht – übrigens eine schöne Ringelnatz-Pointe – die eigene ist. Kuttel Daddeldu ist der enthemmte Fremde, der in der gesetzten Welt des Bürgertums Verheerungen anrichtet. In der Ballade Kuttel Daddeldu und Fürst Wittgenstein trifft Schiffergesocks auf Hochadel. Die beiden ziehen um die Häuser, der Fürst nimmt bei diesen Unternehmungen auf vielfältige Weise Schaden, macht aber meistens gute Mine zum bösen Spiel. Denn Daddeldu kann ihn immer wieder mit einer einzigen Frage in Verlegenheit bringen:»Oder schämst du dich etwa?« Nein, schämen will sich der Salonbürger nicht, wenn er es schon einmal mit den Ritualen der Seeleute zu tun bekommt. Aber Salon ist Salon und Kajüte Kajüte, deshalb möchte der Fürst die Trennlinie ziehen, als die Gefahr wächst, dass das Ungezähmte in die Ordnung einbricht:

Lieber Herr Seemann, seien Sie mir nicht bös;
Ich würde Sie bitten, zu mir heraufzukommen,
Aber leider – Daddeldu sagte:»Angenommen.«

Das Resultat ist die komplette Zerstörung der Wohnungseinrichtung, und als der Fürst ihn in gebildeter Konversationssprache hilflos zurechtweisen will, indem er den einfachen Mann darauf hinweist, dass es doch auch unter seinesgleichen verbindliche Regeln gebe:»Das widerspricht selbst der simpelsten populären Politesse« – zeigt Daddeldu, dass er die Freiheit besitzt, all diese Regeln in den Wind zu schlagen: Daddeldu lallte noch: Halt die

Fresse.« Daddeldu ist die Gestalt gewordene Regelverletzung. Er ist polygam, alkoholsüchtig und gewalttätig, wo er auftaucht, gehen Einrichtungen zu Bruch, brennen Wirtsstuben aus, bleiben gebrochene Frauenherzen zurück. Die Figur des Seemanns Kuttel Daddeldu wird von der Öffentlichkeit der zwanziger Jahre synonym mit der des Künstlers Ringelnatz gesetzt. In dieser doppelten Überzeichnung, der kompletten Artifizierung von Vulgarität und Schamverletzung besteht für das bürgerliche Publikum der Zugangscode für die Ringelnatz-Abende. Ein schönes Beispiel für die Ambivalenz der Rezeption ist ein Auftritt am 26. November 1924 in München. Ringelnatz rezitiert im Saal des Bayerischen Hofs, das Publikum ist gepflegt und gebildet, unter den Gästen sitzt auch Friedrich Lierth, der Korrespondent der *Leipziger Volkszeitung*. Der Mann leidet furchtbar an der ausgestellten Eleganz der Münchner Kulturbürger, und er kann es sich nicht verkneifen, seine Verachtung in angestrengte Ironie zu kleiden, eine antisemitische Volte eingeschlossen: »Zwischen blasierten, eleganten Nichtstuern, die ihre moderne Überzivilisation schon durch ihr Äußeres zu erkennen gaben, bewegten sich einige der Prachtexemplare der Schwabinger Boheme, sowie akademische Bürger (Typ stud. phil neudeutscher Richtung). Der auserwählte Same unserer lieben Mitbürger mosaischer Konfession war in Menge unter die Massen des Publikums gestreut.« Lierth gibt sich große Mühe, seinem Abscheu die richtige Tonlage zu geben: Eine überzüchtete Gesellschaft von Künstlern und Juden schaut sich abends im besten Hotel Münchens den vulgären Kabarettisten Ringelnatz an. Der stichhaltige Beleg für die Sittenverderbtheit der höheren Kreise. Und dann kommt dieser abscheuliche Künstler tatsächlich auf die Bühne, pult sich im Ohr, rauft sich die Haare, tritt gegen das Tischchen und lässt seinen Seemann Kuttel Daddeldu seine Tour de Force des schlechten Geschmacks reiten. Für Friedrich Lierth ist klar, dass nur eine durch und durch dekadente und moralisch verkommene Gesellschaft eine derart geschmacklose Performance goutieren kann:

Die verzerrte Darstellung widerlicher Bordellszenen, die Wieder-
gabe exzentrischer Gespräche mit Straßendirnen und Rotunden-
frauen werden von dem Durchschnittsmenschen nicht als Realis-
mus empfunden; diese Stoffe führen ihn in Märchenland, in das
er nicht einzudringen wagt, auch nicht unter Hintansetzen der
grauenhaften und ekelerregenden Erotik zugunsten witziger Bemerkungen und ulkiger Einfälle.

Der Leipziger Journalist erteilt beiden eine Abmahnung: dem ab-
artigen Gossenpoeten Ringelnatz wie dem überzüchteten und
mit dem anständigen Mann von der Straße längst nicht mehr ver-
gleichbaren Bildungspublikum. Für ihn findet das alles in einem
exklusiven Einverständnis der verhassten Décadence statt, und
man ahnt, wie angeekelt er aus der Kunststadt München zurück
in die Heldenstadt Leipzig gefahren ist:

> Alles in allem kann gesagt werden: Es dürfte jedem anderen (und
> sei er ein noch hellerer Sachse, als R. es ist) schwer fallen, in ei-
> nem einzigen Vortragsabend soviel Hässliches und Gemeines, Fre-
> ches und Dreistes, Dummes und Lächerliches zu bringen. Wenn
> R. überhaupt zu übertreffen ist, so von dem lieben, applaudieren-
> den Publikum.

Joachim Ringelnatz haben derlei Schmähungen nicht angefoch-
ten. Er zitiert sie immer wieder gerne, die wütenden Attributie-
rungen der Presse, Schweinetrogpoesien – das Wort würde er am
liebsten auf seine Klappentexte drucken lassen. Er kann über solche Urteile schon deshalb nur erhaben sein, weil sie genau das
bestätigen, was er sich vorgenommen hat: Er will die Literatur
mit den Mitteln der Literatur torpedieren. Und sein großer Bruder Kuttel Daddeldu boxt ihm dafür den Weg frei.

Das Freisein an Bord

Die Hapag schickt am 9. Oktober 1902 eines ihrer stattlichsten Passagierschiffe zum letzten Mal auf eine große Fahrt: die *Columbia*. Und Hans Bötticher ist dabei. Endlich wieder auf See, dem Element, das ihn trägt; an Land scheint er zu verblühen, er kommt nicht zurecht, trinkt viel zu viel und zweifelt an sich und seinen Zielen. Er kommt sich klein vor, nicht nur körperlich. Und es scheint ihm wie ein Wunder, dass sich die gut gekleideten Passagiere der ersten und zweiten Klasse zu den Matrosen hinabbemühen, weil sie die hart arbeitenden Männer putzig und interessant finden. Nein, angenehm ist auch die Arbeit auf der *Columbia* nicht. aber sie ist keine elende Schinderei wie auf der *Elli*; Hans ist diesmal nicht der gedemütigte Bordköter, dem jeder eine Ohrfeige verpassen kann, der gerade miese Laune hat. Er hat Oberwasser und zettelt Streiche an. Zum Beispiel schreibt er auf die Postkarten, die ihm Kameraden zum Versenden anvertrauen, Obszönitäten, gleichgültig, ob die Briefe Kindern gelten, Frauen oder Freundinnen. Äpfel, die sie in New York aufs Schiff laden, stopft er sich in die Bluse für kleine private Travestieshows.

Aber die Fahrt mit der *Columbia* endet schon nach vier Wochen in Hamburg. Bötticher ist wieder dabei, abzustürzen, er macht Schulden, lügt dem Vater in Briefen das Gegenteil vor. Dann wieder ein Schiff, wieder ein Hapag-Dampfer, die *Numidia* diesmal. Es geht über Holland nach Portugal und Südamerika, Hans lebt auf, er lässt sich die Fremde schmecken und schreibt Spott-Gedichte auf seine Kameraden; aber die Schiffsreisen werden immer kürzer und die Frage, was Hans Bötticher eigentlich tun will, damit er von seiner Arbeit langfristig leben kann, wird dringlicher. Die Entscheidung führt ausgerechnet eine Schiffskatastrophe herbei, an der Hans gar nicht beteiligt ist, die aber Folgen auch für seine Seefahrerkarriere hat. Am 2. Juli 1902 stoßen auf der Elbe zwei Dampfer aneinander, viele Menschen sterben und das See-recht bekommt ein weiteres Kapitel verpasst: Jeder Seemann muss jetzt einen Sehtest machen, denn die Augenschärfe kann in die-sem Beruf über Leben und Tod entscheiden. Dass Hans nicht so gut sieht, hat er bereits auf der *Elli* gemerkt, und natürlich hält er bald die Bescheinigung in Händen, dass seine Augen zu schlecht sind, um als Matrose auf See zu arbeiten. Ein anderer Beruf muss her – Hans entscheidet sich für Kaufmann, und wieder hilft ihm der Vater von Leipzig aus mit seinen Verbindungen.

Hans kommt bei der Spedition August Ristelhüber in Ham-burg unter; er stellt sich dort unfassbar dämlich an, er scheitert an der Kopiermaschine, ein anderes Mal ruiniert er einen Regal-schrank, aber Ristelhüber hat Nachsicht mit dem jungen Mann, der alles nach kurzer Zeit hinwirft; natürlich ist auch die Kauf-mannslehre, wenn man das verschusselte Praktikum überhaupt so nennen möchte, nur von kurzer Dauer. Sehschärfe hin, verschärfte Gesetze her: Ende Oktober 1903 fängt Hans auf dem Dampfer *Villa Real* an. Die Stimmung an Bord ist schlecht, ähnlich wie auf der *Elli* spürt Hans Ablehnung und Misstrauen, weil er ohne Heuer fährt. Aber er braucht ja Dampferfahrten, um Offizier werden zu können. Und er ist süchtig nach der Fremde, nach den Land-schaften, die er von Felsengipfeln aus betrachtet: die kleinen Dör-fer, niedrige Mauern, enge Gassen, durch die Schweine getrieben werden, kleine Wirtshäuser, in denen er das Matrosenleben ze-lebriert, dann die dunkelhäutigen Frauen, die ihn ein Leben lang faszinieren; ja, es ist wieder eine halbe Weltreise – Marokko, Kap Hoorn, Gibraltar, ödes Frachtschiffleben, Erz einladen, Zucker-säcke schleppen. Es ist ein gefährliches Leben an Bord, Ringelnatz schreibt später ausführlich darüber. Er stürzt in ein ungesichertes Lüftungsloch und bleibt dort stundenlang ohnmächtig liegen. Er ist stolz darauf, nie seekrank zu sein, er will sich und den ande-ren zeigen, dass er einen gestählten Körper hat, er, der kleine, sehr kleine Hans aus Sachsen. Er will ein harter Bursche sein und das sollen die anderen auch wissen: Wer sich ins Lazarett legt, ist ein Drückeberger. »Krank sein auf See«, schreibt Ringelnatz in einer seiner maritimen Skizzen. »Heimwehkrank, liebeskrank wurden wir alle gelegentlich. Selten gab es einer zu.« In seiner nur mit kleinen Prisen Ironie abgemildertem Hymne *Deutsche Matrosen* lässt er keinen Zweifel daran, dass Wohl und Wehe Deutschlands von Leuten wie dem tapferen Hans Bötticher abhängen:

Das Freisein an Bord – das opfern sie nie.
Im Dienste treulich durch Meerestosen
Und Kampf. So leben die deutschen Matrosen.
– Ja, deutsches Volk, sei stolz auf sie.

Er will rau sein und kann doch so oft den Stumpfsinn der Männer nicht ertragen, die ihn auslachen, wenn er Gedichte schreibt. Und er? Hans weiß vielleicht, dass er mit der Seemannssprache, mit dem primitiven Geschimpfe der Kameraden eine Klangfarbe für seine Literatur gefunden hat. Manchmal lesen sich seine Gedichte wie Lauschprotokolle vor schäumender Gischt aufgenommen. Und das wunderbare Wort »Fokyourself« könnte auch ein Neologismus unserer Facebook-Jahre sein. Am Ende hat Hans wieder eine Kräfte aufzehrende Tour hinter sich und kehrt zurück ins Kontor von August Ristelhüber. Der elegante, weltoffene und gut gelaunte Kaufmann nimmt den jungen Wirrkopf wieder auf, obwohl er weiß, dass er Hans niemals zu einem halbwegs ordentlichen Kaufmann machen wird. Aber er tut dies alles für seinen alten Freund Georg Bötticher. Er lädt Hans sogar an Weihnachten zu sich nach Hause ein, Hans fühlt sich hier im Kreise der Hamburger Familie Ristelhüber wie daheim in Leipzig. Aber es gibt immer noch das große Ziel, und es gibt das Versprechen, das er als Einjährig-Freiwilliger abgegeben hat: der kaiserlichen Marine als Offizier zu dienen. Der Weg dahin, Hans weiß das inzwischen, ist sehr lang und die nächste Etappe auf diesem Weg ist Kiel, wo er auf Diensttauglichkeit untersucht wird. Und plötzlich ist nicht mehr von der mangelnden Sehschärfe die Rede – Hans wird angenommen, er ist jetzt Matrose der kaiserlichen Marine. Was das heißt, wird Hans noch in der Kaserne erfahren: Strammstehen,

Kniebeugen, Pisseimer ausleeren. Aber er bekommt endlich auch eine Uniform:»Wir hatten uns bei der ersten sich bietenden Gelegenheit photographieren lassen, mit fürchterlicher Seeschlacht im Hintergrund.« Da sehen wir ihn stehen, den zwanzig Jahre alten Jungen, der viel Ernst in seine Gesichtszüge legt, damit er in der Uniform aussieht wie ein verlässlicher Soldat des Kaisers. Der Krieg ist noch fern, aber das vor Kraft strotzende Deutschland, sein in die Marine vernarrter Kaiser rüsten auf, auch symbolisch. Hans kommandiert ein Torpedoschiff; er lernt Signalsprachen, nimmt an Bordmanövern teil, lernt die Befehle des Seekriegs, den er später in seiner ganzen Erbarmungslosigkeit erleben und der ihn zu einem anderen Menschen machen wird. Und als Hans Bötticher am 3. Januar 1905 entlassen wird, darf er sich Bootsmannsmaat nennen, und er ist, glaubt er,»in der schmucken Uniform im Binnenland sehr angesehen«.

Wieder geht er an Land, wieder gibt es ein Zwischenspiel als Kaufmann. Diesmal aber fällt die Ausbildung ein bisschen solider und intensiver aus. Bei der Dachpappenfirma Ruberoid in Hamburg lernt er das Handwerkszeug des Kaufmanns, Schreibmaschine schreiben, Briefe ablegen – zwei Fertigkeiten, die Ringelnatz später übrigens lieber seiner Frau Muschelkalk überlässt, die darin deutlich gewandter ist als er. Bei Ruberoid lernt Hans auch, wie man sich in Gesellschaft benimmt; er besucht neben der Ausbildung die Handelsschule, lässt sich in Englisch und Spanisch unterrichten und nimmt Klavierstunden. Er scheint fleißig zu sein, bittet sogar darum, ihm das Dachdecken beizubringen; die Kenntnisse des Dachdeckerwesens müssen Hans Bötticher schwer beeindruckt haben. In seiner Erzählung *Phantasie* aus der Novellensammlung *Ein jeder lebt's* belehrt Onkel Fußball die Restgesellschaft:»Die Remise ist mit Ruberoid gedeckt; das enthält keinen Teer.« Äußerlich ist alles gut festgezurrt und geordnet in Böttichers Leben. Abends sitzt er bei seiner Vermieterin Frau Blome in seinem Zimmer in der Großen Reichenstraße, schreibt Gedichte und malt seine ersten Ölbilder, *Kriegsschiff* und *Dachpanorama*, die eben genau das darstellen. Hans Bötticher kann die Wirklichkeit noch nicht verfremden wie das später Joachim Ringelnatz vermag. Noch haben Schiffe bei ihm keine Flügel, noch müssen sie fest im Sturmgebraus stehen. Und über den Dächern schwebt noch kein Fesselballon in ein anderes fremdfernes Land. Aber Hans Bötticher hat schon einmal die Instrumente in die Hand genommen; den Pinsel, den Schreibstift. Mögen die großen Humorblätter *Jugend*, *Kladderadatsch* und die *Fliegenden Blätter* heute noch seine literarischen Texte zurückschicken. Er weiß, dass es seine Sache ist, die Dinge, die ihm geschehen, aufzuschreiben. Er hat es in seinem Schiffstagebuch getan, er tut es in seinen kleinen Reimereien. Er möchte schreiben, ja. Aber er möchte auch leben, er will die Welt sehen, er will es, seit er Kind ist; seit er die Samoaner im Leipziger Zoologischen Garten mit Christbaumschmuck behängt hat. Er muss los, er muss los. Er muss auch jetzt wieder los, auch wenn Ruberoid ihm das Leben mehr als angenehm macht.

Er darf zeitweise in Leipzig arbeiten, wo er sich kurzzeitig an der Universität immatrikuliert, eine Entscheidung, die Vater Georg nicht billigt, weil sie zu teuer ist. Diesmal greift Georg streng in das Leben des Sohnes ein. Der Rektor der Uni ist sein Freund und der macht die Einschreibung ungültig.»Über diese Nachricht war ich so traurig, dass ich, von der elterlichen Wohnung zurückfahrend, auf dem Perron der Straßenbahn dicke Tränen weinte.« Großes Unglück, natürlich, denn mit einem Studium hätte er der Welt zeigen können, dass er auch ein Wissender sein will, nicht nur ein Erfahrungshungriger. Die Firma versetzt ihn in die Frankfurter Filiale. Dort in der Eschenheimer Gasse lernt er zwei Mädchen kennen, die einen kleinen Tabakladen führen. Der Laden läuft nicht, deshalb bringt er ihnen Zigarren mit, die sie dann wieder verkaufen – ein paar Jahre später wird Hans selbst einen Tabakladen führen, der ihm ähnlich aus der Hand gleitet. Was er bei Ruberoid an kaufmännischem Handwerk erlernt haben mag – für sein späteres Geschäftsleben hat er kaum Lehren daraus gezogen. Was aber tut Hans Bötticher, der halbwegs gelehrige Dachpappenkaufmann, in seiner Freizeit? Das, was er immer tut – in Bierkneipen abhängen, Mädchen hinterherlaufen und vor allem dies: fremde Rollen ausprobieren.

Er hat einen Freund, ähnlich anarchistisch gestimmt wie er: Willy Telschow. Hans lernte ihn auf der Handelsschule kennen, den großen, gut aussehenden und sich seiner Wirkung auf Frauen bewussten Willy, der mit ihm Polka tanzen geht und so rücksichtsvoll freundlich ist, die Mädchen, die auch Hans gerne antanzen möchte, nicht gleich abzugreifen. Nein, sie würden beide abwarten, für wen sich wohl das Schwälbchen entscheiden würde. Aber Hans weiß auch, dass er sehr wahrscheinlich die Waffen strecken muss:»Es stand schlimm für mich, denn ich hatte krumme Beine, eine lange Nase und einen Gang, der ebenso unsicher war wie meine Handschrift.«

Ja, wenn Hans sich als den betrachtet, der er ist, kann er vor Unsicherheit kaum gehen. Er muss sich verwandeln, ein anderer werden, vielleicht ein Kalif, der frisch aus Bagdad nach Hessen kommt? Eigentlich keine schlechte Idee. Willy Telschow ist von seiner Arbeit in der Sektfabrik Müller in Eltville gelangweilt genug, um sich sofort daranzumachen, die Lokalblätter mit fingierten Pressemeldungen zu versorgen. Und Hans fährt mit der Bahn am 14. Juni 1908 in den Frankfurter Vorort, Vaseline im Gesicht, einen Turban aus Windeln auf dem Kopf – die Windeln sind ein Dankgeschenk der geschäftsuntüchtigen Zigarrenmädchen. In Eltville warten Reporter auf den Kalifen, der keiner ist. Hans zieht die Nummer durch, nimmt die Elogen entgegen und lässt sich mit einer Equipage durch die hessische Kleinstadt fahren, deren Einwohner die Lüge glauben und sogar mit eigenen Lügen weiterspinnen:»Da war zum Beispiel jemand, der behauptete, in meinem Coupé mit mir zusammen gefahren zu sein. Und er schilderte seine Unterhaltung mit mir.« Aus Fiktionen entstehen neue Fiktionen, man kann sein Leben immer wieder neu erfinden, Hans muss nicht der bleiben, der er ist. Das weiß er und er sieht es immer aufs Neue bestätigt. Es schadet ihm nicht, die Dinge auszuprobieren und nach kurzer Zeit wieder hinzuwerfen. Aber es beunruhigt ihn, dass er ein paar Dinge vergessen hat zu erleben. Es gab auf seiner letzten Seefahrt diese romantische Sache mit der Frau vor dem Wilberforce-Monument in Hull. Eine flüchtige Verabredung, ein Wimpernschlag, ein Wink – und Hans hat daraus eine Liebesgeschichte gemacht, eine romantische Sehnsuchtsofferte. Die unbekannte Frau würde auf ihn warten, in Hull vor dem Monument. Und er, der romantische Sänger und Ex-Kalif Bötticher, würde sich durchschlagen zu ihr. Er würde in Wirtshäusern singen, im grünen Lodenanzug durch Deutschland bis nach Holland ziehen, zu Fuß, ein Stück mit dem Rheindampfer, eichendorffisch gestimmt. Und überall singen Nachtigallen, wie es in Ringelnatz' ornithologischer Welt überhaupt nur Nachtigallen zu geben scheint. Natürlich zieht er los. Die Leute in den Kneipen sind gerührt von dem kleinwüchsigen Mann mit dem dünnen Stimmchen, der überhaupt nicht singen kann, aber sein La Paloma so inbrünstig sächsisch in den Abend schickt, dass sie ihm kostenlos Logis und Essen und vor allem Wein geben. Von Rotterdam aus fährt er mit einem Frachtdampfer der Wilson-Line nach Hull. Dort wartet natürlich keine Frau am Wilberforce-Monument auf ihn. Es wartet das, was Hans Bötticher immer erwartet, wenn er alleine in der Fremde unterwegs ist: Armut, Entbehrungen, kleine Jobs ohne nennenswerten Ertrag und am Ende die Erkenntnis, dass seine Träume immer wieder wie ein Äppelkahn an der Wirklichkeit zerschellen.

Er nimmt das erstbeste Schiff, es geht nach Antwerpen, wo er an einen Pastor gerät, der Hans für einen Schwindler hält und dafür sorgt, dass er ins Gefängnis geworfen wird. Er kommt in Einzelhaft, kein Mensch, auch er nicht, weiß, warum. Tage und Nächte kann er nicht mehr voneinander unterscheiden, er denkt daran, sich die Pulsadern aufzuschneiden, in Hungerstreik zu treten. Er wirft sich gegen die Eisentür, er schreit, er fleht – erst nach Tagen geht die Tür auf, der Gefangene darf einen Hofgang machen. Die Behörden werfen Hans mit Betrügern in einen Topf, mit Arbeitslosen, die keine Papiere vorweisen können – und das, obwohl er immerhin einen Militärausweis in der Tasche hat. Hans wird nach Brüssel verfrachtet und in Herbesthal über die Grenze abgeschoben. Was war das nun wieder? Eine typische Bötticheriade, eine Reise ohne Sinn und Verstand? Er selbst sieht das anders. Er hat der Wirklichkeit wieder ein Schnippchen geschlagen. Weil er ihren Fängen entwischt ist. Und weil er ihr einen schönen Traum an die Seite gestellt hat, ein Abenteuer, das nie stattgefunden hat, nämlich seine Begegnung mit dem Mädchen vor dem Wilberforce-Monument, »versäumt und verträumt«, wie er schreibt. Ringelnatz liebt diese Romanze um eine erfundene Frau, seine kleine Geschichte einer ungelebten Liebe. Als er im Herbst 1930 damit beginnt, seine Erinnerungen im Rundfunk vorzustellen, wählt er immer gerne das Wilberforce-Kapitel als Appetizer: »Also ich lese am 19. Oktober um 19.30 bis 19.55 Wilberforce«, schreibt er an seine Frau. Die *Ansprache eines Fremden an eine Geschminkte vor dem Wilberforce-Monument* ist eines der großen lyrischen Bekenntnisse des Joachim Ringelnatz. Kuttel Daddeldu öffnet einer Frau, die es gar nicht gibt, sein Herz, besser: sein Geheimfach. Schief ins Leben gebaut sei er – ach Gott. Das sind viele. Aber dass ihm dort alles rätselhaft ist und fremd, bleibt seine Grundperspektive. Die Welt ist ein großes Rätsel und er ist angetreten, immer wieder eine andere Position einzunehmen, um dieses große Rätsel zu beschreiben. Als Maler, der die Welt als große menschenleere Fläche darstellt mit einem unergründlichen Himmel darüber. Und als Dichter, der das Leben feiern darf, den Spaß, die Menschlichkeit – weil er auch das Gegenteil von allem kennt.

Hans kehrt nach Frankfurt zurück, leiht sich Geld von seiner Vermieterin und schaltet um in ein anderes Programm: Er zieht sich einen Gehrock an und lässt sich in einem Hotel Champagner und teures Essen auftischen. Was macht er da, wer ist er eigentlich? Er kann am Vorabend zerlumpt und gedemütigt aus dem Gefängnis kommen und sitzt am nächsten Tag bei Champagner und Zigarre im Hotel und spielt mondäne Welt? Und morgen fährt er nach München, wo er noch nie war, aber wo sein Freund Willy Telschow inzwischen wohnt und arbeitet? Ja, warum nicht, es ist egal, wo er lebt, er kommt ja immer irgendwie durch. In einem Abteil vierter Klasse reist er nach Bayern. Willy wartet auf ihn mit einer Flasche Müller Extra. Was Hans Bötticher nicht weiß, ja nicht einmal ahnt: Es wartet eine neue fremde Welt auf ihn, eine, die nicht in Westindien liegt, nicht in Honduras und nicht am Kap Hoorn. Sie liegt in einer engen Kneipe in der Schwabinger Türkenstraße. Er wird diese Welt erobern und sie wird ihm zu Füßen liegen. Und am Ende, nachdem er in ihr alles erreicht hat, wird er mit den Füßen auf sie treten. Aber jetzt muss er erst einmal dort ankommen.

Es lag etwas in der Luft

Am 2. August 1908 ist er da. Er wohnt bei Willy Telschow, dem schlanken Frauenschwarm und Sektkenner, der so geckenhaft auf sein Äußeres achtet und jeden Morgen seine Schuhe mit Milch einreibt. Allerdings kann sich Telschow keine Wohnung in den guten Vierteln leisten; nicht in Schwabing, wo Stefan George unterm Dach seines Freundes und Mäzens Karl Wolfskehl in der Römerstraße seine Dichterjünglinge empfängt; wo Thomas Mann mit seiner jungen Familie in geräumigen sechs Zimmern in der Franz-Joseph-Straße 2 wohnt und gerade dabei ist, seinen zweiten Roman *Königliche Hoheit* fertigzustellen. Vor knapp zwei Monaten hat sich der Schriftsteller ein Sommerhaus in Bad Tölz gekauft, der große Erfolg der *Buddenbrooks* hat ihn früh zu einem wohlhabenden Bürger dieser Stadt gemacht. Auch in die Maxvorstadt, in der Paul Heyse wie ein Fürst residiert, zieht Hans nicht, aber später wird er den damals so berühmten Mann in seiner Villa besuchen, wo der Dichter, wie Erich Mühsam in seinen Erinnerungen schreibt,»in grimmigem Eifer den Hellenismus einer etwas ramponierten Klassizität gegen den Banditismus modernen Geistes verteidigte«. Und es ist so beschämend für Hans, als Heyse ihn fragt, ob er seine Werke kenne und ihn sogar auffordert, das Kitschgedicht *Wie die Tage so golden verfließen* auf Seemannsart vorzusingen. Ist es nicht eine gnädige Fügung des Schicksals, dass den Namen Ringelnatz heute beinahe jedes Kind weiß, den Namen Paul von Heyses dagegen nur noch ausgewiesene Philologen kennen oder Leute, die an der Münchner Paul-Heyse-Straße wohnen?

»Telschow wohnte im Osten der Stadt, wo die kleinen Leute hausen«, notiert Hans. Dieser Osten heißt Haidhausen, heute eine sehr gute Wohngegend mit teuer renovierten Altbauten, guten Restaurants und Bars. Aber im Jahr 1908 war dieser Stadtteil das

Glasscherbenviertel Münchens, Hans Böttichers erste Adresse in dieser Stadt ist die Weißenburger Straße 5, im zweiten Stock hat Telschow seine kleine Wohnung. Es ist Hans' erster Sommer seit sieben Jahren, den er nicht auf See verbringen wird, sondern in den riesigen Bierkellern der Stadt und in den nahen Bergen; er ist begierig, den bayerischen Menschenschlag kennenzulernen und seinen Dialekt zu imitieren. Und er hat endlich einen Abnehmer für seine Gedichte gefunden, den *Grobian*, dessen Name Programm ist. Das Blättchen ist voll mit derben und vulgären Sprüchen, eine Art *Simplicissimus* für die niedrigen Stände. Hans schreibt und schreibt und alles wird gedruckt. Aber wo bleibt das Geld? Eines Tages beschließt er, die Redaktion aufzusuchen und nach seinem Honorar zu fragen. In einem Hinterhof am Stachus findet er den Chefredakteur, Drucker und Grobian in einer Person. Honorar? Er drückt dem kleinen Mann fünf Mark in die Hand. Nicht viel Geld, aber sind die ganz frühen Böttichers mehr wert als fünf Mark? Hier eine Kostprobe: »Um ihrem Mann eine Freude zu machen, hatte sie ihm eine Teerese (Teerose) aufs Bett gelegt.« Hier eine weitere: »Storch (sich notierend): Wilhelmina, Königin der Niederkunftslande.« Noch einen, nein besser nicht.

Die kurze Pulsmessung im August 1908 ergibt: Hans Bötticher ist noch weit davon entfernt, Joachim Ringelnatz zu sein. Er muss arbeiten gehen; erst als Vertreter für Kaffee – gescheitert. Dann als Buchhalter und Korrespondent im Reisebüro Bierschenk am Stachus – auch gescheitert. Was kann dieser Junge eigentlich? Trinken kann er, blödes Zeug schreiben und die Leute mit seinem Unsinn zum Wahnsinn treiben. So sieht es auf den ersten, eher ungnädigen Blick aus. Aber Hans Bötticher kann noch etwas anderes, und das wird sein großes Glück sein, sein Weg zum Erfolg: Er kann sich bei anderen, erfolgreichen, abschauen, wie man Kunst macht. Eines Abends schlendert er mit Telschow durch die Türkenstraße und entdeckt dort das Lokal *Simplicissimus*. »Künstlerkneipe! Künstlerleben! Das war ja, was wir ersehnten.« Aber die Künstler, die im Wirtshaus von Kathi Kobus auftreten, sind große Könner, keine Witze-Schreiber für den *Grobian*. Stars

wie der Zeichner Thomas Theodor Heine; große, akademisch an-
erkannte Malgenies wie Albert Weisgerber, der später Böttichers
Freund sein wird und im Ersten Weltkrieg den Tod findet; kunst-
volle Gedichtemacher wie der bärtige Ludwig Scharf. Und wer
ist bitte der andere Bärtige da, der auf dem Tisch steht und das
Gedicht aufsagt vom Revoluzzer, der im Zivilstand Lampenput-
zer ist? Hans fragt das tatsächlich und das Blumenmädchen, dem
er die Frage stellt, sagt, er solle sich schämen, den großen Erich
Mühsam nicht zu kennen. Mühsam hatte bereits die frühe Phase
der Schwabinger Boheme miterlebt, er war mit Frank Wedekind
und Franziska von Reventlow befreundet und hatte sich mit seinen sozialistischen Ideen in der Stadt viele Feinde gemacht. Aber
im anarchischen Schwabing ist er eine Größe, die Frauen lieben
ihn und seine Radikalität, seinen Mut, den Leuten seine Wahrheit
an den Kopf zu werfen. Den *Simplicissimus* hat er, als Hans Bötticher
zum ersten Mal in den vollgequalmten Wirtsraum kommt, längst
zu seinem Salon gemacht.

Es ist eine Augenblicksgesellschaft, in welche der junge Hans
Bötticher gerät. Frauen und Männer, die im Hier und Jetzt leben, trinken, feiern und Kunst machen. Und die heitere, kunst-
und lebenssatte Stimmung des *Simplicissimus* färbt auf die ganze
Stadt ab. Wenn Frank Wedekind ein besonders aasiges Bänkellied
oder die abenteuerlich aufgemachte Soubrette Maria Delvard einen neuen Schlager präsentieren, wird er ein paar Tage später von
Zimmermädchen in der Straßenbahn gesungen. Es ist unglaublich, was München, also Schwabing, in diesen Jahren zu bieten
hat. Die Verlängerung des Montmartre an die Isar! Albert Langen,
der kluge und sensible Verleger, hat hier mit dem *Simplicissimus* eine
Zeitschrift gegründet, die intelligente politische Satire mit unter-
haltender Lässigkeit verbindet. Langen ist auch ein kühner Unter-
nehmer, der weiß, dass man mit einem Blättchen für zehn Pfen-
nig schnell baden gehen kann. Und es sieht auch anfänglich nicht
rosig aus. Aber er bekommt Hilfe von unerwarteter Seite, nämlich
von der Polizei und den Zensurbehörden. Je mehr sich die Staats-
anwaltschaft mit den respektlosen und kaiserverhöhnenden Bal-

laden von Wedekind, den antimilitaristischen Bildern von Heine beschäftigt, umso neugieriger werden die Münchner auf das freche Blatt. Und sie kaufen, kaufen, kaufen. Ein großes Welttheater machten sie hier auf, noch vor dem Weinhaus *Simplicissimus*: Otto Falckenberg, Hans von Gumppenberg, Frank Wedekind und andere verwandelten den Fechtboden des Lokals Goldener Hirsch in die Bühne der *Elf Scharfrichter* – so heißt das erste Kabarettensemble in Deutschland. Aber es sind nicht nur die Schauspieler, die Diseusen und Autoren, die dieses Gesamtkunstwerk prägen. Zeichner und Maler, Gulbransson, Rudolf, Wilke, Thomas Theodor Heine gestalten die Plakate, entwerfen die Programmhefte. Allerdings: Es gibt noch ein anderes Schwabing, das nicht der sektkorkenknallenden Leichtigkeit verpflichtet ist, sondern der gravitätischen Bedeutungsschwere, das Schwabing der Kosmiker um den dionysischen Karl Wolfskehl, der eine Bibliothek von alexandrinischen Ausmaßen besitzt und in dem der vor mystischer Verzückung halb wahnsinnige Alfred Schuler von einem neuen Menschengeschlecht träumt. Stefan George ist der stumme Gott dieses Kreises, der mit klassizistisch inszenierten Festen Weihe und Gloria zelebriert. Mühsam, Scharf und Wedekind halten sich fern von den Salons der »Enormen«, wie die hochsensiblen und dem heidnischen Blutleuchten-Kult verschriebenen Edel-Bohemiens genannt werden. Nein, Mühsams Schwabing ist ein anderes: »Ich denke an zahllose Stunden der Vergnügtheit, der Besinnung und des künstlerischen Genusses.« Sechs Jahre führt die derbe Wirtin Kathi Kobus nun schon ihren *Simpl* in der Türkenstraße. Bis dahin gehörte ihr die *Dichtelei* in der Adalbertstraße, als sie umzieht, kommen auch die Künstler mit ihr in die Türkenstraße. Jetzt tritt Hans Bötticher in den Wirtsraum, den er vor Tabaksqualm kaum erkennen kann. Es ist nichts Besonderes an diesem Vorraum, ein Weinlokal, wie es viele in Schwabing gibt. Aber Hans findet schnell heraus, wo er hinmuss, wo das Herz des *Simpl* schlägt, wo die Bühne steht, die ihm den Erfolg bringen kann. Er muss durch den schmalen Gang hindurch, den man, wie Mühsam sich erinnert, nur mit Schlängelbewegungen passieren kann; die Kellnerinnen jonglieren Flaschen und Tabletts wie Akrobatinnen. An den Wänden hängen die Bilder der großen Gäste, aber auch schwer heimatkitischige Stiche wie Kathi Kobus, die gebürtige Traunsteinerin, sie liebt. Nein, mit Kunst kennt sich Kathi Kobus nicht aus. Aber sie hat ein Gespür, wer ein Künstler ist und welchen Wert er für ihre Kneipe haben oder gewinnen könnte. Wenn ein junger Gast ein paar kühne Striche auf eine Serviette kritzelt, nimmt sie diese Serviette schnell vom Tisch und bewahrt sie an einem sicheren Ort auf – man kann nie wissen, ob der Typ nicht in ein paar Jahren ein Michelangelo sein wird. Hans braucht drei Tage, um es ins Hinterzimmer zu schaffen. Er kann sein Glück nicht fassen, er sitzt jetzt dort, wo all die Leute auftreten, deren Fotos an den Wänden hängen: die Delvard, La belle Otéro, Wedekind und Sylvester Schaeffer. Nach und nach lernt er sie kennen, den dicken Sänger Heinz Lebrun, der immer nur frisst und den Erich Mühsam in seinen Tagebüchern ein Rindvieh nennt, das nur dämliches Zeug redet. In seiner U-Boot-Geschichte *Totentanz* lässt Hans Bötticher den armen Lebrun als singenden Nervtöter auftreten. Den Chansonnier Louis Staller, die dicke, liebe, aber schwer untalentierte Chansonette Muli Berger. Und Ludwig Scharf, den König unter den Brettldichtern. Scharfs Gedichte sind für den Vortrag geschrieben, auf Wirkung hin, auf Pointe und politische Provokation ausgerichtet. Jeden Abend geht Hans in den *Simpl*.

Er schaut genau hin, wie Scharf das macht mit den Versen; wie Mühsam die Studenten, Professoren, Maler und Schauspieler mit seiner Rhetorik in seinen Bann zieht. »Es war ein geheimnisvoll lockender Trieb in mir, etwas zu entdecken, etwas zu erfinden, etwas zu finden.« Das schreibt Ringelnatz über seine Kindheit. Hier im *Simpl* könnte er dieses Etwas gefunden haben: die Bühne, auf der er sein Leben inszenieren wird; nicht das Leben des Schulversagers Hans, nicht das des Leichtmatrosen, der von den anderen wie ein Hund über das Deck geprügelt wird; nicht das des Dachpappenverkäufers, der lieber Dächer malt als verkauft, nicht das Leben des Kontoristen, der nicht weiß, wie man eine Kopiermaschine bedient. Noch ist es nicht das Leben des olympischen Joachim Rin-

gelnatz; es ist das Leben des angehenden Brettldichters Hans Bötticher, der weiß, dass jetzt seine Chance gekommen ist: »Eines Nachts
fasste ich den Mut, die Kathi zu fragen, ob ich einmal ein Gedicht
vortragen dürfte.« Die Wirtin sagt ja, kündigt ihn mit herrisch be-
fohlenem Silentium an und Hans steigt auf das Podium. Was er vorträgt, lockt keine Maus unterm Ofen hervor, ein paar Gäste klatschen mitleidig und wenden sich wieder ihren Gesprächen und
Sektkelchen zu. Ist Hans niedergeschlagen? Ist er gescheitert, hat er
vom Dichtertum genug, ehe es angefangen hat? Keineswegs. Er setzt
sich einfach wieder ins Publikum und schaut sich die anderen an.
Wie macht der Scharf das noch mal? Lässig von seinem Platz auf-
stehen, auf die Bühne gehen, sich wie beiläufig auf die Stuhllehne
stützen und einfach sprechen: »Ich bin ein Prolet, was kann ich dafür?« Ja, so wird Hans das später auch machen, nur wird er Matrose
statt Prolet sagen, aber das Gleiche meinen: Ich bin keiner von euch,
aber ich werde euch meine Welt zeigen, in der ihr eure gespiegelt
sehen könnt. Er sitzt da und hört den anderen zu. Und dann schreibt
er einfach ein Gedicht, in dem drinsteht, wie er den anderen, wie er
Scharf und Mühsam, zugehört hat:

Und dann begann nach dem Musizieren
Herr Scharf Gedichte zu rezitieren
Und Hadaschnüpfl – äh – Schnadahüpfl – hörte ich singen,
Und einer trug Minna von Berlichingen
Ein anderer Götz von Barnhelm vor,
Und der »Revoluzzer« drang an mein Ohr.

Natürlich wird er für diesen »Simplizissimustraum« von der eit-
len Gesellschaft mit Applaus belohnt. Und Kathi Kobus erfindet
instinktiv einen neuen Job für den vielleicht begabten, in jedem
Fall originellen Sachsen: Er wird Hausdichter im *Simplicissimus*. Sie
gibt ihm ein warmes Essen, ein paar Freigetränke, etwas lächer-
liches Kleingeld, so macht sie es mit allen, die ihr etwas wert
sind. Bötticher ist glücklich über die Zuwendung, er lobt Kathi
über den grünen Klee, schreibt Verse auf sie, und er hat jetzt sogar

die Möglichkeit, in die Nähe des *Simpl* zu ziehen. Seine Tante Luise Kleinmichel wohnt in der Arcisstraße 46, gemeinsam mit ihrer schüchternen Tochter Selma. Dort hat Hans jetzt sein Zimmer, fünf Gehminuten zu seinem Arbeitsplatz. Eines Abends kommt sein Vater auf der Durchreise nach München. Er setzt sich ins Publikum, aber er kann nicht mehr gut hören und versteht nicht, was sein Sohn da vorne deklamiert. Aber er ist glücklich, der Leutnant von Versewitz, er ist auch stolz auf seinen Sohn, der vielleicht jetzt endlich doch seinen Weg gefunden hat. Und dass der Junge einen so großartigen Mann wie Ludwig Scharf kennt, freut den alten Georg Bötticher auch. Aber dem behaglichen Humoristen aus Leipzig gefällt der Zynismus der Boheme nicht, er ist ein Moralist, auch als Künstler besteht Georg Bötticher auf Anstand und Geradlinigkeit. Als Hans bei einem Bankett zu Ehren von Gerhart Hauptmann sein Autogrammalbum herumreicht, liest der Vater unter den Kommentaren von Roda Roda (»Kunst ist Prostitution«) und Frank Wedekind (»Sünde ist ein mythologischer Begriff für schlechte Geschäfte«) einen frivolen Vers von Erich Mühsam, der nicht überliefert ist, unter den er aber entschlossen den Satz schreibt:»Mit brutaler Ehrlichkeit bringt's der Maler schwerlich weit.« Für seinen Sohn Hans kann dieser kreuzfromme Kalenderspruch nicht gelten. Der schmiedet sein Handwerk und hat Erfolg damit. Der elsässische Journalist René Prévot, der seit der Jahrhundertwende in München lebt, ist einer seiner ersten Helfer. Hans liest einen Artikel in der *Münchner Post*, der eine Segelschiff-Fahrt über den Atlantik beschreibt. Jemand, der bei der Zeitung ist und sich mit der Seefahrt auskennt? So einer könnte ihm helfen, wäre ein guter Türöffner, wer weiß, zu welcher Adresse? Hans zieht sich eine Matrosenjacke an und geht in die Redaktion, er bittet um eine Audienz und dann steht der umtriebige Elsässer vor ihm.»Bötticher, Hans Bötticher sagt er James-Bond-haft und nach einer kleinen Kunstpause: Seemann.« Er erklärt dem überraschten Redakteur, dass er alles über Schiffe kennt und überhaupt alles weiß, was mit Meer und Seefahrt zu tun hat. Außerdem habe er ein Buch veröffentlicht. Er legt dem Prévot sein *Schiffsjungen-Tage-*

buch auf den Schreibtisch. Das hat ein Zeitungsmann auch nicht alle Tage: Da kommt ein schmächtiges Jüngelchen in die Redaktion und tut so, als hätte er Weisheit und Leben mit Löffeln gefressen. »Können Sie eigentlich auch boxen?«, fragt Prévot, um sich aus der Defensive des Überrumpelten zu befreien. Ihm fällt diese kleine Überraschung ein, weil er gerade dabei ist, sich in Jiu-Jitsu ausbilden zu lassen. Und da gibt es eine Abwehrtechnik, die nennt sich »Nasengriff«. »Wozu hatte er auch einen so herausfordernden Zinken im Gesicht?« Die beiden Männer verstehen sich auf Anhieb. In der Nacht, während Hans wieder im *Simpl* die Champagnerflaschen köpft und seine Kathi-Gedichte vorträgt, liest René Prévot das *Schiffsjungen-Tagebuch* – und ist begeistert von diesem »ungekünstelten, von kindhaftem Herzen heruntergeschriebenen Erlebnisbericht eines noch unbekannten Dichters«. Am nächsten Morgen schreibt er ein Feuilleton darüber. Es ist der erste Text, der über den Dichter Hans Bötticher in einer Zeitung erscheint. Erich Mühsam schreibt später in seinen *Politischen Erinnerungen* über Hans' erste Erfolge:

> Als »Hausdichter« der Künstlerkneipe wurde der Sachse Hans Bötticher gewonnen, ein höchst witziger und begabter Mann damals schon, als keiner von uns vermutete, dass er einmal den Namen Joachim Ringelnatz berühmt machen werde.

Hans Bötticher lernt nach und nach den Alltag im *Simplicissimus* kennen; und er lernt die Rigorosität kennen, mit der Kathi Kobus ihren Laden schmeißt. Wird zu viel gesoffen und danach randaliert, schnappt sich die Frau im Trachtenkleid die Typen und setzt sie eigenhändig vor die Tür. Mit Geld ist sie knauserig, sie zahlt Hungerlöhne, anfangs macht Bötticher lustige Verse auf Kathis Sparpolitik. Zum Beispiel diese vom 17. Juli 1909, hier zum ersten Mal veröffentlichten:

> Solang sich um die Achse dreht
> Noch unser Erdenglobus

Kommt jede Nacht der Hauspoet
Zu seiner Kathi Kobus.
Er trinkt so manches Gläschen aus
Zum allgemeinen Wohle
Und macht zuletzt Gedichte draus
Noch giftiger als die Bowle.

Trotzdem arbeitet er unermüdlich – an sich und damit am Ruhm der Künstlerkneipe. Er schreibt sogar eine Broschüre, deren Text Kathi ihm eigentlich diktiert. Sie werden sich voneinander entfremden, der immer erfolgreicher werdende Kabarettist und die immer reicher werdende, am Ende in ihrer Wolfratshausener Villa residierende Wirtin. Dort im Isartal eröffnet sie ein Ausflugslokal, das sie Kathis Ruh nennt, Ringelnatz ist hin und wieder dort, gibt sich aber in seinem Gedicht *Villa Kathisruh* sarkastisch raunend über das sogenannte Schloss, »Das wunderbar, geheimnisvoll/ Und sehr gemütlich seien soll«. Ihre stattliche, zum großen Teil mit Freigetränken den Künstlern abgeluchste Sammlung von wertvollen Gemälden und Grafiken stellt sie dort aus. Kathi macht Gäste zu Stars, wie es ihr gerade in den Sinn kommt. Sie stiftet damit aber auch Unheil: Neid und Konkurrenzdenken rücken an die Stelle des bewundernden Miteinanders. Es geht um Geld und Eitelkeit, der Rausch wird schal, die Künstler verschleißen sich, Bitterkeit zersetzt die Euphorie. Hans merkt, dass er wieder rausmuss, wie immer, wenn er etwas zu lange gemacht hat. Und er weiß, dass dies eine Schwäche von ihm ist. Er kann das rechte Maß nicht finden, er ist nicht fähig oder willens, dem Leben Kompromisse zu machen, die anderen so zu sehen, wie sie nun einmal sind: heute charakterstark, morgen feige und mittelmäßig:

Es revoltierte etwas in mir. Ich war als Sachse und von meinen Lehrern, auch von meinen Eltern aus, ich war durch mein ganzes bisheriges Leben mit einem Wust von Vorurteilen angefüllt. Wenn ich nun etwas anderes erkannte, so schoß meine Bewunderung oder meine Verachtung oft gleich übers Ziel.

Er hat Geld verdient in diesen wenigen Jahren. Und er war in der Zeit davor Kaufmann gewesen, wenn auch kein erfolgreicher. Aber als Kaufmann hat er immerhin gelernt, dass man Geld anlegen muss, investieren, also investiert Hans Bötticher den Großteil seiner Gage in einen Tabakladen, den er »Zum Hausdichter« nennt. Der Laden liegt in der Schellingstraße 23, im März 1909 eröffnet Hans seinen Tabakhandel mit großem Pomp, die Simplicissimus-Freunde machen ihre Katzenmusik und Hans legt ein menschliches Gerippe in das Schaufenster. Es gibt bald Ärger, die Vermieterin mag das Reklameschild nicht, der Hausmeister ärgert sich über die Passanten, die vor dem Laden stehenbleiben und das Skelett anstarren. Die Polizei kommt, er muss seine anatomische Attraktion entfernen. Hans Bötticher fühlt sich in seinem Laden wieder wie damals, als er in Hamburg als Kommis gearbeitet hat – verschwunden der Übermut, die Dreistigkeit, die Maßlosigkeit, die er als Künstler im Simplicissimus an den Tag legt. Eines Tages stehen zwei Frauen, Wanjka und Fanjka, im schmalen Gang des Simpl. Elegant gekleidet sind sie mit Schultertüchern und großen Hüten. Mit der einen freundet sich Hans an, macht Ausflüge nach Dachau, dem Malerstädtchen im Norden von München, wo die Nazis 1933 das erste Konzentrationslager errichten werden. Wanjka heißt eigentlich Selma, sie wird später den Maler Adolf des Coudres heiraten und eine lebenslange Freundin von Ringelnatz bleiben. Der Tabakladen hält sich nicht einmal ein Jahr, Silvester 1909 ist es aus mit Hans Böttichers Unternehmen. Er hat die Lust verloren, auch am Betrieb des Simpl, am professionellen, berechnenden Kulturbetrieb der Kathi Kobus, die er allmählich zu hassen beginnt. Anfang der zwanziger Jahre wird Ringelnatz auf ein Exemplar der Simpl-Broschüre eine Widmung schreiben, deren boshafter Ton von handfestem Hass kaum zu unterscheiden ist: »In aufrichtig ergeben höflicher Dummheit – noch dazu beeinflusst durch das ekelhafte Benehmen der zweifellos sehr bemerkenswerten Kathi Kobus.« An Ringelnatz' 46. Geburtstag stirbt Kathi Kobus in ihrem Simplicissimus an einem Herzinfarkt, nachdem sie gestürzt war. Das Gedicht 7. August 1929 enthält eine

Strophe, die für den in Freundesdingen nicht selten kühl zurück-
haltenden Ringelnatz typisch ist:

Was man im Leben sich erwarb
War Gnade oder Beute.
Da ich Geburtstag feiere, starb
Die Kathi Kobus heute.

Man könnte ein solches Abschiedsgedicht über einen Menschen,
der einem immerhin den schmalen Gang zum Ruhm freige-
kämpft hat, versöhnlich enden lassen. Nicht so Ringelnatz – er
bleibt hart, berechnend, aufrechnend:»Es hat ein Jedes was erträumt./ Es hat ein Jedes was versäumt.«

Ja, er lernt in diesen Münchner Jahren und er findet Lehrmeister, ältere kluge und dabei sehr witzverliebte Herren, die sich in
gelehrten Spaßzirkeln zusammenfinden – ähnlich wie Hans' Vater es damals in Leipzig pflegte. Er beginnt seine Lektüre zu ver-
feinern und zu systematisieren. Er liest Shakespeare in der Schle-
gel/Tieck'schen Übersetzung und die Tagebücher von Friedrich
Hebbel. So etwas will er auch machen: aufschreiben, was ihm
passiert, kleine boshafte Porträts von Freunden, das flüchtige Leben in Literatur bannen. Er meint es ernst damit; er quält sich mit
dicken philosophiegeschichtlichen Schinken. Er will nicht mehr
ungebildet sein, nicht der Schulabbrecher, der nur weiß, wie man
Anker lichtet, aber keine Ahnung hat, wer den *Oblomow* geschrieben hat und wie sich ein Stück von Ibsen anfühlt. Später kann
er sogar mit diesem Bildungskram va banque spielen, auf eine
Umfrage, wie er Gerhart Hauptmann findet, antwortet Ringelnatz
souverän boshaft, dass ihm dessen Romane *Mysterien* und *Oblomow*
gut gefallen hätten – natürlich weiß er, dass der eine von Hamsun
ist und der andere von Gontscharow. Aber jetzt, hier im *Simpl* kann
er nur bewundern, was zum Beispiel dieser Bruno Frank, der sein
Freund geworden ist, alles kann, und was er, Hans, nicht kann:
»Ich fühlte mich weit hinter diesen so viel jüngeren Menschen

zurück.« Er schämt sich maßlos, er fragt sogar seine Tante Liese in Berlin, ob sie ihm Geld leihen kann, er wolle sein Abitur nachmachen. Bildung – in der Schule hat er auf sie gepfiffen. Jetzt hier in München bedauert er, dass er sie nicht hat. Er will alles tun, wenigstens so viel von ihr zu bekommen, dass er sich nicht mehr schämen muss. Der Zufall, in Böttichers Leben wie im Leben der meisten Leute eine nicht zu unterschätzende Größe, führt ihm wieder die passenden Menschen zu. Zunächst den vollkommen lebensuntüchtigen, aber mit enzyklopädischem Wissen gesegneten, seltene Münzen sammelnden Baron Thilo von Seebach, der vom *Simpl*-Kreis Biegemann genannt wird, weiß der Teufel, warum. Seebach ist ein Säufer und Nichtstuer, ein notorischer Antisemit und sarkastischer Nervtöter, der schnüffelnd durchs Lokal schleicht und unablässig den einen Satz sagt:»Und immer dieser Blutgeruch.« Er gibt Hans Unterricht in Latein, Geschichte und Literaturgeschichte, er zeigt ihm, wie man sich eine Lässigkeit aneignen kann, die einen auch mit wenig Geld die Würde halten lässt. Der Bohemien verlobt sich mit der baltischen Adeligen Ingeborg von Nolcken und verschwindet mit ihr nach Kurland. Seinen jungen Schüler Bötticher lädt er ein, mitzukommen.

Am 28. Juli 1910 kommt Hans' erstes Buch im Hans-Sachs-Verlag heraus: *Gedichte*. Das erste beginnt so:»Ich werde nicht enden zu sagen:/ Meine Gedichte sind schlecht.« Ein selbstbewusster Auftritt sieht anders aus. Andererseits muss man Hans Bötticher zugestehen: Er vermag die Qualität seiner lyrischen Produktion ziemlich realistisch einzuschätzen. Denn es ist nichts Berauschendes in diesen Verschen – süß romantisches klingkling, sentimentale Volkslied-Strophen, Dirnen-Romantik, spätpubertäre Todessehnsucht – da hat einer viel Eichendorff gelesen, vielleicht Lenau, Mörike, sicherlich Liliencron, der ein Freund seines Vaters ist und in dem Jahr stirbt, als Hans in München zum Lyriker wird. Es wird in diesen Texten viel gezittert, mal leise, mal bang, mal zittert sogar ein Abendglühgold. Aber hier und da klingt schon die Melodie an, die später den Sound der Ringelnatz-Gedichte ausmacht; wenn er einmal aus seiner Erfahrung heraus spricht und kleine Weisheiten aus ihr destilliert:

Was du als richtig empfunden
Das sage und zeige,
Oder schweige.
Wahr ist der Würdige oder stumm.
Immer bleibt, wem der Schein genügt,
Wessen Zunge das Herz belügt,
Feig und falsch oder dumm.

Hans hat in diesen schmalen Band einen autobiographischen Text aufgenommen, eine Parabel, wie er das Gedicht *Die lange Nase* nennt. Es fängt so an:»Hans wird der Nasenkönig genannt/ Denn er hat eine lange Nase. Sie rufen's ihm nach auf der Straße.« Die Ballade handelt von einem Jungen, der unglücklich über sein Aussehen ist und gute Miene zum bösen Spiel macht: Hans lacht mit, wenn die anderen über die Gurke in seinem Gesicht lachen. Er lacht, wenn die Soldaten über seinen Zinken spotten, aber er weint, wenn ein Mädchen sich von ihm abwendet, weil er so hässlich ist. Joachim Ringelnatz hat zeit seines Lebens unter seinem extremen Äußeren gelitten, insbesondere seinem Gesicht mit der großen Nase, der vorspringenden Unterlippe – je älter er wird, desto deutlicher zeigen sich Lebensanstrengung, Entbehrung und schließlich die tödliche Tuberkulose in seinem Gesicht, das in späteren Jahren ernst und düster anmutet. Im *Simplicissimus* stürzen sich die Maler auf ihn – dieses Koboldgesicht will jeder einmal abmalen. Jedes Porträt gerät zur Karikatur. Das macht ihn bitter. Aber das markante Vogelgesicht wird auch sein Markenzeichen, die Gulbransson-Karikaturen zieren die Cover seiner erfolgreichen Gedichtbände *Reisebriefe eines Artisten* und *Flugzeuggedanken*. Und schließlich zeichnet er sich selbst ja auch immer wieder mit einem überdimensionalen Riecher. Er beginnt einen Roman zu schreiben, der über zwei Seiten nicht hinauskommt und den er *Ihr fremden Kinder* nennt. Er fängt so an:

Ich weiß, dass ich hässlich bin. Meine Beine sind krumm. Ich habe ein schiefes, vorstehendes Kinn. In mancher Gesellschaft scherze ich selbst über meine Fehler. Wenn meine Bekannten darüber spaßen, lache ich. In beiden Fällen bin ich unaufrichtig, denn es schmerzt mich innerlich.

Den Simpl hat Hans Bötticher satt; er wünscht sich, wieder einmal: Freiheit. Hatte er die nicht im Künstlertum, in der Boheme zu finden gehofft? Er hat die Lust verloren im täglichen Einerlei, in das ein Künstlerberuf irgendwann rutschen kann. Kathi Kobus schuldet ihm Geld, meint er, er will weg, und vor allem will er: lernen. Durch Thilo von Seebach lernt Hans den Bibliomanen und E.-T.-A.-Hoffmann-Forscher Carl Georg von Maassen kennen; Maassen ist ein mit ordentlich Geld ausgestatteter Lebemann, der sich nachts entweder mit seinen Studien beschäftigt oder wilde Partys schmeißt in seiner mit Büchern und Antiquitäten ausstaffierten Wohnung in der Adalbertstraße in Schwabing. Maassen liebt gutes Essen, er schreibt sogar Bücher darüber. Er kennt die Literaturgeschichte, als wäre sie sein eigenes Leben, und er liebt den intelligenten Scherz, den gebildeten Wahnwitz. Maassen, und das dürfte Bötticher an diesem Mann am meisten bewundern, ist beides: lebensfroh und belesen. Seine umfassende Büchersammlung mit über 8000 Bänden ist noch heute in der Universitätsbibliothek München zu bewundern, seine Verdienste um die Literatur sind allerdings überschaubar. Maassen kommt eigentlich zu nichts, weil er letztlich den Hedonismus der Philologie vorzieht. Sein großes Ziel, eine vollständige Ausgabe der Werke Hoffmanns herauszugeben, hat er nicht erreicht. Maassen hat eine kleine Gesellschaft von Freunden des akademischen Spaßes um sich geschart, die sogenannte Hermetische Gesellschaft. Der Maler Rolf von Hoerschelmann gehört dazu, auch Franz Blei, die Verleger Hans von Weber und Georg Müller und sogar Karl Wolfskehl erholt sich bei den Münchner Bücherfreunden gerne vom anstrengenden Blutleuchten-Fasching des George-Kreises. Maassen kann es sich leisten, exquisite Heftchen drucken zu lassen mit Briefen von Gottfried August Bürger, Georg Christoph Lichtenberg, Christian Dietrich Grabbe und Max Halbe – allesamt sind diese Briefe brillant von Maassen und seinen Freunden gefälscht. Die Männer treffen sich abends in der Münchner Weinstube *Kette* am Sendlinger Tor und schreien ihre Beschwörungsformeln und Preislieder so lautstark durch die Kneipe, dass die Mieter sich beim armen Wirt, einem Herr Schubert, beschweren. Sie geben sich exquisite Aliasnamen und denken sich immer neue Vereinsnamen aus, die sie mit absonderlichen Satzungen unterlegen können. Ein Ableger der Hermetischen Gesellschaft ist der Verein Süddeutscher Bühnenkünstler, »dessen einziger Paragraph lautet, dass Süddeutschen und Bühnenkünstlern die Mitgliedschaft versagt bleibt«, wie Rolf Hoerschelmann in seinen Erinnerungen an diese Zeit schreibt. Hoerschelmann erinnert sich auch an die sogenannten hermetischen Väter, im Grunde ist jeder der Männer einer, aber: »Zeitlebens wurmte es unseren lieben Ringelnatz, dass er nur der kleine mittlere Seitenvater Appendix blieb.« Die Dreingabe also, der nicht zwingend notwendige Zusatz. Ringelnatz unterschreibt auch später seine Briefe manchmal mit Appendix oder Abendix.

Sie feiern das Leben, diese Männer und Frauen, sie donnern sich auf, sie überschreiten Geschmacksgrenzen und natürlich auch die damals geltenden Anstandsregeln. Irgendwann sieht sich Wirt Schubert genötigt, die Männer rauszuwerfen; sie weichen in die Weinstube beim Alten Peter aus. Später verübt der *Kette*-Wirt Schubert Selbstmord, indem er sich auf die Großhesseloher Brücke stellt, sich Stiche mit einem Dolch beibringt und in den Tod stürzt. Die Hermetiker sind entsetzt und glauben, dass ihre Magie den bis dahin psychisch unauffälligen Gastronomen auf dem Gewissen habe. Es ist ein Spiel mit Mystik, Esoterik und Geheimzeichen, das diese wirklich sehr durchgeknallten Männer treiben. Sie haben eine Art Schlachtruf: Clam o clam, also heimlich o heimlich. Hans Bötticher wird ihn in seinen Briefen immer gerne zitieren. Erich Mühsam, C. G. Maassen und der virile große Maler Albert Weisgerber vögeln sich durch die Nächte; der Fasching wird mit großem Pomp zelebriert, Mühsam beschreibt die Melange vermutlich am genauesten: »zwischen Ästhetentum, Kunstgewerblerei und einem Filigran von Wortwitzen und erotischen Delikatessen.« Der Schriftsteller Reinhard Koester, der unter dem Namen Karl Kinndt Gedichte schrieb, erinnert sich später an das alchimistische Menschenbild, das in der Hermetischen Gesellschaft gepflegt wird:

Wir schieden Menschen und Dinge streng in »sulfurische«, d. h. gemeine, alltägliche, niedrige und deshalb für uns verabscheuungswüdige und häßliche, und in »phosphorische«, d. h. höhere, geistige, wesentliche und deshalb für uns erstrebenswerte und verwandte, kurzum: hermetische. Unter den Begriff »sulfur« (= Schwefel) fielen Geld, Nahrung, Bier, Lohnarbeit, Spießertum, Sport, Frauen und alle moderne Technik. »Phosphorisch« dagegen waren Wein, der von uns als aurum potabile (trinkbares Gold) geschätzt wurde, alle Künste und jede Äußerung des menschlichen Geistes, die nicht profan-alltäglichen Zwecken diente. Und höchste Inkarnation alles Phosphorischen war der hermetische Vater, der von der Gnadensonne des dreimalgrößten Hermes beschienen war.

Hans beeindrucken diese sophistischen Rituale nachhaltig. In seinem Roman ...liner Roma... lässt Ringelnatz den Helden Gustav eine Unterhaltung durch ein »sulfurisches Sprachrohr« führen. Es ist eine Gesellschaft, die am Abgrund der Welt tanzt. Noch im Februar 1914 – der Weltkrieg liegt noch nicht einmal als Idee in der Luft, wird aber im Sommer auf Begeisterte und Zweifelnde hereinbrechen – feiern sie ihren Fasching. Einige Monate später sind viele dieser jungen Männer an der Front, manche von ihnen, Franz Marc und Albert Weisgerber, kommen nicht mehr zurück.

Aber es ist noch nicht so weit. Hans Bötticher muss sich ein weiteres Mal häuten, sich wieder einmal fremd werden, um sich zu finden. Er will weg aus München, dessen feierwütige Sattheit ihm bis sonst wo steht. Auch Rebellen, auch Bohemiens werden langweilig, wenn sie nichts anderes mehr sein wollen als Rebellen und

Bohemiens. Wieder weggehen, wieder ein Anderer werden: Hat ihn nicht sein Freund Seebach, der haltlose Biegemann, eingeladen, ihm nach Kurland zu folgen, dorthin, wo der kluge Überall-Blutgeruch-Spinner endlich ein ordentliches Leben mit einer hübschen adeligen Frau führen will? In Tirol, so lautet die Verabredung, wird Seebach seinen jungen und gelehrigen Schüler Hans abholen. Hans fährt nach Kufstein, mietet sich in einem guten Hotel ein und wandert durch die Berge. Er gerät in ein Gewitter, Blitze schlagen rechts und links ein, er kriecht wie ein Tier über den Waldweg; dann rettet er sich in eine Hütte, die voll ist mit trinkenden und feiernden Touristen. Als er eintritt, sagt einer der Gäste:»Der Hausdichter von der Kathi!«Ja, er ist tatsächlich berühmt. Er ist der Hausdichter, man kennt ihn sogar in der Einsamkeit der österreichischen Alpen. Er findet Freunde in Kufstein, die ihn aushalten, aber irgendwann ist sein Geld alle. Und wer nicht kommt, ist Biegemann. Hans reist zurück nach München, dort trifft er den Grafen bei den letzten Reisevorbereitungen an – mit hochrotem Frühschoppen-Gesicht versucht er, seinen Koffer zuzudrücken. Jetzt fahren sie zusammen los, zuerst nach Berlin, dann nach Danzig, wo Seebach seine Mutter besucht, und schließlich nach Riga. Er will Biegemann ein paar Tage Zeit lassen, mit seiner künftigen Frau allein zu sein. Wieder hört er nichts von ihm, wieder streunt er durch eine fremde Stadt, wieder geht sein Geld zur Neige, Hans muss erfinderisch sein, er zieht durch die Bordelle und liest den Mädchen ihre Zukunft aus der Hand.

Irgendwann ruft er die Familie Nolcken an, er hat Biegemanns Schwiegermutter am Apparat, die ihm freundlich den Weg beschreibt. Und nun folgt eine traumhafte Zeit für Hans, er lebt mit der Adelsfamilie in Halswigshof, einem kurländischen Herrenhaus, tafelt mit ihr, geht zur Jagd und hilft der Hausdame, Fliegen zu töten. Und er liest, liest liest. Biegemann gibt ihm Geschichtswerke in die Hand, er fährt mit dem Fischer Mathison zum Lachsfischen auf den Fluss Düna und lässt sich im Kurbad massieren; Hans erlebt die Natur anders als damals als Kind am Ufer der Alten Elster in Leipzig, wo ihm alles gefährlich und düster erschien. Heute würde man Hans' Aufenthalt auf Hals-wigshof wohl als Wellness-Urlaub bezeichnen; er schreibt Novellen, der *März* druckt eine davon und zahlt ihm sogar ein Honorar, von dem er Geschenke für die Nolckens kauft. Die Hochzeit wird vorbereitet, der Polterabend muss organisiert werden; aber es gibt Unstimmigkeiten zwischen Hans und dem alten Baron Nolcken. Vermutlich geht der ungebremste Aktionismus des jungen Mannes dem alten Herrn gehörig auf den Zwirn. Hans ist aber, wieder einmal, so angefressen, dass er sich unmittelbar nach dem Fest – Seebach und seine Frau gehen auf Hochzeitsreise – aus dem Staub macht. Er schreibt ein Gedicht, *Freundschaft*, darin stehen die Zeilen: »Denn Allzusprödes versäumt oder verdirbt/ Viel. Weil manchmal der Partner ganz plötzlich stirbt.« Wie hat er ahnen können, was passieren wird? Er zieht in ein einsames Haus bei Riga, verbringt ein paar Nächte mit einem »dummen Mädchen«, schickt sie irgendwann fort und wartet auf Briefe von den frisch Verheirateten. Stattdessen liest er im Winter eine Todesanzeige: Ingeborg von Seebach, geborene Nolcken, ist in Königsberg gestorben.

Er reist zurück nach Bilderlingshof, er trifft den zerstörten Freund Biegemann. Was war geschehen? Ingeborg war eine Trinkerin und sie hat in ihrer Sucht, die sie nicht mehr steuern konnte, Eau de Cologne getrunken und ist daran gestorben. Hans sagt Biegemann einen harten, einen traurigen Satz: »Biegemann, du hast ein gutes Herz. Aber es hat keine Flügel.« Nein, so will er nicht enden, im Unglück und in der Endlosschleife des Versagens. Sein Herz soll Flügel haben wie das Boot des Mannes auf seinem Gemälde *Flucht*. Er fährt nach Riga, erlebt einen eiskalten Hungerwinter in Bilderlingshof, die beiden Schwestern Fanjka und Wanjka versorgen ihn mit dem Nötigsten; aber er bekommt es ohnehin immer wieder hin, Kontakte mit Menschen zu knüpfen, die ihm unentgeltlich aus der Patsche helfen. Er ist ein Netzwerker, er vermag es, die Leute für sich einzunehmen; vielleicht auch, weil er keine Scheu hat, ihnen wilde Geschichten über sich zu erzählen. Der Schuster Pix ist einer von diesen Helfern, der

Metzgermeister am Marktstand, der ihm regelmäßig frische Koteletts in die Hand drückt. Er hält Kontakt zu alten Freunden und Bekanntschaften, auch zu Dora Kurtius, die er aus Eisenach kennt und die dort ein Mädchenpensionat betreibt, das für Hans eine sehr wichtige Rolle spielen wird. Hier lernt er später seine erste Freundin kennen, Alma Baumgarten, ein kurzsichtiges Mädchen aus der Pfalz, Hans nennt sie Maulwurf. Und es gibt noch eine Schülerin in Dora Kurtius' Mädchenheim: die Tochter des Bürgermeisters von Ratzeburg, Leonharda Pieper, die seine Ehefrau werden und unter dem Namen Muschelkalk Adressatin seiner fast täglichen Briefe und vieler seiner Verse sein wird.

Aber noch ist er in Riga, noch hängt er in der eisigen Luft des litauischen Winters. Er hat ein paar Eisen im Feuer, das sicher. Die berühmte, von Ludwig Thoma und Hermann Hesse herausgegebene Zeitschrift *März* druckt eine Erzählung von Hans, die von den Zeiten in Kurland handelt, und da ist noch etwas: Hans Bötticher hat seinen zweiten Gedichtband veröffentlicht, und der ist ein großer Schritt Richtung Ringelnatz. Die *Schnupftabaksdose* erscheint 1912 im Münchner Piper Verlag, Hans wartet die ganze Zeit darauf, dass er endlich die 300 Mark überwiesen bekommt, ein Teil des Honorars, das ihm zusteht. Die *Schnupftabaksdose* ist die lyrische Bewerbungsmappe des Hausdichters Hans Bötticher. Sicher, es ist auch ein bisschen die Hommage des Humoristen-Sohns an seinen dichtenden Vater. Man nennt solche Sachen wohl schnurrig und köstlich, und natürlich fehlt ihnen noch der kühne Schwung von der Banalität in die Geniesphäre der Melancholie und der Weltweisheit, den die Ringelnatz-Gedichte so einzigartig sein lassen. Die Gedichte der *Schnupftabaksdose* schenken Gegenständen, menschlichen Zuständen und Körperteilen ein Eigenleben; ein Kehlkopf leidet wie ein Menschenkopf an Migräne, das Rosshaar ist der Pionier für wachsende Haartracht auf einem Männerschädel, ein Pinsel, ein Nagel, ein Putzleder bemühen sich um gesellschaftlichen Konsens – es ist viel putziges Personal unterwegs in diesen Versen, denen der Autor im Untertitel dem Stumpfsinn verpflichtet sieht – eine nicht sehr selbstbewusste Schutzbehauptung, die den klugen Carl Georg von Maassen zur Kritik veranlasst, der junge Hans stelle sein Licht damit doch ein bisschen zu sehr unter den Scheffel. Es sind ja auch einige Gedichte darin, die später das Repertoire des Kabarettisten Ringelnatz bilden, allen voran die beiden Ameisen, die von Hamburg nach Australien reisen wollen, aber wegen Schmerzen in den Füßen ihre Erkundungsfahrt in Altona ausklingen lassen. Die beiden Schlussverse hat Ringelnatz in seinen Vorträgen meist ausgelassen, vielleicht weil sie eine Moral enthalten, die allzu gefällig daherkommt und eigentlich überflüssig ist: »So will man oft und kann doch nicht/ Und leistet dann recht gern Verzicht.« Aber die *Schnupftabaksdose* ist auch die Absage an den Autor des sentimental-romantischen Bandes *Gedichte* von 1910; er streift diese Haut ab wie die Ringelnatter im fünften Text der Sammlung, und er parodiert seine schwärmerischen Verse sogar selbst:

Du gießt aus silberner Schale
Das liebestaumelnde, fahle,
Trunkene Licht wie sengende Glut
Hin über das nachtigallige Land.
Da rief der Mond indem er verschwand:
»Ich weiß! Ich weiß! Schon gut! Schon gut!«

Nachtigallig – das ist ein wunderbar selbstironischer Neologismus – die Nachtigall ist der Lieblingsvogel des Hans Bötticher und das poetologische Wappentier des Joachim Ringelnatz. Und gallig, das will der Satiriker sein, der Wirklichkeitsverdreher und Werte-Umkipper. Er hat seinen Weg eingeschlagen mit diesem Buch. Aber er weiß, dass er noch viel zu tun hat. Er muss an sich arbeiten, er muss genauer werden und freier im Ton. Und er muss lesen, lesen, lesen; er muss sich auch noch einmal erklären lassen, was man mit Sprache machen kann, welche Bücher ihm weiterhelfen. Dora Kurtius hat da diese Anzeige in der Zeitung gesehen. Ein Graf Yorck von Wartenburg sucht einen fleißigen jungen Mann, der ein bisschen Ordnung in seine Bibliothek bringt. Hans schreibt ihm; irgendwann kommt ein Brief zurück. Ja, er darf anreisen, aber er soll Zeugnisse mitschicken. Die hat er in München, die Freunde dort senden ihm das alles zu. Und auch sein elender Privatlehrer Thilo von Seebach, der kreuzunglückliche Biegemann, schreibt ihm eine Empfehlung. Es klappt, er fährt nach Klein-Oels. Diesmal tritt er nicht nur in eine herrschaftliche Familie ein, diesmal erlebt das feudale Leben des Hochadels. Diener versorgen ihn, er wohnt in einem Zimmer, das mit Möbeln aus dem Empire ausgestattet ist; er lernt, wie man sich zu kleiden hat – zu den Mahlzeiten grundsätzlich in Schwarz erscheinen! –, und er sieht staunend zu, wie der Graf selbst beim Essen seinen Kindern auf den Zahn fühlt, was sie an Wissen parat haben. Achselzucken wird mit Ohrfeigen oder schwarzer Pädagogik bestraft.

Und dann die Bibliothek, Hans Böttichers neuer Arbeitsplatz und Lernort. Die Bücher sind mehr schlecht als recht geordnet, eine bibliophile Hand muss her, und die hat Hans ja inzwischen – Maassen und Seebach haben ihm den Wert der Bücher erklärt und wie man sie systematisch ordnet. Der Herr des Hauses, Heinrich Graf Yorck von Wartenburg, ist ein belesener Mann, höflich und sittenstreng. Aber wieder blickt Hans hinter die Fassade, und er sieht, dass dem Grafen eines, für Hans das Entscheidende fehlt: Herz. Er dagegen nimmt für sich in Anspruch, Herz zu haben, aber der kindliche Trotz hilft ihm auch nicht weiter. Er sieht jeden Tag, jede Stunde, dass es ihm an grundlegender Bildung fehlt, immer noch. Er spricht keine Fremdsprachen, jedenfalls nicht so, dass sie außerhalb einer Kajüte vorzeigbar wären. Die Kinder sind gebildeter als er, der fast Dreißigjährige. Er schämt sich vor ihnen, aber die jungen Grafen sind begeistert von dem neuen, spaßverliebten Bibliotheksgehilfen Hans. Er lässt sich von ihnen durch den Schlosspark jagen, schenkt ihnen Pralinen, der Tochter Daja bastelt er ein Pferd. Aber es gibt ernsthafte Arbeit, es gibt was zu lernen! Er soll den Nachlass des Theologen und Hermeneutikers Wilhelm Dilthey edieren. Und er darf für den Grafen jene Bücher aussortieren, die dieser zu verkaufen gedenkt, einige schickt Hans seinem Vater nach Leipzig. Georg Bötticher geht es nicht gut; er hat mit seinem Entschluss, sich ausschließlich der Schriftstellerei zu widmen, einen Fehler gemacht. Die Leute kaufen seine Bücher nicht. Jedenfalls nicht die, die er selbst schreibt. Jetzt kann er ein bisschen dazuverdienen mit alten französischen Erstausgaben, die Hans ihm zusendet, und die er aufwendig und liebevoll restauriert. Ja, der Geist, ja der Adel. Hans Bötticher ist zu klug und zu lebenserfahren, um nicht zu erkennen, dass hinter der Bildungsfassade ein paternalistischer Teufel, ein Schinder und Menschenverächter hockt. Wie ein Kolonialherr durchstreift Yorck von Wartenburg seine Ländereien und lässt die Inspektoren wie Sklaven antanzen: »Haben Sie hier nicht nachgesät? Das sind Mäuseflecken. Das muss raus.« »Nur keine halben Ernten. Wieviel Polacken haben Sie?« Adel muss nicht unbedingt edel bedeuten, das weiß Hans: »Mein Gott, was für niedrige hohe Menschen lernte ich kennen! Sie leben vielleicht noch. Ich will viele nicht nennen. Sicherlich habe ich oft auch ganz falsch gesehen.«

Er lernt wieder ein Mädchen kennen, in das er sich verliebt: Amalie Timm; einmal treffen sie sich im Park, und bevor sie kommt, lässt sich ein Eichhörnchen sehen. Jetzt hat er auch einen Namen für die Geliebte. Mit Eichhörnchen verbringt er viele Stunden auf seinem Zimmer, liest ihm seine Novelle *Der tätowierte Apion* vor, der unsympathische Gelehrte in seiner muffigen Bücherstube, der vom Zimmermädchen verlangt, dass sie sich in Altphilologie auskennt – wer sollte das sein, wenn nicht Heinrich Yorck von Wartenburg. Amalie Timm weiß, wie sie ihrem Freund gefallen kann: mit Kunst, mit Literatur; sie schreibt berühmte Leute an, Dehmel, Liebermann, und bittet sie um kleine Autographen für ihren bibliophilen Hans. Sie hocken aufeinander, verschwören sich gegen die formellen strengen Sitten der gräflichen Familie, und dann kommt es zu einem unangenehmen Zwischenfall. Hans soll für den Grafen Akten sortieren, und weil es nur im Zimmer des Sekretärs Neubauer einen großen Tisch gibt, auf den er all die Papiere lagern kann, breitet sich Hans dort zwanglos aus. Neubauer passt das nicht, es kommt zum Wortwechsel, und dann fehlt nur noch wenig, dass sie sich an die Gurgel gehen. Der Graf tut sich nicht leicht, eine Entscheidung zu treffen, wer schuld ist an dem Ganzen und wer wie sanktioniert wird. Am Ende trifft es Hans, er muss gehen. Offenbar bereut Wartenburg die Entscheidung, spätestens als er zufällig den *Tätowierten Apion* in die Finger bekommt. Er liest die soeben im *März* erschienene Novelle seiner Familie beim Essen vor und lässt sich gleich einen ganzen Stapel *März*-Ausgaben nach Halswigshof schicken. Aber Hans verlässt das Herrenhaus und Eichhörnchen möchte auch nicht länger in Diensten des Mannes bleiben, der ihren Geliebten rausgeschmissen hat. Am Neujahrstag 1913 hat Hans eine neue Stelle, wieder bei einer Adelsfamilie, aber hier bei den Münchhausens auf Schloss Windischleuba geht es eher locker zu. Es wird kein Bildungsgeschwafel aufgetischt, wenn Börries von Münchhausen und seine Frau gemeinsam mit dem neuen Bibliothekar speisen.

Die Bibliothek des Barons ist verwahrlost bis dorthinaus, Hans mistet aus, bittet um einen Papierkorb und bekommt eine selbstgebastelte Missgeburt, die er umgehend ins Feuer schmeißt. Der selbstbewusste Bücherordner und der souverän-verbummelte Aristokrat verstehen sich prächtig: »Es schien eine erfreuliche Privatsonne über seinem Hause« schreibt Ringelnatz rückblickend. Doch dann muss Hans nach Leipzig, sein Vater ist schwer krank, Hans findet ihn im Fieberwahn vor, Georg Bötticher möchte nicht mehr essen, Hans stellt ihm die Frage, die ihm selbst eine der wichtigsten ist: »Glaubst du an Gott?« Der Vater wendet sich ab, er hält den Glauben für dummes Zeug, Hans glaubt dagegen, dass die harschen Worte nur Ausdruck der Hilflosigkeit des Alten seien. Die Gretchenfrage hat Ringelnatz immer beschäftigt – wie deutlich ermahnt er Muschelkalk in seinen Briefen, unbedingt an Gott zu glauben, respektive fromm zu sein. Mit der institutionalisierten Religion will er nichts zu tun haben. Als er kurz vor dem Einrücken 1914, schwer von sich selbst gerührt, sein Testament macht, beruft er sich auch auf »die Gottheit, an die ich glaubte und die ich persönlich mit keiner kirchlichen Verbildlichung identifizieren könnte«. Er will fromm sein, ohne als Pilger durch die Gegend zu ziehen, er will Gott lieben wie man als Mensch alles andere liebt:»Ich liebe Gott und meine Frau, meine Wohnung und meine Decke«, heißt es in dem Gedicht *Heimliche Stunde*. Und in *Einsamer Spazierflug* fragt er, ob die Geliebte auch weiß, »dass ein aufrichtiges Gebet/ Ein unterweges Selbstgeschenk ist?« Die Frömmigkeit ist, die Reaktion des Vaters auf Hans' Frage nach seinem Glauben beweist es, keine Errungenschaft des Elternhauses. Hans Bötticher hat sich im Leben ein gewisses Rüstzeug angeschafft. Und er liebt die Freiheit. Welche Institution kann ein freier Mensch noch über sich dulden? Da bleibt nur der liebe Gott. Der Vater überlebt seine Krankheit, aber die Frau des Barons stirbt, für Hans ist »die Situation in trauriger Weise so verändert, dass ich nun auch nicht mehr lange bei dem Baron blieb, sondern sein Haus am 1. April 1913 verließ«. Dora Kurtius, die freundliche Dame aus Eisenach, die ihm schon die Stelle bei den Wartenburgs besorgt hatte, ist ein frühes Groupie von Hans. Sie hat ihn in München auf der Bühne des *Simpl* gesehen und ihm seither immer wieder Fanpost geschickt. Jetzt hält er sich ja ohnehin gerade im Osten auf, warum also nicht einmal vorbeischauen in Eisenach.

Das Pensionat, das Dora Kurtius leitet, bereitet junge Frauen auf den Beruf der Sprachlehrerin vor. Man darf durchaus sagen: Kurtius leitet eine Anstalt der Emanzipation vom patriarchalischen System, das in jenen Jahren vor dem Ersten Weltkrieg herrschte. Hans Bötticher macht den Anstaltsclown für die Mädchen, er lädt sie in Weinschenken ein, amüsiert sie durch Klassikerparodien und strapaziert die Nerven der grundsätzlich eher toleranten Dora Kurtius aufs Empfindlichste. Für eines der Mädchen interessiert sich Hans näher: die zwanzig Jahre alte Alma Baumgarten aus Ludwigshafen, mit der er, so schreibt er in seinem ersten Brief an sie, »so manchmal, liebezitternd Pflaumen aß«. Er nennt sie Maulwurf, weil sie kurzsichtig ist und gerne schwarze Samtkleider trägt. Alma Baumgarten wird seine Freundin, ja sogar seine Verlobte. Sie geben sich das Versprechen am Fuß der Wartburg und lassen sich hinterher fotografieren, beide auf einem Esel sitzend; sie wirken ein bisschen verlegen in dieser Inszenierung,

Hans in seinem Mantel mit Hut auf dem Kopf, und sie in ihrem gewohnten Schwarz. Eine Verlobung hat in jenen Jahren nur dann Bestand, wenn der Vater einverstanden ist. Aber der alte Baumgarten kann der Verlobung nicht zustimmen. Hans fährt extra nach Ludwigshafen und wirbt um seine Braut beim alten Baumgarten, einem Lokomotivführer. Aber ein dreißigjähriger ehemaliger Matrose und Bibliothekar, der von gelegentlichen Einnahmen aus seltsamen Zeitschriften lebt? Der soll seiner Tochter ein gutes Leben ermöglichen? Nein, sosehr er den kleinen Hans Bötticher mag, er kann und darf nicht zustimmen. Am Ende sitzen sie beide betrunken in der Kneipe und heulen über die Vergeblichkeit des Lebens.

Am nächsten Tag läuft Hans zum Amt im Ludwigshafener Stadtteil Mundenheim und telegrafiert:»nein Maulwurf muss sterben die lieben Eltern grüssen hans bötticher«. Diese Niederlage hat ihm wieder einmal vor Augen geführt, dass er noch lange nicht dort ist, wo er hinwill. Wenn selbst ein Lokomotivführer den Einjährig-Freiwilligen Seemann nicht für seine Alma will! Ja, Alma lernt Sprachen, das könnte ihr helfen, ihren sozialen Status zu erhöhen. Hans' Enttäuschung über die Absage scheint sich übrigens auch in Grenzen zu halten; er gibt sich generös, lässt den Vater grüßen und schließt den ersten Brief nach dem Schock-Telegramm so:»Aber ich halte es ebenso wie Dein Vater für möglich, daß Du mal eine Zukunft findest, die innen wie außen golden ist.« Hans weiß vielleicht, dass für ihn noch nicht der richtige Zeitpunkt für eine Ehe gekommen ist.

Es gibt einfach noch zu viele Baustellen für ihn: die Literatur zum Beispiel. Wenn er nur so schreiben könnte wie sein Freund Bruno Frank! Stilistisch ausgefeilte Novellen. Aber so ganz übel sind seine Geschichten ja wohl auch nicht. Der *März* druckt eine nach der anderen ab, die Zeitschrift *Simplicissimus* hat ebenfalls Geschmack an diesen Erzählungen gefunden. Im Herbst kommt seine erste Geschichtensammlung heraus: *Ein jeder lebt's*; er weiß, dass Alma genauso stolz darauf ist wie er. Deshalb kokettiert er vor ihr, empfiehlt ihr die Lektüre von Kellers Seldwyla-Geschichten und fügt mit scheinbarer Fürsorge hinzu:»Hans Böttichers Novellen aber sind Schund, Bahnhofslektüre; davor warne ich dich.« Er wird ihr bis ans Ende seines Lebens Briefe schreiben und sie wird ihm antworten. Es scheint keine Rolle zu spielen, ob das Leben seinen Beziehungen eine Chance gibt oder nicht. Eine Frau, die Ringelnatz nahesteht, wird immer einen Platz in seinem Leben haben, ob es Eichhörnchen ist oder Maulwurf, ob die Wirtstochter Meta Seidler oder Annemarie Ruland, die ihn wegen einer besseren Partie verlassen wird. »Die Frauen, die mir im Leben nahe kamen, tragen alle ein kleines goldenes Kettchen mit einem kleinen echten Stein daran über der Brust, als Andenken an mich«, schreibt er 1919 an seine neue Flamme Muschelkalk. Nach Ringelnatz' Tod wird Alma Baumgarten einer der wenigen Menschen sein, der Muschelkalk ein Telegramm mit der Sterbensnachricht schickt.

Das Jahr 1913 geht zu Ende. Hans Bötticher ist dreißig Jahre alt. Was hat er geschafft bis hierhin? Eigentlich eine ganze Menge. Er ist acht Jahre zur See gefahren, hat die halbe Welt gesehen. Er ist in München ein neuer heller Stern am Kabaretthimmel geworden. Er ist ein Name, noch nicht der Name, den hat er noch nicht, den muss er sich erst noch erfinden. Er hat viel gelernt, gelesen, er hatte Liebschaften und immerhin ist er Autor von drei Büchern. Hans Bötticher kann sich sehen lassen. Und er lässt sich auch sehen, in München, wo seine Freunde immer noch Nacht für Nacht in den Simpl gehen, trinken, rezitieren, streiten und die Zeche nicht zahlen. Hans feiert Weihnachten zuerst bei Tante Seelchen, dann bei Kathi Kobus. Er wird Mitglied im Verein süddeutscher Bühnenkünstler, jener Spaßtruppe um Mühsam, Maassen und Hoerschelmann, jetzt treffen sie sich in einer Weinstube am Viktualienmarkt und lassen alle Säue raus, die es rauszulassen gibt. Tag und Nacht feiern sie, Hans lässt nichts aus. Aber er spürt:»Es lag etwas in der Luft. Und wir lebten zu gut.« Die Nacht wird zum Tag gemacht und der Tag ist ebenfalls vornehmlich zum Feiern da. Eine Art Totentanz, mit Künstlern, Gelehrten, Dienstmädchen. Aber es liegt was in der Luft, er lernt neue Mädchen kennen, »lustige, perverse, rührende«. Erich Mühsams Produktion von Schüttelreimen blüht, aber die Zackigen unter ihnen, allen voran Carl Georg von Maassen, träumen schon vom Säbelzücken, vom Gegner-Verdreschen, Junker-Phantastereien. Im Juli wird der österreichische Thronfolger in Sarajevo erschossen. Es liegt etwas in der Luft. Der Krieg. Hans wird von Anfang bis Ende dabei sein bei diesem Krieg. Und der Krieg wird einen anderen Menschen aus ihm machen.

Mord allerorts – ich las Macbeth

Er kämpft. Es ist Juni 1928 und Joachim Ringelnatz kämpft mit seinem Verleger um das Wort. Ernst Rowohlt möchte den Band *Als Mariner im Krieg* in einer deutlich kürzeren Fassung auf den Markt bringen. Und man kann ihn verstehen. Die Konkurrenz an rasanten Erinnerungen ehemaliger Kriegsteilnehmer ist groß. Erich Maria Remarques Roman *Im Westen nichts Neues* hat jetzt schon so viele Vorbestellungen, dass die erste Auflage wie nichts weg sein wird. Rowohlt weiß: Die Leser wollen clusterartige Beschreibungen des Wahnsinns, den Schrei, die Maschinengewehre, den Hass, den massenweisen Tod auf den Schlachtfeldern. Und sie wollen lesen, dass der Krieg das Böse ist, der Zivilisationsbruch – die zwanziger Jahre sind schließlich das Jahrzehnt des Friedens, des flotten Lebens, der Toleranz. Ringelnatz' Autobiographie ist bereits im *8 Uhr Abendblatt* in Serie gegangen, dort natürlich auch schon ziemlich verknappt, aber Zeitungen haben bekanntlich nur begrenzt Platz für große Texte. Man kann alles kürzen, Ringelnatz weiß das und er ist normalerweise auch kein Wortklauberer.

Aber hier geht es doch um sein Leben. Es geht um seine schlimmste Zeit; er war Zeitzeuge in diesen Jahren von 1914 bis 1918. Ja, man kann immer kürzen, das sagt er dem Rowohlt. »Aber dieses sachliche, wahre Zeitdokument, mit dem wir's hier zu tun haben, zu kürzen, erscheint mir jetzt ein nicht wieder gut zu machender Leichtsinn.« Er schreibe dies nicht aus Eitelkeit, sondern weil man den kommenden Generationen nichts vorenthalten darf, keine Einzelheit. Auch das Langweilige gehört zum Soldatenleben dazu, auch das stundenlange Warten, die Verzweiflung, wenn dem Marinesoldaten Bötticher ein Schnürsenkel platzt. Er fleht, er schimpft, er bittet Ernst Rowohlt sogar, seine Frau Hilda Pangust zu fragen und sie zu seinen, Ringelnatz', Gunsten entscheiden zu lassen; es geht ihm um die Wahrheit, nicht um ein irgendwie den Massen schmackhaft gemachtes Kunstwerkchen: »Also bitte, destilliert nicht frische Erdbeeren und reinen Wein zu einer unzulänglichen Bowlenessenz.« Er hat zwei Jahre an dem Buch geschrieben, immer mal wieder, auch unterwegs, vor allem aber in den Pausen zwischen den Auftritten, wenn er in München bei Muschelkalk wohnt, die alles sorgsam in die Maschine tippt, das kann er nämlich nicht besonders gut. Sie muss jetzt auch die Korrekturen vornehmen, sie macht es sorgfältig und, so wie sie es gelernt hat, mit den richtigen Korrekturzeichen am Rand. Später hat sie die Fahnen sogar sorgsam binden lassen, vielleicht weil sie wusste, dass dieses Buch der Lebensschatz ihres Mannes war. *Als Mariner im Krieg* erscheint unter Pseudonym, Ringelnatz lässt einen Mann namens Gustav Hester sein Kriegerleben erzählen. Natürlich durchschaut die Presse den kleinen Kunstgriff, jeder weiß, dass der berühmte Joachim Ringelnatz hier aus der Zeit berichtet, die in diesen späten zwanziger Jahren zum ersten Mal kritisch unter die Lupe genommen wird. Viele der Rezensionen spielen mit dem Erstaunen, dass der weinselige Spaßmacher Ringelnatz nun auch noch seinen Beitrag zur Kriegsbuchkultur leistet.

Der *Völkische Beobachter* kanzelt ihn in einem Aufwasch mit Remarque und Ludwig Renn ab: »Auch dieser *Simplicissimus*-Literat soll ein objektives Buch über den Krieg auf dem Gewissen haben, natürlich nicht von ihm selber geschrieben, nein, er hat es lediglich ›besorgt‹. D. h. ein früherer Marine Offizier (Gustav Hester) hat sich's nicht verkneifen können, seine persönlichen Aufzeichnungen … ausgerechnet Herrn Ringelnatz vom *Simpl* abzuliefern. Über Geschmack lässt sich eben nicht streiten.« Aber Heinrich Hauser, der fast zwanzig Jahre jünger ist als Ringelnatz, aber zur gleichen Zeit wie dieser bei der Kriegsmarine gewesen, schreibt in der *Frankfurter Zeitung* etwas sehr Kluges über das Temperament der Ringelnatz-Erinnerungen, das Ringelnatz' Kampf gegen die Kürzungen des vermeintlich Langweiligen bestätigt: »Man tut sich heute, besonders in der jungen Generation, leicht mit der Radikalität in irgendeine Richtung. Diese Dinge machen das Buch nicht aus.« Nein, es gehe, schreibt Hauser, um den Menschen und seine Stellung im Krieg, in der Marine und da muss eben auch alles rein, was ein Menschenleben bestimmt: »Thema eins: Vorgesetzte, Thema zwei: Löhnung, Thema drei: Weiber; mit Stockfischzeit und Urlaubssehnsucht, Kleingartenidyll und Mädchenpensionaten in Eisenach. Es ist ein wunderbar unvollkommenes Buch.« Und es läuft, zumindest anfänglich, nicht schlecht, 7000 verkaufte Exemplare der ersten Auflage – Ringelnatz ist nicht unzufrieden, denn es bessert seine und Muschelkalks desolate Finanzlage beträchtlich. Mit dem Geld hat er immer zu kämpfen gehabt. Aber jetzt, Ende der zwanziger Jahre, ist er als Künstler ganz oben. Die Veranstalter rennen ihm die Bude ein, die Leute sind verrückt nach dem kleinen Mann mit den wilden Gedichten, und jetzt riskiert er sogar manchmal, ein bisschen zarter zu sein. Er flicht immer selbstbewusster ernste Texte in seine Programme. Das spaßverliebte Publikum im Münchner *Simpl* hört das nicht so gerne; aber die gebildeten Damen und Herren im Frankfurter Tanzsaal *Astoria* schmelzen dahin, wenn er ein Gedicht vorspielt, ja Ringelnatz spielt alles, was er sagt, eines, das er kurz nach dem Ersten Weltkrieg in seinen *Turngedichten* veröffentlicht hat. Jene Zeit, wie der Rezensent des Abends schreibt, »wo die Welt nach dem Weltkrieg zum schauerlichen Desinteressement führte«.

Aber wie ist die Welt vor dem schauerlichen Weltkrieg? Wie benehmen sich die Künstler, die Schriftsteller, zu denen Hans Bötticher seit seinem ziemlich guten Novellenband *Ein jeder lebt's* gehört? Desinteressiert am allerwenigsten. Aufgekratzt sind sie, die jungen Männer, die mit dem Zug von München nach Augsburg fahren; aber die Stimmung in der Bevölkerung schwankt zwischen Bedrückung und gespannter Erwartung auf das, was da auf alle zurollt. Es ist wieder Sommer, eine schöne warme Nacht, als er aus der Weinstube *Grünes Haus* heraustritt. Er hört, wie die Kameraden und die Bürger Lieder vom Sieg und Vaterland grölen, einen, der nicht mitmachen will, prügeln sie windelweich. Am Morgen muss er im Stadtgarten sein, da sind alle versammelt, die, wie er, schon einmal zur See gefahren sind: Matrosenbataillon, Seebataillon – sie alle werden nach Norden fahren, zu den Schiffen, zum großen Krieg auf See. Überall werden sie von einer entfesselten Bevölkerung begrüßt: Alte Damen reichen Tee in die Waggons, Hurra, Stolz weht die Flagge, Frauen weinen, Männeraugen werden feucht – es ist eine kriegstaumelnde, weichgespülte Nation, die ihre Krieger mit wehenden Taschentüchern in den Untergang winkt, aber so will es damals keiner sehen. So will es auch Hans nicht sehen. An seine Schwester Ottilie schreibt er kurz nach seiner Ankunft in Wilhelmshaven: »Es ist eine schöne Zeit, da vieles Gute aufwacht, das im Frieden schläft.« Hans ist rasend aufgeregt, er qualmt eine Zigarette nach der anderen, bis er vor Husten kaum noch sprechen kann. Als er seiner Kompanie, der dritten, zugewiesen wird, kauft er sich von den Reisespesen erst einmal Malzbonbons »gegen meinen Mammut-Husten«. Ein paar Tage später besorgt er sich eine Shagpfeife, die er »Lulu« nennt – ja, Wedekind, das ist immer noch sein großes Vorbild, ein »Stoßhorn in die hässlich mittlere Welt« nennt er ihn in einem Verehrungspoem. Die letzte Begegnung mit dem Poète maudit, dem erotisch-satirischen Chansonnier und Theaterrevolutionär, hat Hans vor seiner Einberufung: »Das letzte Mal hatten wir eine absurde, / Mir unvergessliche Stunde mitnand, / Als ich zum Kriege gerufen wurde / Nach dem Nordseestrand.«

Und was will Hans Bötticher vom Krieg? Vor allem das, was er bis dahin von der Seefahrt, von der Kunst und von der Kabarettbühne wollte: Abenteuer. Und er möchte den sozialen Aufstieg, die Kameraden sollen in ihm den verantwortungsbewussten Vorgesetzten erkennen und er selbst möchte in der Offizierslaufbahn so weit kommen wie es einem Mann ohne Schulabschluss, ohne Studium und ohne Adelsnamen gestattet ist. Aber jetzt und hier in Wilhelmshaven wartet die große Langeweile auf ihn – Heimatfront ohne große Vorkommnisse. Hans muss sich mit Kleinkram abgeben, seine Truppe zum Küchendienst einteilen, Kartoffeln schälen, er mag zwar offiziell Unteroffizier sein, aber das entbindet ihn nicht vom täglichen Einerlei. Der Krieg findet woanders statt, er hört davon, voller Sehnsucht, endlich dabei sein zu können: »Die Amerikaner sollen den Japsen den Krieg erklärt haben und in Kiautschou die amerikanische Flagge gehisst haben. Ferner war von einem großen Sieg zu Lande über die Franzosen die Rede. (…) Ich war traurig. Ich wollte fort.« Überall ist die Dramatik des Krieges zu spüren, überall dort, wo Hans nicht ist: Die Russen sollen bis Insterburg vorgedrungen sein, bei Metz sollen drei französische Armeekorps geschlagen worden sein; andererseits auch Verluste auf deutscher Seite – aber es sind die anderen, die im Gefechtsfeuer sind und den großen Krieg erleben. Hans sitzt in der Stube und schreibt sich das Heldentum herbei.

Und Krieg! Die Boote kommen von Bord.
An den Geschützen, die scharf geladen,
Wetteifern sie – Kameraden, Soldaten –
Und segeln steif in des Kampfes Mord.

Hans dagegen segelt steif in des Krampfes Ton, könnte man sagen, und er merkt es ja selbst, dass dieses Gedicht über den Krieg vom Hörensagen ein großer Blödsinn ist: »Als ich die fertige Arbeit betrachtete, nahm sie sich aus wie ein Kommissstiefel.« Und dann, eines Nachts, sieht er sie, die Helden des Krieges: Verwundete des Schlachtschiffs *Ariadne* kommen an Land und sollen in Wilhelmshaven einquartiert werden. Mit Dreck und Blut bespritzt, kommen sie an Land, nehmen Quartier und erzählen grausame Geschichten von da draußen. Die ersten Leichen werden an die Küste geschwemmt. Die Landmatrosen heben Massengräber aus. Und Hans? Er hört zu, was die anderen erlebt haben. »Dann schwoll in mir die romantische Abenteuerlust, die mich seit meiner frühesten Kindheit begleitet und vielleicht allzu oft geleitet hatte.« Aber es bleibt erst einmal beim ereignislosen Schlepperdienst, die *Blexen*, auf die er eingeteilt wird, bleibt in der Werft, und ihm bleibt nur die Hoffnung, »daß ich bald auf ein größeres Schiff, ich meinte, früher in Gefahr und Abenteuer käme«. Auf Briefe von Freunden reagiert Hans zunehmend gereizt. Wenn Eichhörnchen ihm in ihren Liebesbriefen von »deutscher Unbezwingbarkeit« schwärmt, korrigiert er sie streng. Seine Laune wird immer schlechter; er langweilt sich zu Tode bei den Torpedosuchern, dem »Filzlausgeschwader«, wie die kämpfenden Seeleute die Kameraden nennen, die nur in den Häfen unterwegs sind. Er wechselt mit seiner Mannschaft auf den Schlepper *Vulkan*. Auch hier die gleichen Unannehmlichkeiten – Wasser in den Kojen, undichte Bullaugen und Langeweile bis zum Verdruss. Die einzige Abwechslung ist der seltsame Vogel Anni, den sie aus dem Meer fischen, hochpäppeln und der dann im Kohlenbunker verschüttet, wieder ausgegraben und, weil todesschwach, ins Feuer geworfen wird. Die Stimmung ist schlecht, die Männer sind unzufrieden und reizbar; Hans ist zutiefst verbittert und enttäuscht; er sei doch mit Begeisterung in den Krieg gezogen, klagt er seinem Vorgesetzten. Aber er werde nicht befördert und nicht dorthin geschickt, wo die Kämpfe sind. Der Vorgesetzte beschwichtigt. Man will derlei Empfindlichkeiten nicht hören, der Einsatz ist überall gleich bedeutend und so weiter. Einer der Gründe, warum Hans nicht weiterkommt: Er hat einen zu sanften Tonfall. Ihm fehlt die Kommandosprache, die Gabe, Leute so anzubrüllen, »dass sie sich auf den Arsch setzen«, wie der Leutnant Kaiser ihm eines Tages erklärt. Aber wie kann man auch von einem Marineoffizier, der in seiner Koje Platons *Gastmahl* liest, harsche Ansprachen verlangen? Er ist froh, als die *Vulkan* in die Werft läuft und er in Wilhelmshaven ins Theater gehen kann, wieder »mit Kunst in Berührung zu kommen«.

Anfang März 1915 bekommt er endlich den Urlaub, den er schon vor Wochen beantragt hat. Jetzt fährt er erst einmal nach Hause, lässt sich von seinen Eltern durchfüttern und verwöhnen und dann geht es noch für ein paar Tage nach München; er setzt sich ins *Café Stefanie*, verfolgt den Krieg als Zeitungsleser. Er geht natürlich auch wieder in den *Simpel* und trifft dort seine Freunde. Der Verein süddeutscher Bühnenkünstler organisiert eine Sause für den Heimkehrer, Mühsam, Maassen, Hoerschelmann und Unhold sind natürlich dabei, sie lassen es krachen bis morgens um fünf. Erich Mühsam hat sich seinen Freund Hans ganz genau angesehen in diesen zwei Tagen, und er schreibt am 6. März in sein Tagebuch, wie sehr der Krieg den Hausdichter jetzt schon verändert hat:

Gestern war nun auch überraschend Hans Bötticher auf Urlaub da, der heut schon wieder abreisen muss. Er ist Bootsmannsmaat auf einem Minenleger und in Wilhelmshaven stationiert. Einen Feind hat er noch nicht zu sehn bekommen, obwohl er seit den ersten Augusttagen dabei ist. Aber mit giftigem Groll ist er überfüttert. Ein finsterer Hass gegen alles, was dort geschieht, über die Rohheit der Menschen, die Eigennützigkeit, Ungerechtigkeit und all den Jammer ist über ihn gekommen, und er hatte Ausbrüche fast verzweifelter Art. Einer, aus dem der Krieg einen Rebellen gemacht hat.

Man möchte es kaum wagen, Erich Mühsam zu korrigieren, aber ist es nicht vor allem die Langeweile, die Hans zum Rebellen hat werden lassen? Er will ja gerne an vorderster Front stehen, die Sehnsucht nach dem Heldenhaften ist immer noch groß bei ihm. Kurz nach seiner Rückkehr wird Hans ins Personalbüro gerufen. Er darf zur Minenabteilung nach Cuxhaven wechseln. Das heißt, zuerst muss er einen Kurs belegen, denn die Minensuch- und Fanggeräte wollen ja ordnungsgemäß bedient sein. Immerhin: ein Ortswechsel und damit eine neue Chance, der Lebensgefahr näher zu kommen. Er fährt jetzt hinaus auf See, spielt ein bisschen Minensuchen, fühlt sich aber ganz wohl dabei und ist zufrieden. Dann geht es über Kiel nach Friedrichsort, wo die deutschen U-Boot-Minen gelagert sind. Hans und seine Kompanie müssen die Tauchboote mit Minen bestücken. Und er bekommt es immer wieder hin, sich freie Tage zu verschaffen. Die nutzt er, um nach Eisenach zu fahren und in Dora Kurtius' Pensionat den Mädchenschreck zu spielen. Für einen erwachsenen Mann hat er dort schon ziemlich viel pubertären Unsinn verbreitet, er setzt sich ein Haarteil von Dora Kurtius auf und dringt in die Klassenräume ein. Diesmal aber kommt er in Marineuniform und gibt seinen Auftritten eine deutlich männliche Note. Er verliebt sich in Daisy, die ist aber leider lesbisch, deshalb besucht Hans dann lieber Eichhörnchen, also Amalie Timm, und unternimmt mir ihr Ausflüge durch Thüringen. Aber er muss wieder zurück nach Friedrichsort, und jetzt trifft der Krieg ihn auch persönlich, wenngleich wieder indirekt: Weisgerber, sein Freund aus den Schwabinger Tagen, ist gefallen: »Ich musste an seine schönen Augen denken.« Aber die Trauer weicht schnell dem Zorn über die ungerechte Behandlung durch das Militär. Warum darf einer der anderen Torpedomaate nach Pula, dem Hauptkriegshafen der österreichisch-ungarischen Armee. Und wieso muss Hans Bötticher immer noch die stumpfsinnige Arbeit des Heimatfrontlers verrichten? Alles Routine hier, selbst wenn Alarm ist, weiß jeder, was zu tun ist. Zivilisten werden an die Front geschickt und die kriegslüsternen Seemänner müssen ihren Job übernehmen? Das Essen ist schlecht und Hans hat Probleme mit den Füßen, eine alte Geschichte aus seiner Einjährig-Freiwilligen-Zeit, die er nie ganz losbekommen wird: »Es bleibt nicht aus, dass man den Mut verliert,/ Wenn man schon längere Zeit mit seinen wunden/ Füßen herumexperimentiert«, schreibt Ringelnatz noch 1933 in seinem Gedicht *Humpelnde Welt*. Er geht ins Spital, lässt sich in Mull einwickeln und liest, was ihm in die Finger kommt: Bruno Frank (»als Narkotikum«), Paul Heyse und Gedichte der kriegstrunkenen Isolde Kurz.

Hans selbst kann dem Krieg schon nichts Heldenhaftes mehr abgewinnen. Er schreibt es auf eine Spindtür: »Der Krieg ist harte Wahrheit, der Frieden ist weiche Lüge.« Aber die harte Wahrheit hat es ihm nach wie vor angetan; es lässt ihn nicht los, dass er es noch nicht an die Front geschafft hat. Er muss jetzt Briefpapier haben, er will an die höchste Instanz schreiben, respektive an die zweithöchste in der Hierarchie des Christen Bötticher. Also bittet er den Kaiser, »gnädiglich zu verfügen, dass ich irgendwohin an die Front befohlen werde oder sonstwie Gelegenheit erhalte, zu Wasser oder Lande am unmittelbaren Kampf teilzunehmen«. Aber es geschieht nichts. Er wird herumgeschickt, geht auf Fischdampfer, richtet die Suchgeräte ein und ist doch immer nur der Unteroffizier, der nach getaner Arbeit in sein Hafenrevier zurückmuss. Dabei hat er doch einen Auftrag – einen, den er sich selbst gegeben hat: der geheimnisvollen dunklen Lockung nachzugehen, die er in sich spürt. Es gibt immer wieder Hoffnung, Gelegenheiten und Aussichten auf Veränderung. Ein neuer Kommandant kommt an Bord, der eine Begleitfahrt in den Osten kommandiert. Ein Petroleumdampfer soll eskortiert werden – der Leutnant Hans Bötticher, ein ausgewiesener Minensucher, darf mitfahren. Der Osten! Da hat er seine schönsten Wochen verbracht, in Kurland bei den Wartenburgs. Wanja, die schöne Malerin aus Riga!

In Libau geht er von Bord, voller Sehnsucht nach der guten Zeit: »Ich erkundigte mich gleich in allen Hotels nach gewissen adligen Balten«; er findet niemanden von diesen Leuten, nur ein paar Bekannte aus Cuxhaven. Aber mit denen will er nicht reden. »Ich wollte allein sein und allein erleben.« Um ihn herum ist Krieg und Mannschaftsgeist, aber er möchte für sich sein. In Libau blühen die Linden. Die Deutschen bombardieren London, sie erobern Warschau. Seine Freunde fallen an den Fronten. In Libau verkaufen sie Stachelbeeren und Kirschen. Er spricht mit den Freudenmädchen; er liest Mörikes *Mozart auf der Reise nach Prag*. Die Minenabteilung will ihn zurück nach Cuxhaven beordern. Er protestiert dagegen, er sagt, dass der Kaiser ein wohlwollendes Auge auf ihn habe. Er darf mit, es wird wieder eine belanglose Schifffahrt über Kiel, Hamburg, Berlin nach Cuxhaven zurück: »Warum, zum Teufel, gelang es mir nicht, zu gefährlicheren Abenteuern zu kommen?« Er verliert allmählich die Lust an allem, am Krieg sowieso; und das sentimentale patriotische Geschreibsel von Amalie Timm kann er auch nicht mehr lesen. Sie streiten sich, Hans findet alles widerlich und erbärmlich: den Hochmut der Bürger, die stolz auf ihre Soldaten sind, er hasst die Offiziere, er verachtet seine Kameraden. Alles ist so seltsam schal geworden. Und jetzt soll er auch noch als minensuchender Vorposten nach Warnemünde. Von Rostock aus fährt er mit dem Zug in das Ostseestädtchen. Er sitzt mit vier Maaten im Abteil, und da sitzen noch diese zwei jungen Schwestern, Tulla und Maria Reemy, »die aus

Mexiko geflüchtet waren, nun bei ihrer Mutter in Warnemünde wohnten …«. Zwei Geigerinnen! Und berühmt sind sie auch noch. Sie geben Konzerte in Deutschland und in der Schweiz Er besucht sie in Warnemünde. Damals müssen Männer die Mütter fragen, wenn sie mit den Töchtern einen Spaziergang unternehmen wollen. Die Mutter der Reemy-Schwestern ist einverstanden. Hans verliebt sich in die eine, in Maria. Die andere, Tula, verliebt sich in Hans – die perfekte Konstellation für eine Tragödie. Aber die beiden jungen Frauen sind zu diszipliniert und zu vernünftig, um sich in Liebeswahn zu stürzen. Hans träumt von den beiden schwülstige Engels-Phantasien, irgendwann wird er Maria fragen, ob sie ihn heiratet. Sie sagt Nein. Tula fragt er nie. Sie hätte Ja gesagt. Später als sehr alte Frau wird sie sagen:»Ich wäre mit ihm barfuß durch die Wüste gelaufen. Mit ihm wäre ich überall hingegangen. Aber er wollte ja nur die Mucky.«Trotzdem schreibt er den Frauen regelmäßig beinahe bis an sein Lebensende, es sind Briefe voller erotischem Witz und unverstellter Liebe zu beiden.

In den Briefen an Tula überwiegt allerdings das Thema Geld. Sie überweist ihm regelmäßig großzügige Summen,»nun schon 100«, schreibt er, selbst ganz erstaunt darüber, dass sich die Liebe des Mädchens in derart großer Münze auszahlt. Aber er bittet auch manchmal recht kindlich um Zuneigung:»Denk weiter manchmal warm an mich, Tula. Ich bin doch ein Stückchen, ein kleines Stückchen Liebe wert.« Hans geht bei den Reemys, der Name ist ein Anagramm des eigentlichen Familiennamens Meyer, ein und aus; er lässt sich das bürgerliche Leben schmecken, und die Damen dürfen ihm sogar Vorschriften zur Körperpflege machen, die Hans nach Jahren auf See offenbar nicht sehr salonfähig betreibt, auch wenn die neu erworbene Reinlichkeit nicht unbedingt zu seinem Matrosenimage passen will:»Aber ich putze mir täglich mehrmals Zähne u. poliere die Nägel und bilde mich zu einem vollkommenen Gecken aus.« Hans versteht es, die arme Tula mit seinen Briefen dermaßen zu verwirren, dass sie sich fragen muss: Wie kann der Mann, der mich nicht liebt und der lieber meine Schwester heiraten möchte, mich mit »Geliebtes Mädchen« anschreiben? Wie kann er schreiben, er träume davon, ihr nahe zu sein und sie zu küssen? Um ihr im gleichen Brief in Aussicht zu stellen, sie werde sicher einmal »einen lieben, hübschen, angesehenen Mann heiraten, der Dich von Vergnügen zu Vergnügen führt«. Die Briefe von Hans Bötticher an die Reemy-Schwestern, vor allem an Tula, sind erst 2012 im Nachlass von Tula gefunden worden. Das Cuxhavener Ringelnatz-Museum bewahrt sie auf, es sind insgesamt 20 erhaltene Feldpostkarten und Briefe, in denen ein in das Leben und in das Abenteuer verliebter Dichter einen Teil dieser Lebensliebe auf zwei freundliche, dem liebenswerten Spinner auf unterschiedliche Weise verfallene Frauen abgibt. Hans liebt die Idee von der romantischen Liebe, die den Seemann an Land umfängt und die er im brausenden Seeleben vergessen muss: »Denn auf See«, schreibt er am 4. Januar 1917, »herrscht jetzt die dicke Luft, die Männer küsst, damit sie der Weiberküsse vergessen.«

Ist Hans Bötticher eigentlich ein Mann des Krieges? Oder ist er ein Mann des Zweifels? Er ist ein Mann des Wortes. Und er will ein Mann der Tat sein, er möchte »doch immer unter die kühnsten Kämpfer gegen Deutschlands Feinde gestellt werden«. Aber es klingt bei ihm inzwischen eher resigniert als patriotisch. In seinem Tagebuch wünscht er sich: »Wäre dieser Krieg doch endlich ex!« Seine Novellen werden von der Zensur kräftig bearbeitet. Sie sind keineswegs wehrkraftzersetzend, in seinem Geschichtenband *Die Woge* findet sich kein pazifistisches Wort. Aber er beschreibt den Krieg in seiner Härte, er zeichnet das Bild einer verlorenen Generation, seine Geschichten sind keine Heldenmärchen. Es wird viel gekämpft, aber es wird eben auch viel gestorben in ihnen und die Klage, »dass der Mord wieder in Fürstensold steht und Menschen mit Schild und Keule gegen Menschen ziehen, mit Steinwürfen töten«, ertönt in der letzten Geschichte *Die Zeit*. Es sind Sätze der Enttäuschung und der Ernüchterung. Der »giftige Dunst der Weltlüge« hat den Pulverrauch der Freudenschüsse von 1914 verdrängt. Bötticher Kriegsgeschichten sind sicherlich keine politisch positionierten Pamphlete gegen den Krieg. Aber sie beschreiben seine Erbarmungslosigkeit in besessener Detailliertheit. Der *Simplicissimus* und die *Jugend* drucken die Texte, zum Teil durch Kürzungen entstellt. Hans möchte nicht, dass sie so als Buch erscheinen und wartet mit der Publikation bis 1922. Er nennt sich da schon seit drei Jahren Joachim Ringelnatz. *Die Woge* lässt er aber unter seinem alten Namen Hans Bötticher erscheinen. Mit dem Krieg hat Ringelnatz nichts zu tun, ihn darzustellen ist Aufgabe des Marineleutnants Hans Bötticher. Aber jetzt und hier im Jahr 1915 könnte es doch klappen mit der dicken Luft, die Hans so gerne atmen möchte. Er kommt auf das Hilfskriegsschiff *Cordoba*. Der Korvettenkapitän Hans Nitka, »ein sehniger, frischer und temperamentvoller Herr«, verfolgt einen ziemlich komplizierten und waghalsigen Plan. Die Männer sollen unter seiner Anleitung vom Festland aus Minen legen, die per Schienen ins Wasser gelassen und von Beibooten zu den Schiffen, die versenkt werden sollen, gezogen werden. Hans wird der Kapitän der Schienenboote, der Pontons. Aber was so raffiniert klingt, erweist sich als kaum machbar. Die Seeleute liegen die meiste Zeit im Wasser, Hans wird krank, vielleicht ist hier schon der Keim für seine spätere Lungenkrankheit gelegt.

Er wird weiterbeordert, es geht wieder gen Osten, ins mittlerweile zerschossene Mitau. Jetzt sollen sie ihre Ponton-Arbeit in Russland verrichten, aber auch hier läuft alles schief. Immerhin wird Hans Bötticher zum Obermaat befördert. Als solcher fährt er über Kiel und Merseburg nach Eisenach, wo er sich bei Dora Kurtius erkundigt, welche Internatsschülerin aktuell am reizendsten sei. »Das hübscheste Mädchen ist Lona Kalk, aber die ist gerade heute nach Friedrichsroda an das Sterbebett ihrer Mutter gefahren.« Lona Kalk, so nennt Ringelnatz das Mädchen in seinen Memoiren. In seinem Leben, in seinen Briefen und Gedichten wird er sie Muschelkalk nennen, die achtzehnjährige Leonharda Pieper, Tochter des Bürgermeisters von Rastenburg. Aber noch ist es eine flüchtige Begegnung, Hans ist in Gedanken mehr beim Krieg, der nun rasant Ereignis an Ereignis reiht. Am 23. Mai 1915 tritt Italien in den Krieg ein. Hans wird zum Reserveoffizier der Artillerie ernannt, er ist auf dem besten Weg zum Offiziersgrad. Er hofft, nun bald Vizefeuerwerker zu werden, aber der Kompanieführer, der die Entscheidung treffen muss, hat beschieden: »Dieser Kröpel wird auf keinen Fall Offizier.« Da ist sie wieder, die Verachtung, die er immer wieder gespürt hat: der Krüppel, der kleinwüchsige Spinner, der Novellen schreibt und mit seinen krummen Beinen nicht gerade eine Zier der Truppe ist. Hans, der Nasenkönig, der Klabautermann. Aber der Spott gehört zum harten Leben dazu, und Hans begreift langsam, dass er die harten Worte getrost wegstecken kann. Der Kompanieführer, der ihn gestern noch beleidigt, stellt ihm jetzt, da der Krieg ins zweite Jahr geht, eine Beförderung zum Vizefeuerwerkmeister in Aussicht. Er wird bald Offizier sein. Der *Simplicissimus* schickt ihm eine Novelle zurück? Egal, er ist jetzt erst in zweiter Linie Schriftsteller. Sein Hauptziel ist jetzt der Krieg, und der bedeutet für Hans nicht Dienst am Vaterland, sondern Abenteuer. Anfang Januar 1916 wird er zur Hilfs-Minen-Such-Division H.M.S.D. abkommandiert, die aus kleinen Schleppern besteht, welche Minen in Hafennähe auffinden sollen. Es arbeitet eine lockere, dem guten Leben verschriebene Gesellschaft in dieser Division, Hans lernt neue Kreise kennen und reüssiert auch dort mit seiner originellen Erscheinung: »Ich wurde täglich mit neuen Offizierskreisen bekannt und fiel meistens wegen meiner langen Nase und überhaupt wegen meines Äußeren komisch auf.«

Der U-Boot-Krieg, den Tirpitz anfangs zurückhaltend führte, wird ausgeweitet. Auch Hans ist von der neuen Unterseewaffe fasziniert, er verfolgt den Kurs der deutschen U-Boote, weiß, mit welchen Kanonen sie bestückt werden. Der uneingeschränkte U-Boot-Krieg, wie er offiziell heißt, soll der in Agonie verfallenen Marine den Durchbruch verschaffen. England hält die Deutschen mit seiner Handelsblockade in Schach, an der Heimatfront wird immer noch die deutsche Überlegenheit propagiert. Hans schreibt in sein Tagebuch: »In Hamburg und Berlin nahm die Lebensmittelnot schlimme Folgen an. Es gab immer noch genügend

dumme Leute, die die dreisten Lügen der Zeitungen glaubten.«
Für die Seeleute sieht es ein bisschen besser aus. Hans und seine
Besatzung versorgen sich von dem, was an Explosionsgut übrig
bleibt, sie holen sich Steinbutt, Seezunge und Scholle aus dem
Meer. Er hat eine schöne Wohnung in Cuxhaven, die Villa Kiek
in de See, gleich beim Deich. Auch der deutsche U-Boot-Krieg
soll zunächst eine Antwort auf die britische Blockade sein. Han-
delsschiffe werden beschossen, das Ziel ist es, die Bürger des Kö-
nigreichs zu zermürben und auszuhungern. Aber die kaiserliche
Marine ist denkbar schlecht vorbereitet auf den uneingeschränk-
ten U-Boot-Krieg. Sie verfügt über viel zu wenig Boote, die ersten Erfolge zu Kriegsbeginn – der Abschuss dreier Panzerkreuzer
vor der holländischen Küste, die Versenkung des Schlachtschiffs
Audacious – liefern den Stoff für Propaganda und Legende. Aber als
am 7. Mai 1915 das deutsche U 20 den unter britischer Flagge fah-
renden Passagierdampfer *Lusitania* torpediert, steht Deutschland als
Kriegsverbrecher da. Die Gefahr ist groß, dass jetzt die USA in den
Krieg eintreten. Der amerikanische Präsident belässt es allerdings
bei einer Protestnote, sodass der damalige Reichskanzler Theo-
bald von Bethmann Hollweg den U-Boot-Krieg wieder einstellt.
Es ist Alfred von Tirpitz, der 1916 fordert, man müsse das U-Boot
wieder rücksichtslos einsetzen; aber die Erfolge der U-Boot-Sol-
daten sind überschaubar und ihr Nachruhm im Vergleich zu den
Jagdfliegern nach Ende des Zweiten Weltkriegs eher gering. Der
Politologe Herfried Münkler erklärt dieses schnelle Vergessen mit
dem Umstand, dass die U-Boote zur Unsichtbarkeit verdammt
sind und wenig repräsentative Leuchtkraft besitzen.

Und Hans Bötticher? Hat er endlich das Kampfgeschehen erreicht? Er hört die Nachrichten von den Katastrophen in der
Ferne: Die Flandernschlacht ist im Gange. Amerika ist kurz davor,
in den Krieg einzugreifen, die Stärke der Engländer ist ungebrochen, sie werfen ihre Minen in die deutsche Bucht. Die Skagerrak-
Schlacht? Ach, da reagiert er einfach mal mit Ironie: »Nimm mir's
nicht übel, dass ich vorgestern nicht bei der großen Seeschlacht
dabei war und sei geküsst von deinem frechen HB«. Das schreibt

er am 2. Juni 1916 an Lona Pieper. Stattdessen vertreiben sie sich an Bord irgendwelcher Schleppkähne die Langeweile, schießen sich mit Revolvern Biergläser vom Kopf, prügeln sich, ringen sich nieder und Hans fährt immer wieder auf Urlaub, nach München, wo es ihm gut geht und nach Burg Lauenstein, wo er eine verblasene und hochtrabende Gesellschaft um die schwer völkisch und antisemitisch gepolte Dichterin Lulu von Strauß und Torney, Gattin des Verlegers Eugen Diederichs, besucht. Richard Dehmel ist dabei, den Hans, wie die anderen auch, »törichterweise« um ein Autogramm bittet und der in blasierter Herablassung sein »Notgedrungen Dehmel« hinpinselt. Daneben »Winkler«, das kann nur der damals viel gelesene Erzähler Josef Winckler sein, der mit dem Werkbund auf Haus Nyland die Industrie- und Arbeiterliteratur begründet hat und der einige Jahre später mit seinem Roman *Der tolle Bomberg* einen Bestseller schreiben wird. Hans kann das schwiemelnd patriotische Gerede der Kaiser-Geburtstags-Dichter kaum ertragen: »Das kam mir vor wie Seifenblasen«; was ihn hält, ist das angenehme Gefühl, ein paar Stunden lang nicht unter Soldaten sein zu müssen. Nein, diese Art von Literaten ist ihm und wird ihm immer suspekt bleiben; Adel des Geistes, der sich in Gespreiztheit und heiligem Ernst gefällt. Er schreibt lieber an seine alten witzig-klugen Freunde in München, schickt Maassen und Hoerschelmann seine neuen, frechen Gedichte. Mag der alte Dehmel noch bis zum bitteren Ende ein Kriegsbegeisterter bleiben und mit seiner Sammlung *Volksstimme / Gottesstimme* das Schlachten zum heiligen Dienst am Geist erklären. Hans Bötticher hat von diesen Tönen längst die Nase voll. Er schreibt andere Gedichte, frivole, raue und komische, ja, er wird schon allmählich zum Ringelnatz in diesen letzten Kriegsmonaten. Das hier schickt er 1917 an Rolf von Hoerschelmann nach München:

Und schaff mir eine kleine Qualle an,
Recht weich und voll im Busen gleich der Welle,
Darin zutiefst mein Klüver tauchen kann.
Ich lege keinen Wert auf äußre Pelle.

Ist nur ein Vollarsch weiß behost daran –
Sie braucht nicht einmal ein Gesicht zu haben –
Bedenkt, es will ein harter Fahrensmann
nach langer Fahrt das raue Steißbein laben.
Ich lege Wert auf Busen, Arsch und Hose!
Verschafft mir eine recht perverse Phose.
Schon greif ich in Gedanken nach dem Piz
Dank Euch, ihr Freunde! Euer treuer Viz.

Man muss sich einfach vorstellen, wie Hans Bötticher sich in der feinen Dichterrunde auf Burg Lauenstein kurz vor der Dame Lulu und den Herren Dehmel, Winckler und Diederichs verbeugt und dann mit großem vaterländischem Pathos dieses Gedicht aufsagt. Hätten die Herren sich abgewandt und in den Boden geschmunzelt? Wäre Frau von Strauß und Torney ohnmächtig zu Boden gesunken? Hans hat jetzt sein Coming-out als Tabubrecher, sein Überdruss hat sich in Übermut verwandelt. An Maassen schickt er ein Gedicht mit der Beschreibung eines Geschlechtsaktes, der in München auf einem Teppich stattfindet und bei dem der Protagonist früher fertig ist als erwartet, »Als vorschnell, jäh der flüssige Opal/ Das schreinentnommne Tüchelchen verfehlte/ Und frisch verteilt an Strumpf und Ärmel hing,/ Da stand ich auf und ging.« Jetzt möchte er eigentlich wieder zu den verrückten Hermetikern nach München zurück, »Und irgendwo im Hintergrund/ Beginnt vielleicht zur selben Stund/ Die große Offensive«. Er schreibt sich locker, er produziert gewissermaßen Vor-Ringelnatz-Lyrik mit seinen Versen auf die Kameraden vom H. M. S. D: »Nach innen verkettet, nach Aussen geschlossen,/ Im Frohsinn begeistert,/ Gestreng im Beruf.«

Und er lernt eine Frau kennen, in die er sich heftig verliebt, Annemarie Schmied, eine Schauspielerin, mit der er »einen ebenso gefährlichen wie aufregenden Briefwechsel« und bald darauf eine heftige Liebesaffäre anfängt. Sie gehen gemeinsam ins Theater, stehen morgens früh auf, um Waldspaziergänge zu unternehmen. Eine Schauspielerin! Wie kann er ihr zeigen, dass er sie verehrt?

Mit Gedichten? Auch, aber noch eindrucksvoller wäre ein Drama. Er schreibt das Dramolett *Der Flieger* und liest es ihr auf einer Waldlichtung vor. Sie ist lieb zu ihm, besonders als sie sieht, was er da zusammengeschrieben hat. Ein sehr schlechtes Stück, er wird im Lauf seines Lebens insgesamt fünf Dramen schreiben, allesamt sehr, sehr schlechte Dramen. Aber Annemarie geht mit ihm den Text durch, macht Korrekturen, erklärt ihm, was auf der Bühne zu realisieren ist und was nicht. Auch er will etwas für Annemarie tun. Er spricht mit dem Direktor der Münchner Kammerspiele, Otto Falckenberg, und bittet ihn, die junge Schauspielerin in sein Ensemble aufzunehmen. Ohne Erfolg. Hans schreibt ihr verliebte Briefe, nach Kriegsende macht er ihr sogar einen Heiratsantrag. Er vereinnahmt sie, er möchte, dass sie rund um die Uhr für ihn da ist und seine Vorlieben teilt. Wenn sie zu müde ist, mit ihm zu zechen, macht er ihr Vorwürfe. Irgendwann reicht es ihr, sie schreibt: »Solchen Stunden wie der heute Nacht bin ich nicht gewachsen.« Er holt sie wieder zurück, die Liebe geht weiter.

Auch der Krieg geht weiter, die Verluste an der Westfront sind dramatisch. Hans' Vater geht es schlecht, er ist schwer lungenkrank und so schwach, dass er kaum noch sitzen kann. Und er ist arm. Er dankt seinem Sohn für das Paket mit Kaffee, Tee, Wurst, Sardinen, Erbsen. Am 15. Januar 1918 stirbt Georg Bötticher im Alter von 68 Jahren. »Das Leben qualmt dahin wie Schornsteinrauch und räuchert unsere schillernden Ideale wie Sprotten«, schreibt Hans ein paar Tage später an Alma Baumgarten. Der Krieg nähert sich dem Ende, das Kaiserreich verliert an allen Fronten, und Hans hat noch keine von diesen Fronten gesehen. Auch die H.M.S.D. steht vor der Auflösung, aber Hans will noch nicht aufgeben. Er bittet darum, in die Fliegerdivision aufgenommen zu werden. Aber es hört kaum noch einer von seinen Vorgesetzten zu. Es sind nur noch kleine Transportfahrten, die er mitmachen muss; er markiert jetzt den Lebemann und schleift Annemarie, die inzwischen ein Engagement am *Thalia-Theater* bekommen hat, zu seinen Hamburger Saufkumpanen. Alle Versetzungsgesuche werden abgelehnt, Hans wird zur Maschinengewehrbatterie Seeheim geschickt, eine Art Austragsposten. Muss er sich darüber eigentlich wundern? Er, der einen Versetzungsantrag nach dem anderen stellt, seine Urlaube überzieht und die Verhältnisse in der Truppe immer wieder bemäkelt hat? Wie war das noch, drei Wochen zuvor, bei der Abschiedsfeier der H. M. S. D.? Da hat er sich dem Oberleutnant von Reichart vorgestellt, der sein Gedächtnis nicht sonderlich bemühen musste:»Ja, ich besinne mich, Sie waren der schlimmste Querulant der Division, hatten immer Frontgesuche.«

Jetzt muss er abgestürzte Flugzeuge aus dem Watt bergen, eine elende Arbeit, der er körperlich kaum gewachsen ist. Aber es geht ihm nicht schlecht in diesem öden Stützpunkt Seeheim, der an ein kleines Gehölz grenzt, den Wernerwald. Er liebt immer noch Annemarie, die versucht, in München als Schauspielerin Fuß zu fassen. Und er schafft sich einen interessanten Ausgleich zum Kasernenalltag: Hans legt ein Terrarium an. Er fängt Kreuzottern in Einmachgläsern, sammelt Eidechsen ein und lässt sie in seinem Privatzoo aufeinander losgehen. Einem besonders gefräßigen Seemann gibt er Geld, damit der ihn an einer sonnigen Stelle einen Haufen scheißt, denn Hans braucht Fliegen für seine Eidechsen. Die Reptilien, später kommen Ringelnattern und Kupferottern dazu, füttert er mit Käfern und Mücken – er wird zum Schöpfer einer wimmelnden, sich selbst verschlingenden Welt.

Es ist heiß, er steht vor dem Terrarium und schaut zu, wie ein grüner Frosch, den er Willibald nennt, von einer Natter verschlungen wird. Hans Bötticher greift nicht ein, er sieht sich das alles an:»Nun beobachtete ich, wie eine Kupferotter eine Eidechse, mit der sie zuvor friedlich Leib an Leib in der Sonne gelegen hatte, plötzlich am Kopf packte und hinunterfraß.« Mit einem Mal ist der Leutnant Hans Gustav Bötticher dort, wo er immer hinwollte: an der Front. Er inszeniert das Leben und Sterben, den Sieg des Stärkeren über den Schwachen. Er kann nicht genug bekommen von dieser fressenden und tötenden Welt im Brennglas. Jetzt spielt er Krieg mit echten Lebewesen und sucht den Spiegel in der Literatur:»Die Schlangen fraßen Frösche und bissen die Kröten blutig. Mord allerorts. – Ich las Macbeth.« Der Leutnant Hans Bötticher, der nichts so sehr wollte wie befördert zu werden, hat jetzt das kampfgierigste, blutlüsterne Regiment, das sich vorstellen lässt. Er ist zum Herr der Schlangen geworden, zum Meister der Ringelnattern, die sich immer wieder häuten. Man könnte fast sagen, er ist der oberste Ringelnatz.

Hans führt mit Annemarie das Leben eines Idyllikers, inmitten seiner kleinen Plantagen aus Sonnenblumen und Gemüserabatten. Die Logistik des Krieges läuft leer, Hans bekommt das in der Seeheimer Batterie zu spüren, wo sich die Befehle der Kommandeure gegenseitig kassieren. Er lässt sich krankschreiben: Neurasthenie, die Modekrankheit, die man heute Burnout nennt. Er fährt nach Meran, wo seine Mutter den Haushalt eines Kunsthändlers führt. Rosa Bötticher ist nach dem Tod ihres Mannes verarmt. Hans bringt Lebensmittel mit und macht in der Meraner Salonwelt eine gute Figur:»Meiner deutschen Marineuniform widerfuhr viel Ehre, und mein Dolch und meine Freiheit und meine Frechheit stachen nach den schönsten Frauen.« Als er nach Seeheim zurückkehrt, findet er die Batterie in Auflösung. Sein Garten ist verwahrlost, in der Truppe bricht die Lungenpest aus, Gerüchte von der Kapitulation machen die Runde. Hans Bötticher teilt sein Bett und sein Zimmer mit fünf Katzen und der Foxterrierhündin Frau Werner, die er grundsätzlich mit Sie anredet – Hans ist zur Spitzweg-Figur geworden. Er liest sich durch die Weltliteratur, Shakespeare, Strindberg, Hebbel, Conrad Ferdinand Meyers *Amulett*. Draußen herrscht das Chaos. Soldaten und Matrosen schließen sich zu Revolutionsräten zusammen. Plötzlich sind alle Pazifisten und Freiheitshelden, selbst Offiziere, die noch vor Wochen nichts anderes im Sinn hatten als den Sieg. Auch Hans mischt bei den Räten mit. Er will an ihre Spitze gewählt werden, aber die Kommunisten wollen ihn dort nicht haben. Weil er den Ausgleich sucht, weil er nicht mitmachen will, wenn ein paar Revolutionäre die Welt in Gut und Böse teilen. Er will Mäßigung, die Roten wollen Revolution. Eine ganze Nacht sitzt er in seiner

Stube und schreibt eine Rede, die er vor den Offizieren und Cuxhavener Bürgern halten will. »Wir sind auch nicht gemäßigt«, erhält er zur Antwort. »Wir sind ganz rot, ganz scharf, alleräußerste Linke.« Die Offiziere werden entwaffnet, die Besiegten gedemütigt, Hans erträgt sein Schlangenidyll nicht länger, er will fort aus Seeheim. Seine Tante Michel ist inzwischen zu ihrem Bruder Dunsky nach Berlin gezogen. Er schreibt ihr. Sie antwortet, ja, er kann kommen. Er schreibt am Annemarie: »Wollen wir nicht heiraten?« Aber er schreibt auch noch einem anderen Mädchen, jener Lona Pieper, die er in Dora Kurtius' Mädchenpensionat kennengelernt hat. Er nennt sie muschelverkalkte Perle. Und Annemarie? Sie heiratet, aber nicht Hans Bötticher, sondern einen Herrn Ruland. Hans ist tief enttäuscht, aber in Briefen gibt er den Gönner. »Nun hast Du Deinen Prinzen, und der Räuber geht wieder in seine Wildnis zurück.« Aber zuerst einmal geht der Räuber nach Berlin. Er wohnt bei dem Tapeziermeister Wilhelm Oertner und seiner Frau Hedwig in der Königgrätzer Straße 77. Der Krieg ist aus. Überall Krüppel, Kranke, Arbeitslose. Ende November fährt Hans nach München, in die Stadt, die ihn zum Künstler hat werden lassen. Vor dem Krieg hat er dort ein Testament gemacht. Jetzt sitzt er in der Wohnung von Tante Michel in seinem alten Zimmer, die Bücher stehen noch da. Das Testament ist nicht eröffnet worden, denn der Soldat Hans Bötticher hat den Ersten Weltkrieg überlebt. Und jetzt sitzt er da in München in der Arcisstraße 46, schlägt die Hände vors Gesicht und weint: »Weil niemand zu mir gesagt hatte: Willkommen in der Heimat.«

Ich suche Sternengefunkel

Der Krieg ist vorbei? Nicht ganz. Der Krieg wird im Lande fortgesetzt von denen, die im Land die Regierungs- und Deutungsmacht erlangen wollen. Spartakisten und Sozialdemokraten beschießen sich auf Berlins Straßen, es kommt zu Pogromen, bei denen die Sozen sich mit den alten militaristischen Kräften zusammenschließen, um den vermeintlich gemeinsamen Feind ganz links auszuschalten. Die Separatisten wollen eine Räterepublik unter der Führung von Karl Liebknecht. Die Sozialisten wollen ein Parlament. Die im Krieg mit Hass genährten Offiziere und der Adel wollen eine Militärdiktatur. Es muss schnell gehen, wenn das vom Krieg gedemütigte Deutschland nicht endgültig in Chaos versinken soll. Am 9. November 1918 ruft Philipp Scheidemann in Weimar die Republik aus. Die Linken halten dagegen, sie bilden Räterepubliken, die in München wird wenige Tage nach der Ermordung des Ministerpräsidenten Kurt Eisner niedergeschlagen. »Wir kommen in die Zeiten des Faustrechts zurück. Die Staatsgewalt ist ganz ohnmächtig«, schreibt Harry Graf Kessler in sein Tagebuch. Handgranaten fliegen auf die Straßen, Verwundete und Tote liegen im Diplomatenviertel zwischen Wilhelmstraße und Pariser Platz. Die Sozialdemokraten wollen, dass die Menschen zu essen haben, bessere Arbeitsbedingungen, bessere Löhne. Die Spartakisten wollen mehr, sie möchten eine neue Staatsidee, eine Utopie, die den kaiserlich-militärischen Irrsinn der vorangegangenen Jahre ersetzt. Aber wo bekommt man Ideen her, wie erhebt man sich zum Kampf für eine bessere Welt, wenn alles am Boden zerschellt ist? Die Kriegslast ist hoch, der Versailler Vertrag verpflichtet Deutschland zu gigantischen Reparationszahlungen.

Am 15. Januar wird der Spartakistenführer Karl Liebknecht verhaftet und im Tiergarten bei einem angeblichen Fluchtversuch von hinten erschossen. Seine Genossin Rosa Luxemburg wird zum Verhör ins Hotel Eden gebracht, wo sie von Mitgliedern der Schützen-Division zusammengeschlagen wird. Anschließend zerrt man sie in ein Auto und wirft sie in den Landwehrkanal. Einen Tag später gibt es im *Theater an der Königgrätzer Straße*, dem heutigen *Hebbeltheater*, eine Premiere: Wedekinds letztes Stück, die Groteske *Musik*, wird aufgeführt. Das ist Berlin in diesen Tagen nach dem Ende des Ersten Weltkriegs. Auf den Straßen brennen die Barrikaden, in den Hinterhöfen erschießen versprengte Militärs die Spartakisten, auch Frauen und Kinder sterben. Und in den Theatern feiert die Boheme den Sieg der Kunst über die Barbarei.

Hans Bötticher, der Wedekind-Verehrer, der im kleinen Kreis des Meisters mit genannt sein will, wie er einmal schrieb, ist nicht unter den Zuschauern. Er hat Berlin verlassen in diesen heißen Januartagen und hat sich in Freyburg an der Unstrut bei der Gartenbauschule Binder zu einem Kursus für Obst- und Gartenbau angemeldet. Es sind dürftige Zeiten, und Hans hat gelernt, dass man solche Perioden mit Eigenleistung und Phantasie am besten überstehen kann. Dass er sich mit Naturdingen auskennt, hat er ja mit seinem Terrarium in Seeheim bewiesen. Was kann es also schaden, sich ein paar Kenntnisse in Landwirtschaft anzueignen? Außerdem ist Freyburg weit weg vom gefährlichen und von Straßenkämpfen umtobten Berlin. Hans wohnt bei einer Schlachterfamilie, hilft sogar beim Sicherheitswachdienst der Bürgerwehr mit und macht sich in der kleinen Stadt ziemlich schnell mit seinen Kaspereien beliebt. Und er hat ja den ganzen Wahnsinn so satt. Die aufgeblasenen Kriegsverlierer, die schon wieder von der großen Revanche träumen; das widerwärtige Gequake von der deutschen Größe, die es nur leider nicht mehr gibt. Aber wer ist schuld an diesem ganzen Irrsinn? Wer kennt die Namen? Die großen Feldherren Hindenburg und Ludendorff treten am 18. Januar vor den Untersuchungsausschuss für Schuldfragen und erzählen die Geschichte vom Dolchstoß, den die Sozialdemokraten den deutschen Generälen verpasst hätten, was zur Niederlage der deutschen Armee beigetragen hätte. Ein erbärmliches Schauspiel, dem Kurt Tucholsky beiwohnt. Er fasst es nicht, wen er da sieht:

Also das hat Deutschland vier Jahre lang regiert! Also das hat vier Jahre lang den Ton angegeben und kommandiert und unterdrückt und gemaßregelt und Weltpolitik gemacht! Also das waren die Heroen eines Volkes, das in ihnen sich selbst verehrte! Also das waren sie! Das? Du lieber Gott.

Einige Jahre später wird Joachim Ringelnatz einen ähnlichen Blick auf diese Männer und ihre Zeit werfen. Etwas weniger harsch als Tucholsky, aber die Verachtung für jene alten Kerle, die das Land in den Abgrund stürzten, ist die gleiche. In seinem Roman ...*liner Roma*... schreibt er: »Wie er neben den adretten Noskitos, Noske-Soldaten, durch die Siegesallee marschierte, und wie sie und er so furchtbar erschraken über den gigantischen hölzernen Nussknacker Hindenburg.«

Hans wohnt mit seinem Hund, dem Foxterrier Frau Werner, bei den Oertners. Er mag die Leute, sie sind fleißig und fürsorglich, sie kümmern sich um Frau Werner und um ihn. Und er schreibt, schreibt, schreibt: Gedichte, Novellen, es sprudelt aus ihm heraus, und es wird immer besser, besonderer, eigener. Im Februar hatte er noch seinen Abschiedsbrief an Annemarie geschrieben, der zwischen Zorn, Traurigkeit, Enttäuschung und ritterlicher Großmut schwankte. Ja, er gönnt ihr den neuen reichen Mann, diesen Ruland, das heißt, er kann sich natürlich die Ironie nicht verkneifen: »Da du aber zu diesem noch einen lieben, geistreichen Freund fandest, der Dich zartfühlend und geschmackvoll in Deiner Kunst und Deiner jungen Menschlichkeit fördert, wie könnte ich Dir solchen Himmel missgönnen?« Das hat gesessen. Zartfühlend und geschmackvoll – wer sollte diese Eigenschaften in Wahrheit besitzen außer ihm, dem Dichter Hans Bötticher? Hat sie denn nicht verstanden, was er ihr mit seiner Liebe sagen wollte? Dass sie in ihm einen Menschen hatte, der sie achtet und die Erinnerung an ihre gemeinsame Zeit in sich tragen wird. Aber er sagt ihr auch, dass er sie als Frau begehrt, immer noch, seine sexuellen Phantasien scheint sie mit ihm geteilt zu haben, jedenfalls die, welche er mit ihr ausgelebt hat, allerdings: »ich habe auch noch einige nicht erwähnenswerte Gedanken in den Trödeltaschen meiner kranken Phantasie«. Welche auch immer das sein mögen, er wird sie mit Annemarie nicht mehr teilen können. Und seine neue Freundin, die sehr junge Leonharda Pieper, muss er erst einmal nach ihren Erfahrungen abtasten. Er wird das tun, er wird das völlig ungeniert angehen. Sie soll ihm schreiben, was sie weiß, und was sie sich vorstellen kann mit einem Mann, »kühn und nackt«, soll sie alles beichten. Im Jahr 1919 wird Hans Bötticher die entscheidenden Schrauben an seiner Biographie drehen. Er wird das Alte abschließen und etwas Neues anfangen; etwas unerhört Neues, eine andere Existenz aus Bürgerlichkeit und veredeltem Künstlertum. Und er wird sich von seinem größten Vorbild lösen, von Georg Bötticher, dem Vater. Er bleibt ihm dankbar für das, was er ihm beigebracht hat, die Verseschmiederei, die Masken, das Pseudonym Leutnant von Versewitz, ja das wird er auch machen, einen witzigen Namen annehmen. Aber einen, den man sich merken wird, weil er so fremd und so schön und so komisch ist, dass ihn jeder im Kopf behalten wird, der ihn einmal gehört hat. Ein Name wie eine Marke, ein Brand, eine Corporate Identity. Am 16. April fährt nach Leipzig und schaut zu, wie die Honoratioren in einer kleinen Feierstunde ein Medaillon für seinen Vater am alten Leipziger Rathaus anbringen. Hans hat einen guten Anzug an, es ist sehr wichtig, was er jetzt macht. Dieses Gedicht hat er geschrieben, er trägt es den Leipzigern vor, er, der Sohn des beliebten Dichters Georg Bötticher, der ein noch viel größerer Dichter sein wird als der Vater:

Noch die Splitter zermalmen wir blutig Gerät.
Sind alle Sümpfe getilgt und Härten.
Dann legen wir Neues an, friedliche Gärten,
Darin aufgehend gedeihe, was ihr noch gesät.

Er hat sich verabschiedet von der alten Garde der Väter mit ihrem gebildeten, aber harmlosen Reimspielereien, die zum Gaudium der gebildeten Stände dienen. Hans Bötticher lebt in Berlin, er geht in die Theater, ins *Romanische Café* und er liest die großen Blätter, die Weltbühne, das *Berliner Tageblatt*. Sie alle werden ihn bald feiern als großen Wundermann der deutschen Literatur. Der Sommer kommt, er schreibt. Er schreibt sich die eiserne Zeit vom Leib, die Jahre des Strammstehens, des verlogenen Deutschtums, des lächerlichen Drills. Der starke Deutsche Mann, der Kriegsheld, der Athlet? Lächerlich! Und er macht ihn lächerlich:

Mein Name ist Murxis, der Kraftmensch genannt!
Meine Nahrung ist Gulasch vom Elefant
In einer Sauce des Stärkemehles.
Meine Heimat ist das Zentrum Südwales.
Upsala!

Und die Frauen? Sind doch genau so dämlich in ihrem postpatriotischen Gehabe. Auch sie tun so, als wären sie Siegerinnen, als hätte nicht der Krieg ihnen die Männer genommen. Nein, auch die Frauen schauen nicht nach vorne, in eine bessere Zukunft, sie machen die Rolle rückwärts:

Deutsche Frau, nun lass dich wieder
Ellengriffs im Schwimmhang nieder.
So, nun Hackenschluss! Und schwinge!
Schwinge! Hurtig rum den Leib!
O, es gibt noch wundervolle
Dinge. Rolle vorwärts! Rolle!
Rolle rückwärts, deutsches Weib.

Nein, so wie diese Reck- und Barren-Walküren wünscht sich Hans Bötticher seine Frau nicht. Seine Frau? Im November 1919 sind sich der ehemalige Matrose und die Bürgermeistertochter Lona Pieper schon recht nahe. Sie ist neugierig auf die neuen Dinge, die da in Berlin vor sich gehen. Sie hat davon gelesen, es soll neue geistige Strömungen geben. Hans reagiert gereizt auf ihre Neugier:

»Neue geistige Strömungen in Berlin«. Warum in Berlin. Berlin hinkt immer Paris nach. Übrigens jede Buchhandlung verschafft Dir Stoff zum Ersticken. Die Zeitschrift Weltbühne lies. Und frage doch Deinen Bruder.

Und dann dieser Satz, den man von Hans Bötticher nicht hören möchte und von Joachim Ringelnatz schon gar nicht:»Hüte Dich Muschelkalk vor dem jüdischen Bluff ›Neu‹«. Ist Ringelnatz ein Antisemit? Es gibt schlimme Sätze in seinen Briefen, diesen mit dem jüdischen Bluff und jenen anderen vom März 1922, als er wieder an Muschelkalk schreibt und ausfällig wird. Dabei ist der Anlass läppisch und die Bredouille, in welcher er sich sieht, eigentlich eine Schmeichelei. Sowohl der Herausgeber der literarischen Zeitschrift *Tage-Buch*, Stefan Grossmann, als auch Siegfried Jacobsohn, der große Chefredakteur der *Weltbühne*, wollen Texte von Ringelnatz und geben sich eifersüchtig. Und Hans schreibt an Lona den elenden Brief:

Ich fuhr heute zu Grossmann, der mir böse (aber nur versuchsweise und erfolglos böse ist), weil ich auch für die Weltbühne schreibe. Er acceptierte Nachtigall notiere das und gab mir das Märchen zurück, gab mir zwei Belegexemplare für»Tagebuch eines Bettlers« und will mehr Beiträge haben. Er wie Jacobsohn sind eben listige Blutsauger und niederträchtige Juden. – –

Was ist das, warum lässt er sich zu solchen Niederträchtigkeiten herab? Ist es der Neid des Zukurzgekommenen vor den Intellektuellen, die, so mag er es sehen, die Macht in den Zeitungen haben, von denen er abhängig ist? Darf er so etwas sagen, weil es allgemein toleriert wird, sich abfällig über Juden zu äußern? Die zwanziger Jahre sind trotz ihrer splendiden Großstadtästhetik und der aufgeklärten Lebensbejahung auch ein Jahrzehnt des Antisemitismus. Der verlorene Krieg, die Legende vom Dolchstoß, den neben den Sozialdemokraten vor allem die Juden in den Rücken des kriegstapferen Kaisers getrieben hätten, der große Einfluss jüdischer Intellektueller auf das Geistesleben der Weimarer Republik, der man bereits das Attribut »verjudet« anheftet, vergiften die Stimmung. Und trotzdem: Es sind diese beiden Stellen, die ein unfreundliches Licht auf Ringelnatz werfen, die Kleinmut des Kleinbürgers, der in solchen Momenten Dampf ablässt. Ein Jahr zuvor hat er seiner Frau noch von einem miserablen Auftritt in Frankfurt mit dem Zusatz berichtet: »Erfolg schlecht. Ziemlich deprimiert. Alle Juden (mein Publikum) sind verreist.«

Aber jetzt und hier im Spätherbst 1919 macht er auch noch der einundzwanzig Jahre alten Loni Piper schwer zu schaffen. Er will sie prüfen, er möchte wissen, was sie schon weiß über Männer, über Frauen, über das »Sexuale«, wie er sagt. Und sie möchte von ihm auch einiges wissen, sie bekommt Zweifel, ob sie an der richtigen Adresse ist bei diesem Mann, der Seefahrt und Krieg hinter sich gebracht hat und eine ziemlich rustikale Einstellung zum Leben und zur Liebe zu haben scheint. Sie fragt ihn, was er von Frauen so hält. Und sie fragt, ob sie vor ihm Angst haben muss. Das ist der Türöffner, jetzt kann er ihr schreiben, was er von ihr haben möchte:

Ich finde in der Frau vorwiegend Tier, daneben etwas – männlichen Geist – und ein Fünkchen Göttlichkeit oder gottverliehene Wunderkraft.

Ja, das Göttliche kann er nicht trennen vom Fleischlichen – alles ist in einer höheren Ordnung aufgehoben, das ist sein frommer Glaube. Und zudem sein Freifahrtschein für sexuelle Eskapaden, denn Gott lenkt ja alles nach seiner göttlichen Weise, wie er in einem Gedicht schreibt. Er schickt diesen ziemlich groben Brief tatsächlich ab. Muschelkalk antwortet ihm nicht. Ist er zu weit gegangen? Er schickt einen Beschwichtigungsbrief hinterher; er korrigiert aber nichts, er nimmt nichts zurück, sondern bittet sie, seinen Brief noch einmal »anders zu lesen«, zu seinen Gunsten, heißt das. Es vergehen noch einmal drei Wochen, bis sie antwortet. Sie weiß nicht, was sie schreiben soll; sie zweifelt an diesem Mann, den sie kaum kennt und der so vieles von ihr will. Sie sagt, sie sei nicht groß genug, um in Gesellschaften zu bestehen – solche, in denen Hans verkehrt. Nachts kann sie nicht schlafen, sie geht aus dem Haus, läuft stundenlang durch den kalten Winter in Rastenburg. Was will sie vom Leben, von der Liebe, was von Hans? Irgendwann weiß sie es: Sie will von ihm lernen. Das Leben, die Liebe und was beides verbindet. Sie hat so viele Fragen. Manchmal sieht sie einen Mann und hat das Verlangen, ihn zu küssen. Ist das pervers?, fragt sie allen Ernstes. Sie fragt es Hans in ihrem Brief, den sie an einem Winterabend Ende Dezember 1919 schreibt. Einmal hat ein Mann sie angefasst, etwas grob am Arm, und ihr etwas ins Ohr geflüstert. »Ich litt darunter, ich wollte mich waschen.« Sie hat bislang für Männer nur kameradschaftliche Gefühle unterhalten. All dies schreibt sie ihrem Hans, der schon ganz andere Pläne im Kopf hat, auch andere Fragen. Zunächst einmal beruhigt er sie in väterlichem Ton. Nein, keine Sorge, einen Mann begehrenswert zu finden, ist ganz in Ordnung, aber auch nicht besonders erwachsen, eher so wie bei kleinen Hunden, schreibt er ihr. »Warum sprechen wir beiden denn just über das und wieder nur über das?«, fragt er rhetorisch, man könnte es auch scheinheilig nennen. Die Antwort gibt er gleich, umständlich, verschwiemelt und alles andere als direkt und unverkrampft: Nur wenn sie sich darauf einigen, Sex zu haben, werden sie ein Paar werden. Und wie bedenkenlos er ihr die Worte umdreht. Sie schreibt: »Ein lüsternes Verliebtsein ist mir widerlich, daß ich oft schlagen möchte.« Hans zitiert diese eigentlich unmissverständliche Stelle und kommt unverstellt zur Sache:

Könntest Du einen Mann schlagen? Könntest Du mich mit einer Ruthe schlagen, wenn ich Dich, zwischen einem schönen Theaterstück und einer ernsten »Weinstunde« (schöner wie neulich) darum bitten würde? – – Oder würdest Du leiden oder mögen, daß ich Dich gelegentlich einmal wie ein unartiges Kind schlüge? Oder wie eine Sklavin demütigte?

Ach, ihre Antwort. Versteht sie nicht, was er meint? Doch, aber sie will es nicht verstehen. »Ob ich dich mit der Ruthe schlagen würde? Nein, Hans, niemals. Das nicht einmal in Gegenwehr.« Und zu seiner anderen Frage: Im Haushalt macht sie sich gerne nützlich, aber wenn er eine Sklavin braucht, soll er zu einer anderen Frau gehen. Und sie schenkt ihm ordentlich ein. Sie ist ziemlich angeekelt von Kerlen, die in Frauen nur Lustobjekte sehen. Sie sagt es mit unmissverständlicher Deutlichkeit: »Mir wäre selbst im besten Fall unerträglich das Lustgefühl des Mannes.« Hans will sie prüfen? Mag sein. Aber Muschelkalk will ihn erst recht prüfen. Sie will wissen, ob er es ernst meint oder nur ein Abenteuer sucht. Und er will eine moderne Frau aus ihr machen, eine, die so ist wie die Frauen in den Bars und Cafés von Berlin, in denen er verkehrt. Die geschminkt sind und Zigaretten rauchen, lesbisch sind, promiskuitiv leben: »Nein, glaub mir's, Muschelkalk, Du siehst noch konventionell ohne es zu wollen, Du bist noch ganz verstrickt in der schmutzigen Wolle mit der die kleinliche Bourgeoisie ihre Kinder umspinnt.« Hier und jetzt im Berlin der Jahreswende 1919/20 beginnt Hans Bötticher sein zweites Leben vorzubereiten. Das Leben eines modernen Schriftstellers, der ganz aufgehen wird in dieser wilden Zeit. Der die Engstirnigkeit der Spießer verachtet, alles Kleinliche und Bürgerliche ablehnt. Er braucht die passende Frau dazu; und er hat in Loni Pieper das Rohmaterial, aus dem er sich diese Frau brennen wird: »Das gute Schmiedeeisen wird nur in einem Feuer gehärtet«, schreibt er ihr. Und sie soll beides sein: seine Vertraute, seine Frau und – eine alte, in vielen Formen und Konstellationen ausprobierte Sehnsucht: eine Fremde: »Guter Kalk«, wird er ihr später einmal schreiben, »sei lieb und dankbar zu mir. Und sei sexuell: *fremdartig eine andere*, viehisch roh oder herrisch zu mir (schauspielerisch), sei dann schamlos, ordinär.«

Es ist dringlich, die Verwandlung muss jetzt vonstattengehen bei ihm und auch bei ihr. Aus Loni Pieper ist Muschelkalk geworden. Sie muss jetzt Butter bei die Fische geben: Er will wissen, was sie von der »Liebe zwischen Frau u. Frau« hält, ob sie die einschlägige Sexliteratur kennt und ob sie ein Kind möchte. Loni lässt sich nicht unter Druck setzen, sie bleibt gelassen, ja sachlich. Wenn er ihr einen Fragenkatalog nach Schema eins zwei drei und vier erstellt, dann trägt sie einfach unter den jeweiligen Ziffern ihre Antworten ein. Sinnliche Liebe zwischen Frauen? »Die Dadaisten haben wohl auch damit zu tun, nach denen ich Dich im Berl. Zug so ungeniert fragte?« Sexbücher? Nein. Aber sie hat was viel Besseres zu bieten: Hanns Heinz Ewers, Gustav Meyrink, Heinrich Mann – daraus hat sie ihr Wissen gezogen. Kind? Noch nicht drüber nachgedacht. Oder doch? Vielleicht sogar genauer als der lebenskluge Hans? »Aber ich habe schon manchmal gedacht: Der Gatte müsste doch der *Mutter* im Wege sein.« Seine Antwort ist hochmütig, blöd männlich, er hält sie für ein naives Ding und sagt ihr das sogar:

Ach ich lächelte, weil Du Kind glaubst, die Menschen zu durchschauen. Und wusstest kaum, dass Frauen (hunderttausende) mit Frauen Erotik treiben, und bringst das mit »Dadaisten« zusammen. O Du niedliche Naivica! Ach, ich möchte mit Dir leben und Dich lehren und Dir Augen öffnen, nicht daß Dir die Welt vergällt würde, sondern, dass Du lerntest durch den Trug das Echte binden, was so spiegelklar und seerein ist. Und hast noch keine erotischen Bücher gelesen.

Seine Marschroute auf dem Weg über die Liebe zur Ehe hat er gut abgesteckt. Es geht nicht ohne Sex, und dann muss dieser Sex auch noch fabulös sein, so wie Hans Bötticher das gewohnt ist – ist er das wirklich? Haben ihn wirklich so viele Frauen alles mit sich machen lassen, was er sich so ausmalt? Wie es aussieht, ist das keineswegs der Fall. Später schreibt er Muschelkalk, dass er mit einer anderen Freundin eine »ähnliche Korrespondenz« geführt habe »über Perversitäten, und da reagierte sie ebenso unwissend und naiv wie Du«. Vielleicht ist das auch nicht so wichtig, denn die sexuelle Freizügigkeit ist für ihn als Aushängeschild bedeutsam, auch wenn er sie in seinem Alltag nicht gar so oft pflegt. Einmal schreibt er in eines seiner Bücher eine Widmung für die »liebe Freundin Anni in herzlicher Erinnerung an gute und schlechte alte Tage«. Darunter hat er eine Zeichnung gekrakelt, die einen hässlichen nackten Mann zeigt, der auf den ausgestellten Hintern einer pinkelnden Frau starrt. Die Skizze könnte eine Illustration eines seiner offenherzigsten Gedichte über erotische Vorlieben sein:

Es drängt mich, dein Pipi zu trinken,
Und sieh, nun trinke ich bereits.
O welch Genuss bei deinem Beinespreiz,
O wie die Wasser hurtig blinken.
Ich möchte ganz darin versinken.
Es ist nicht wahr, daß deine Wasser stinken.

Nun hörst du auf? O pfui, welche Geiz.

Das ist die eine Seite, die geklärt werden muss zwischen Muschelkalk und Hans. Die andere liegt im Feld der bürgerlichen Behaglichkeit, ja sogar des Mütterlichen – für Feldpsychologen ist es vielleicht interessant, ob Hans Bötticher seine Beziehung zu seiner eigenen Mutter kompensiert. Derlei Überlegungen werden allerdings nicht weit führen: Hans hat kein besonders kompliziertes Verhältnis zu ihr, es ist am Ende ihres Lebens sogar recht herzlich geworden. Aber im Januar 1929 schreibt er an Muschelkalk: »Ach, mein Liebling, wie beglückt es mich zu wissen, dass Du mich lieb hast. Wie schön wäre es, hätten wir gemeinsam eine kleine Wohnung, darin du sorgst und waltetest mit Deiner schönen Mütterlichkeit ...«

Hans Bötticher sieht, in welcher Zeit, in was für einer Gesellschaft er lebt. Die noch junge Republik ist alles andere als sattelfest; überall gibt es Straßenkämpfe, die alte Garde möchte immer noch an die Spitze zurück, die Zukunft Deutschlands liegt mehr

denn je im Ungewissen. Am 6. Juni finden die ersten Reichstagswahlen statt. Das Ergebnis zeigt, dass die noch ungelernten Re-
publikdeutschen lieber andere Kräfte über ihr Schicksal walten
lassen möchten als die regierende Koalition aus SPD, USPD und
Zentrumspartei. Die Rechtsparteien DVP und DNVP legen kräftig zu und kommen zusammen auf fast 20 Prozent. Am 21. April, einen Tag nach seinem 34. Geburtstag, gründet Adolf Hitler
in Rosenheim die erste NSDAP-Ortsgruppe außerhalb Münchens.
Rechte Rattenfänger haben Konjunktur. Das ist auch kein Wunder,
denn der demokratische Staat ist wirtschaftlich bereits am Ende.
Die zweite Tranche der hohen Reparationszahlungen kann die Regierung nicht mehr aufbringen; außerdem müssen die eigenen
Sachkosten des Krieges beglichen, Entschädigungszahlungen geleistet und Kriegsanleihen abgegolten werden.

Es gibt kaum Arbeit, auch Hans Bötticher hat es schwer. Er findet zwar eine Anstellung, die ist auch gar nicht so anspruchs-
los. Beim Verlag August Scherl bekommt er eine Stelle als Archi-
var, immerhin eine Arbeit, die er bei den Wartenburgs und den
Münchhausens gelernt hat. Aber Scherl zahlt nicht gut, Hans muss
seine wertvollen Handschriften verkaufen – ebenfalls Mitbringsel
aus seinen Privatsekretärsjahren beim Adel. In seinem Roman ...
liner Roma... erzählt er von dieser Not,»wo doch die Kauflust pa-
rallel und verträglich mit der Preissteigerung ins Unermessliche
wächst. Denn die Leute hasten danach, ihr Geld in Möbeln, Bril-
lanten, Autographen oder im Bauch vor Besteuerung und Weg-
nahme zu schützen.« Er will jetzt nach München zurück, denn
dort gibt es zumindest eine verlässliche Adresse: Kathi Kobus, die
Simplicissimus-Wirtin, hat ihm ein Engagement angeboten – einen
Monat soll er dort für ein einigermaßen solides Honorar seine
Gedichte vortragen. Er weiß noch nicht genau, wo es hingehen
soll mit ihm:»Aber ich meine etwas muss geschehen«, schreibt
er seinem Bruder Wolfgang.»Und schließlich ist eine Portion Le-
bensmut noch immer besser als: in die hohle Hand gepubst.«
Muschelkalk lebt weit weg von ihm, in Rastenburg, immer noch
zu Hause, immer noch das behütete Mädchen, das den viel äl-

teren Mann aus der Distanz beobachtet. Liebt sie ihn? Das kann sie nicht sagen. Aber sie fühlt sich ihm nahe, und sie leistet seinen großen Plänen kaum Widerstand. Es ist aber auch ein kleines Wunder, wie er es schafft, allein mit Briefen eine Nähe herzustellen, die größer ist als bei manchen Paaren, die Tisch und Bett miteinander teilen, wie man es damals schön sachlich ausdrückte. »Nun will ich plaudern mit Dir, als ob du neben mir säßest.« Und das tut er tatsächlich: Charmant, witzig und vor allem: nonchalant, denn es scheint ihm nicht wichtig zu sein, ob sie mitzieht, ob sie das alles überhaupt will. Wichtig ist: Er will es, denn er ist der Strippenzieher seines Lebens, der auf besondere Weise gesegnet ist, so sieht er es jedenfalls: den »Fünkchen Göttlichkeit oder gottverliehene Wunderkraft« sieht er in sich und in ihr. Also, was soll da noch schiefgehen? Außerdem kennt er viele Leute in Berlin, in München; er ist ein Netzwerker, die Zahl der Follower, die er heute auf Twitter hätte, gingen vermutlich in die Millionen. Er will sie heiraten und schon mal alles in die Wege leiten. Als Nächstes wird er einen Brief an Wilhelm Pieper schreiben, den Bürgermeister von Rastenburg, Lonas Vater. Es wird ein Offenbarungseid. Hans Bötticher will dem ehrenwerten Ratsherrn nichts vormachen. Er stellt sich als nüchternen, aufrichtigen Bewerber vor: »Wenn ich Ihnen schriebe: Ich liebe Ihre Tochter. Ich kann ohne sie nicht leben. Ich verspreche dies und jenes ... – was besagt das?« Vermutlich nichts. Also stellt er sich vor, mit allem, was er bislang gemacht hat: die Jahre als Seemann, die Schriftstellerei, die Lehrzeit als Kaufmann, die autodidaktischen Studien bei Biegemann und den Landadeligen und natürlich: der Krieg. Er kann seine Tochter nicht reich machen, schreibt er an den Bürgermeister, aber glücklich. Zum Beweis seiner Sorgfalt legt er noch ein paar Zeugnisse bei. Es ist kein besonders überzeugender Brief, und wer als Vater über das Schicksal seiner Tochter zu entscheiden hat, wird ihn in jedem Fall abschlägig beantworten. Kaum hat er den Brief abgeschickt, fürchtet er, sich »zu klein gemacht« zu haben. Natürlich ist der alte Pieper nicht begeistert, er lehnt eine Heirat ab, allerdings scheint seine Zurückweisung nicht übermäßig deutlich ausgefallen zu sein. Hans fährt jedenfalls entschlossen nach München und klappert die Stadt nach einer Wohnung ab. Ein Unternehmen, das 1920 ähnlich schwierig ist wie knapp hundert Jahre später:»35 000 Menschen suchen hier Wohnung (die meisten davon schon seit 1 bis 2 Jahren)«, schreibt er am 7. Juli an Muschelkalk. Die Zahl dürfte stark übertrieben sein, ein paar Tage später spricht Hans von 3000, aber das ist auch schon eine Menge. Wie schnell sich der Sinneswandel des alten Pieper vollzogen hat, ob Lona mit diplomatischem Geschick das Ihre beitrug, ist nicht mehr nachzuvollziehen. Jedenfalls steht Anfang Juli der Hochzeitstermin fest: Am 7. August wollen die beiden in München heiraten. Es ist der 37. Geburtstag von Hans Bötticher. Und es ist gleichzeitig der erste Geburtstag von Joachim Ringelnatz. Denn so nennt er sich inzwischen. Der neue Name und das neue Leben sind über Nacht gekommen.

Schon im November des Vorjahres schreibt er in sein Tagebuch:»Seit einer Woche Ringelnatz-Gedichte geschrieben.« Und in seinem Fragment gebliebenen Memoirenband *Mein Leben nach dem Kriege* lässt er einen fiktiven A. Peup über sich schreiben:»Im November 19 schrieb ich neuartige Gedichte unter dem Pseudonym Wandelhub.«

Der große Wandel, der den Schatz einer neuen Identität heben soll: Im Jahr 1920 bündeln sich alle Träume, Pläne und Visionen des Hans Bötticher zum großen Projekt, das Joachim Ringelnatz heißt. Der Name ist da, die Frau ist da, die ihn bis ans Ende seines Lebens begleiten, seine Manuskripte abtippen, seine Buchhaltung führen und seine Adressbücher verwalten wird. Und das erste Buch ist da, eine schmale Broschüre, erschienen in Alfred Richard Meyers berühmtem Expressionistenverlag. Es heißt: *Kuttel Daddeldu und das schlüpfrige Leid.* Natürlich beginnt es mit einer kraftvollen Ballade um den betrunkenen und lebensgierigen Seemann, den die Konventionen nicht jucken und der morgens um vier erwacht »Zwischen Nasenbluten und Pomm de Schwall auf der Pier«. Aber es spiegelt sich in diesen Texten auch schon die Not jener Jahre, in denen der Lebensstandard der Menschen in steti-

gem Sinkflug ist, Menschen an den Rand der Gesellschaft rücken,
das Leben freudloser wird. Ringelnatz' Gedicht *Das Geschwätz in der
Bedürfnisanstalt in der Schellingstraße* gibt den Monolog einer Büroan-
gestellten wieder, die drei Mark für die Witwe eines Selbstmör-
ders gespendet hat, obwohl sie selbst nur wenig Geld besitzt. Die
Scham über die eigene Armut ist größer als die Verführung, nichts
zu geben: »Es braucht niemand zu wissen, wodran ich bin/ Ich
habe das Geld meiner Mutter gestohlen.« Ringelnatz konturiert
die Armut scharf und ohne rhetorische Pirouetten. Die Lumpen-
sammlerin in dem gleichnamigen Gedicht wird in der ersten
Strophe mit kollwitzschem Kohlestift abkonterfeit:

Hält sie den Kopf gesenkt wie ein Ziegenbock,
ihre Gemüsenase,
Ihr spitzer Höcker, ihr gestückelter Rock

Haben die gleiche farblose
Drecksymphonie
Der Straße

Mimikry.

Was nun folgt, ist das schonungslose, zynische Porträt einer Ver-
treterin des alten Elends im neuen glänzenden Staat. Speichel und
Rotz und der Gestank von Müll sind die Ingredienzen dieser sozialen Realität, die fragil ist, auf Kante genäht. Wenn sie niesen würde,
stellt sich der Dichter vor, würde sie zerstäuben wie gepusteter Pap-
rika. Die üble Nachrede der Aftermieterin, die einsame Fixierung
eines reichen Mannes, der ein Liebespaar verfolgt, einen Spaten bei
sich hat und in einer stillen Minute den Fußabtritt des Mädchens
aus dem Sand gräbt, um eine Rose darin zu pflanzen – das sind
bitter-poetische Sittengemälde einer Zeit, die den einfachen Leuten kaum eine Chance auf ein einigermaßen würdevolles Leben
gibt. Die Frauen sind aber selten die, in deren Fußabdrücke Männer
Rosen betten. Die Frauen sind die Verliererinnen der großen Zeit

des Krieges, Ringelnatz gibt ihnen in diesen bitteren Texten eine Stimme, zum Beispiel die *Stimme auf einer steilen Treppe*:

Drei Söhne hab ich bei die Ulanen verloren,
Mein Mann fiel aus dem dritten Stock.
Aber – es wird lustig weitergeboren!
Ich habe nur noch den einen, den Umstandsrock.

Macht es mir nach: Werdet schwanger, ihr Weiber!
Alle Weiber müssen schwanger sein.
Dann springen die Männer vor eure geschwollenen Leiber
Links und rechts beiseite und sind ganz klein.

Aller Anfang ist schwer.
Pfeift auf die Fehlgeburten und Missgeburten. –
Wenn nicht immer mal wieder zwei Menschen hurten,
Blieben zuletzt die Wirtshäuser leer,
Gäb's keine Soldaten mehr.

Die Schweinerei ist nun doch einmal Sitte und Brauch.
Gott hat uns Weiber zu Schöpferinnen gesalbt.
Schiebt also trotzig euren geladenen Bauch
Über die Friedhöfe hin. – Und kalbt.

Die Gedichte, die Hans Bötticher zum ersten Mal unter dem Namen Joachim Ringelnatz veröffentlicht, sind ganz anders als die Gesellenstücke aus der *Schnupftabaksdose*. Es sind Texte eines sozialkritischen Autors, der weiß, wovon er schreibt, weil er selbst mitten in der Misere steckt. Die Demütigung durch Ämter (»Das lange Warten auf den Korridoren,/ Das ist so un –, so unwürdig«), die Unwirtlichkeit des eigenen, ärmlichen Zuhauses (»Die Bilder meiner Stube hängen schief./ In meiner Stube dünsten kalte Betten«) – all das hat Hans Bötticher erlebt, ja, er lernt es gerade richtig kennen in München, wo er mit seiner künftigen Frau eine Wohnung beziehen möchte:

Sonntag. Ich bin ganz tot vom Herumlaufen nach einer Wohnung und habe so viel Arbeit schon in den zwei Hauptberufen, dass ich gar nicht mehr weiß, wohin ich mit all den kleineren Pflichten soll.

Ja, er hat einen Job. Bei der Postüberwachungsstelle muss er Briefe aus Österreich auf Geldbeilagen untersuchen. Eine monotone Aufreiß- und Aussonderarbeit, die ihm keine Freude macht, aber seine Grundversorgung sichert: bis zu 600 Reichsmark bekommt er dafür. Abends tritt er bei Kathi Kobus auf, es ist ein aufreibendes Leben und Muschelkalk, seine Lona, sitzt in Rastenburg und hat offenbar keinen Schimmer, wie er sich abrackert für ihre gemeinsame Zukunft. Dieses Mädchen! Er kann es nicht fassen, dass sie ausgerechnet diese große Entscheidung, die sie doch beide getroffen haben, so leicht nimmt. Oder hat nur er die Entscheidung getroffen? Hat Lona einfach nur Ja und Amen gesagt, weil sie nicht genau weiß, was richtig ist und was nicht? Er teilt ihr seine Fassungslosigkeit brieflich mit:

Ja, sag mal, fehlt dir denn ganz das Vermögen, dir vorzustellen wie meine Situation ist. Wir haben doch *hunderterlei* vorher zu besprechen. Ich bin so krank und geschädigt, durch den mir unfassbaren Gedanken, dass du auch nur eine unnötige Minute dort lieber sein könntest als hier, wo ich *jage* und renne und Unmenschliches leiste für *Dich doch.*

Es ist ein bitterer Brief, voller Vorwürfe und Zweifel. Ist sie doch zu jung für ihn? Ist ihre Welt eine ganz andere als seine? Sie gibt sich mit »Backfischen« ab, wie er schreibt. Um seine Freundschaft dagegen »bewerben sich »Hundert wertvolle und interessante Menschen«. Sie scheint nicht zu begreifen, dass sie einen großen, wichtigen Mann heiratet – oder zumindest einen, der sich dafür hält. Schweren Kummer würde sie ihm bereiten, schreibt er, und sie bringe ihn in unfassbar peinliche Situationen, weil er immer wieder neue Erklärungen für ihr Fernbleiben finden muss. Knapp vor der Vermählung die ersten düsteren Wolken, die erste heftige Beziehungskrise! Aber schließlich findet die Hochzeit statt, genau wie Ringelnatz es wollte: am 7. August 1920 in der Wohnung von Margot Fichtner, einer alten Freundin aus den frühen Münchner Tagen. Es ist kein besonders fröhliches Fest, auch wenn Hans den Boden mit den Seidenpapieren bedeckt, die er in der Postmeldestelle den Briefumschlägen entnommen und gesammelt hat. Margot Fichtner beklagt sich bei Carl Georg von Maassen ein paar Tage später über die unschönen Szenen in ihrer Wohnung. Carl Georg von Maassen ist dabei, Reinhard Koester, Hoerschelmann – die ganze Hermetische Gesellschaft, der Verein süddeutscher Bühnenkünstler oder wie immer sich die weinseligen Akademikerspinner einst nannten. Maassen ist zu sehr Gourmet und Stilgott, um die Mittelmäßigkeit des Hochzeitsmahls unerwähnt zu lassen: »Das Essen – von Margot zubereitet – war reichlich, aber wenig gastrophil. Fisch zerkocht u. auch das übrige weniger qualitativ als quantitativ ausreichend.« Aber das mäßig schmackhafte Essen ist nicht der Grund für den trüben Verlauf des Festes. Alte Rechnungen werden beglichen, lang verschleppte Verbitterung schafft sich Luft, Ringelnatz demütigt seine Mutter, die ihm die Eheringe von sich und Georg überreicht. Ringelnatz wirft sie im Zorn auf den Boden, er hat sich Geld erhofft von der Frau, die doch in sehr bescheidenen Verhältnissen lebt. Ottilie Bötticher ist so entsetzt über den Egoismus ihres Bruders, dass sie weinend das Fest verlässt. Und die Gastgeberin lässt er auch noch auf der Weinrechnung sitzen. Maassen urteilt gnadenlos über seinen Freund Bötticher:»Ich habs doch immer geahnt, wo der Schmutz außen sitzt, sitzt er auch innen.« Das ist ein böses Wort. Einen Tag danach richtet Kathi Kobus einen Ehrenabend für ihren Hausdichter und dessen junge Frau aus. Es mag ein unrühmlicher Beginn dieser Ehe sein; aber Ringelnatz und Muschelkalk machen das Beste draus. Sie sind einander verschworen, auch wenn er eine ganze Schönheitengalerie in seinem Repertoire hat, auch wenn die Freunde zweifeln und argwöhnen, ob der alte, vom Leben

gebeutelte Lebemann und die junge lebensunerfahrene Frau aus
Ostpreußen für ein gemeinsames Leben gemacht sind:

> Sie machen einem gar die Liebe schwer
> Ich liebe doch und liebe viele sehr.
> Und hab ich mich mit einem M verschworen,
> Wir schwuren's nie. Und jeder kann das tun.
> Nun lasst doch jede Untersuchung ruhn!!
> Ich bin so glücklich für mein M geboren.

Muschelkalk sieht das ähnlich unerschüttert wie ihr frisch ange-
trauter Mann. Obwohl sie schon einen knappen Monat nach ihrer
Hochzeit ganz alleine in der fremden Stadt sein wird. Die Karriere des Joachim Ringelnatz duldet keinen Aufschub. Die zwanziger Jahre sind seine große Zeit, von der ersten Minute an wird
er sie auskosten. Schon Anfang September schreibt er ihr wieder
aus Berlin. Hans von Wolzogen, der große Impresario des bedeutendsten deutschen Kabaretts, hat Ringelnatz engagiert. Für 5000
Mark Gage tritt der Hausdichter des Münchner *Simpl* Hans Bötticher jetzt im *Schall und Rauch* auf: als Joachim Ringelnatz.

Wir sind oft unbefriedigt,
weil wir übersicher witzeln

Eigentlich hätten die Jahre nach dem Ersten Weltkrieg große Jahre für das deutsche Kabarett sein müssen. Die Zensur gibt es nicht mehr, Berlin hat ein kritisches, ironiebegabtes Publikum und zudem eine Menge guter Autoren, Schauspieler und Sänger, die eine neue Art literarischer Bühne beleben könnten. Aber es passiert etwas anderes, etwas Einfacheres und vielleicht auch sehr Menschliches: Die Kabarettbühne wird zum Varieté, zur unverbindlichen Abendunterhaltung, eine Sache für Nummerngirls und schmierige Conférenciers, die Witze darüber machen, dass früher alles billig war und heute alles teuer.

Aber irgendwann tritt dann doch, wie immer in guten Märchen, ein Theater-Prinz auf die Bühne, einer, der die unterforderten Berliner mit einem satirischen Funkenregen befeuern wird. Max Reinhardt hat kurz zuvor sein *Großes Schauspielhaus* am Weidendamm eröffnet, mit Aischylos' *Orestie* – große Besetzung: Ernst Deutsch, Ferdinand Gregori, Paul Hartmann und Lia Rosen stehen auf dem Premierenplan. Ein paar Tage später eröffnet Reinhardt im Untergeschoss des frisch gegründeten Theaters seine Kleinkunstbühne, das neue *Schall und Rauch*. Zwanzig Jahre zuvor hat Reinhardt sich schon einmal eine Brettl-Bühne mit diesem Namen geleistet, allerdings war diese eine Art witziges Korrektiv des eigenen Betriebes mit Parodien und literarischem Firlefanz – das kam bei den gebildeten Ständen ganz gut an; aber jetzt ist die Zeit eine andere. Alle sind durch das Fegefeuer des Krieges gegangen, das die Lebensläufe der Menschen wenn nicht verbrannt, so doch ziemlich angesengt hat. Diese neue Lage gilt es auf der Kabarettbühne widerzuspiegeln. Und die richtigen Leute sind schnell gefunden. Der fast zeitlebens sterbenskranke, unruhige und in allen dichterischen Formen dilettierende Klabund mit seinen Moritaten und lyrischen Entladungen. Der als Hinterhofbänkelsänger daherkommende Paul Graetz trägt die Verse Kurt Tucholskys vor, Friedrich Hollaender schreibt die Musik dazu, und die Texte, die Tucholsky trotz seiner fünf PS nicht schreiben kann, werden von Walter Mehring geliefert, der gemeinsam mit Hollaender das Eröffnungsstück für *Schall und Rauch* schreibt, die ätzende Revue *Einfach klassisch*, eine fulminante Ohrfeige für das Bildungsbürgertum. Es werden Filme gezeigt, der erste Versuch einer multimedialen Kunstperformance! Mehring, der virtuoseste, vielleicht immer ein wenig zu artistisch schreibende Chansonlyriker, behauptet, er sei es gewesen, der Ringelnatz im Münchner *Simpl* entdeckt und Hans von Wolzogen empfohlen habe.

Sicher ist jedenfalls, dass sich Mehring schon gleich nach Ringelnatz' Ankunft in Berlin an dessen Fersen geheftet hat. Am 2. September lässt er sich von ihm Gedichte diktieren, die er für einen Aufsatz über Ringelnatz benötigt, der in der *Weltbühne* erscheinen soll. Es scheint aber nichts daraus geworden zu sein, zumindest ist der Artikel nicht aufzufinden. Ringelnatz dürfte es egal gewesen sein, denn sein Monat bei *Schall und Rauch* läuft auch ohne Werbetexte ziemlich vielversprechend an. Abend für Abend steht er auf der Bühne und spielt die Sachen, die er in seinem Repertoire hat. Für die *Turngedichte* hat ihm die Direktion extra einen Barren zimmern lassen, damit er zu den Texten auch performen kann. Und den *Kuttel Daddeldu* natürlich, wie er sein Lied an die feste Braut singt:»Mary, mach mal deinem Daddeldu/ Die Hosentür zu. /Ich habe noch immer die graue Salbe von dir,/ Das ist egal; das ist auch ein Souvenir.« Ja, das wollen die Leute hören, das Derbe eines Ringelnatz neben der fein sezierenden Zeitkritik eines Tucholsky. Aber er macht auch Bekanntschaft mit dem anderen, patriotisch gestimmten Teil des Publikums, das in diesem Künstler den Feind der deutschen Volksseele ausmacht. Er wird ausgepfiffen, als er seine *Turngedichte* vorträgt. Bei dem Gedicht *Klimmzug* springt ein Mann auf und verlässt schimpfend den Saal, wobei er ein *Palmenzweige* betiteltes religiöses Pamphlet von sich wirft. Abends sitzt Ringelnatz in seinem Zimmer, in Unterhosen, isst sein Butterbrot und liest die Kritiken zum *Schall und*

Rauch, in denen sein Name nicht einmal beiläufig erwähnt wird. Aber er wird andernorts auch gefeiert, und dass sein Publikum nicht mehr die nonchalante Schwabinger Boheme ist, dafür sorgt Max Reinhardt, der sich doch lieber um sein großes Theater kümmert und das Brettl seinem Freund Hans von Wolzogen überlässt.

Der 11. September 1920, ein Samstag, ist ein perfekter Tag für ein volles Haus. Aber eben auch eine Bewährungsprobe für einen Brettl-Neuling wie Ringelnatz. Wolzogen hätschelt ihn, keine Frage; er sagt ihm jeden Abend, wie großartig er ihn findet; und an diesem Samstagabend hat er dafür gesorgt, dass ein besonderer Gast im Publikum sitzt: Paul Wegener, der große Berserker des expressionistischen Films. Wegener hat eigentlich keine Lust, sich abends auch noch in einen Theaterstuhl zu zwängen, er sitzt lieber in der Bierstube und unterhält seine Stammtischrunde mit großen Geschichten aus seinem großen Leben. Dass er an diesem Septemberabend das *Schall und Rauch* trotzdem beehrt, hat einen besonderen Grund: »Ich komme in eure alte Scheißbude nur wegen des Ringelnatz, der soll so gut sein«, lässt er den Direktor und Spielleiter wissen. Und dann fläzt sich der mächtige Mann in die Reihe und will wissen, ob das stimmt, ob der Typ da vorne wirklich gut ist. Ringelnatz weiß, wer Paul Wegener ist. Er weiß, dass dieser Mann keine zarten Tiergedichte hören möchte, nichts über Liebe, jedenfalls nichts über die romantische. Aber so Sachen wie die mit Mary, der Hosentür und der Salbe gegen den Juckreiz, das könnte passen. Also ändert Ringelnatz sein Programm in Daddelduisch, wie er sagt. Und Wegener kriegt sich nicht mehr ein. Er lacht, er holt sich den dürren Vogel an seinen Tisch, schenkt ihm Sekt ein und sagt ihm »dickste Schmeicheleien«. Und er verspricht ihm, wiederzukommen. Es sieht gut aus, bald könnte Ringelnatz ein berühmter Mann sein. Zumal Paul Wegener wirklich wiederkommt, aber nicht alleine. Diesmal bringt er eine Frau mit, nicht irgendeine, nein, eine sehr berühmte Frau: Asta Nielsen. Ringelnatz erfährt es noch vor seinem Auftritt, zum Glück, denn nur so kann er sich auf die große Schauspielerin angemessen vorbereiten. Asta Nielsen, die gerade als Mata Hari in den Kinos zu sehen ist, bringt ihre ganze Familie mit ins *Schall und Rauch*: ihren Mann Gregori Chmara und die gemeinsame Tochter Jesta. Paul Wegener hat sie mit seiner Begeisterung angesteckt, und jetzt sitzt sie da und sieht diesen unwahrscheinlich kleinen und mageren Mann auf die Bühne kommen. Was ist das? Eine Maskerade, eine Karikatur, von John Heartfield entworfen oder von George Grosz, der ja auch die übrige Dekoration für *Schall und Rauch* macht? Sie schaut ihm zu, wie er da steht, im Matrosenkleid, die Brust halb frei; aber was ist das da auf seiner Brust? Eine Tätowierung, ein blaues, von einem Pfeil durchbohrtes Herz, und mitten in diesem Herzen steht ihr Name: Asta. Dieser Wahnsinnige. Sie schaut ihn an, diesen Vogel, seine nach allen Seiten greifenden Hände, und wie dieses Gesicht plötzlich zu einem eigenen Theater wird: Er lässt die Lippen beben, wie es Menschen tun, die urplötzlich von etwas angerührt sind; und dann schaut er ins Publikum mit seinen großen dunkelblauen Augen, »die so schön waren, wie ich es kaum jemals erlebt habe«, erinnert sich Asta Nielsen. Sie lernt ihn näher kennen an diesem Abend, nach der Vorstellung. Und sie erlebt ihn mit anderen. Alle wissen, wer er ist, alle wollen mit ihm reden, aber er will keineswegs mit allen zu tun haben. Wer ihm nicht passt, wird abserviert, kalt, schroff, beleidigend. Er kann das gut, und er ist nicht zimperlich damit, auch Leute anzurempeln, die einen Namen haben. Carl Zuckmayer hat das einmal erlebt und in seiner Autobiographie geschildert, wie er Ringelnatz nach einem seiner Auftritte angesprochen hat und der ihm im breitesten Sächsisch zu verstehen gab, dass er nur sehr wenig von Leuten wie ihm hält. »Sie sind auch einer von diesen Naturdichtern«, soll er ihm gesagt haben, und dass ihn Naturdichter ankotzen, weil ihm eine Flasche Wein als Naturerfahrung völlig ausreiche. Aber Asta Nielsen wird ihn als liebevollen Freund kennenlernen, und sie werden bis zu Ringelnatz' Tod eng verbunden bleiben. Sie lädt ihn und Muschelkalk immer wieder ein, die Sommer auf Hiddensee zu verbringen, der kleinen langgestreckten Ostseeinsel, auf der auch Gerhart Hauptmann residiert. Asta Nielsen hat sich dort ein Häuschen gekauft, das sie »Karusel«

nennt. Ringelnatz stürzt sich nackt ins Meer, sammelt Steine, bastelt lustige Figuren und schreibt Verse an Asta und einige andere Frauen, in die er sich verliebt – das geht immer recht schnell bei ihm. Auf Bildern aus jenen Jahren sehen die beiden aus wie ein glückliches Ehepaar; sie sitzen gemeinsam am Kaffeetisch, Ringelnatz mit grauer Flanellhose und knapper Sommerjacke liest ihr aus seinem Notizbuch vor. Asta hält die Hand mit der Zigarette an die Wange, sie ist hingerissen von diesem Mann, diesem Künstler, der ihr das Haus umgestaltet mit seinen aberwitzigen Einfällen: »Auf dem Schaukelpolster wiegen/ Sich zwei Künstler deutsch umschlungen.« Im Gedicht meint er Asta Nielsen und Grischa Chmara. Aber in Wahrheit meint er auch Asta und Ringelnatz, der Fremde, der mit der Fremden auf seine eigene Weise deutsch sein kann. Er wird ihr einige seiner schönsten Gedichte schreiben, und er wird ihr einen seiner zauberhaftesten Freundschaftsnamen schenken: Große Barfußmädchenseele. Aber jetzt und hier im September 1920 knüpft Joachim Ringelnatz einen großen Teil der Kontakte und Freundschaften, die für seinen Erfolg immens wichtig sind. Im *Schall und Rauch* trifft er seinen Verleger Alfred Richard Meyer, »der ganz anders aussieht als ich dachte und kein Jude ist«. Er trifft den populären Schauspieler Alexander Granach und bittet ihn, sich für sein Theaterstück *Fäkalie* einzusetzen. Das klappt nicht, wie wir wissen. Und wie wir ahnen: Es wird besser so gewesen sein, denn die Stücke von Ringelnatz sind in ihrer Qualität sämtlich wie der erwähnte Titel.

Berlin ist für den Künstler Ringelnatz wichtig, aber der Ehemann muss sich aus der Ferne um die Zukunft in München kümmern. Muschelkalk und er haben immer noch keine gemeinsame Wohnung. In der Georgenstraße gibt es eine, aber es steht in den Sternen, ob die Besitzer sie an ein junges Ehepaar ohne geregeltes Einkommen vermieten werden. Sie in München, einsam ohne Arbeit, ohne Freunde und immer darum besorgt, genug Geld für Kohlen zu haben und die Wohnungssuche zum Erfolg zu führen. Er dagegen in Berlin, ein Star und vielleicht längst auf einer anderen Spur, in die sie nicht eintreten darf. Nein, er schreibt immer wieder, wie er sich nach ihr sehnt. »Und vor allem: Gutes liebes Muschelkalk, hab keine Furcht vor mir! Bitte bitte! Und ich habe schon jetzt soviel Blüten aus Deinem Land gepflückt. Dass ein schöner Strauß dasteht.« Ja, er ist wirklich ein Star geworden und sein Engagement wird über den Jahreswechsel hinaus verlängert. Aber ihm werden die Auftritte in diesem immer chaotischer organisierten Theater allmählich zu viel. Nichts klappt, eine große Gala wird zum Planungs-Desaster, und er hat immer deutlicher das Gefühl, dass das »heruntergekommene Institut«, wie er das *Schall und Rauch* nennt, wohl nicht mehr lange bestehen wird. Einige sind ja auch schon weggegangen, Klabund hat im *Theater des Westens* ein Cabaret gegründet, auch Tucholsky wird bald entnervt die Brocken hinschmeißen, Plakate werden auch nur noch in kleiner Zahl gedruckt: »Auch ein Zeichen des Niedergangs«, schreibt er an seine Frau. Der Buhmann ist Walter Mehring, der sein eigenes Süppchen kocht, eigene Leute engagiert und Wolzogen an den Rand drängt.

Ringelnatz bringt es schön gnadenlos auf den Punkt: »Der schlappe Wolzogen in den Klauen der Mehring'schen Sippe weiß keine Chancen auszunutzen.« Aber er bleibt dabei, er will diesen ersten großen Erfolgsort nicht verlassen, ehe dieser komplett verödet ist. Das scheint im Januar 1921 allerdings bereits der Fall zu sein; Reinhardt vermietet die Räume längst privat für Filmbälle und an zahlendes Publikum. Künstler und Direktion haben sich nichts mehr zu sagen, das Publikum wird immer miserabler. Ringelnatz schaut sich nach anderen Auftrittsorten um, überlegt, nach Wien zu gehen, jedenfalls fort aus diesem Kabarett, von dem nach nur einem Jahr höchstens noch der Rauch übrig ist. Aber er hat ja einen Namen in Berlin, und er bekommt Einladungen, auf privaten Veranstaltungen vorzutragen. Er lernt Schauspieler, Agenten und Kulturmanager kennen. Und er macht Bekanntschaft mit der neuen Berliner Gesellschaft, dem Nachkriegspublikum, »z. Teil recht blasierte bezw. übersättigte Menschen u. ich sah wieder einmal den Ausgleich, dass die fetten Reichen keine Freuden und Genüsse haben.« Ja, er hat es satt, er leidet unter dieser kunstfernen Stimmung und seine Kunst leidet auch. Er vernachlässigt sein Bühnenkostüm, verzichtet auf die Tätowierung – die ja keine echte ist, sondern vor jedem Auftritt auf die Brust gemalt wird – und leiert seine Gedichte runter. Wolzogen will die Bühne nur noch bis Februar bespielen. Keiner trauert ihr nach, auch Ringelnatz nicht, denn er hat in diesen drei Monaten sehr viel erreicht:»Ich bin kolossal populär geworden«, schreibt er, in der Straßenbahn zeigen Leute auf ihn und sagen: Das ist doch der Ringelnatz.

Aber die Popularität ist nur die Glanzseite einer sonst eher trüben Zeit. Die Inflation schreitet voran, Wohnungen sind Mangelware, immer mehr Menschen sind obdachlos, die Reichen werden fetter, die Armen ärmer, das hat Ringelnatz in Berlin gut erkannt. An seinen Freund, den *Simplicissimus*-Chefredakteur Peter Scher, schreibt Ringelnatz einen Brief, in welchem er seine aktuelle Misere beschreibt,»vor allem die Wohnungssuche, die gewiss nicht durch mein Angstgebet gelöst werden wird. Auch schreibt Muschelkalk heute daß mich die Kriminalbehörde wegen der Riesendame in München erwartet. Ekelhafte Schweinereien.« Das Gedicht *Die Riesendame der Oktoberwiese* feiert die Sensation Emmy, die als dickste Frau der Welt vor die begeisterten Zuschauer tritt, und die Ringelnatz in ihrer barocken Pracht gewohnt unverstellt schildert:»Hilflose Vorderschinken hingen/ Herunter, die in Würstchen übergingen./ Und als sie langsam wendete: – Oho! –/ Da zeigte sich der Vollbegriff Popo/ In schweren erzgegoßnen Wolkenmassen.« Die satte Feier der Üppigkeit an sich wäre schon geeignet gewesen, den Unmut der Sittenwächter hervorzurufen; aber dass sich am Ende der Ballade der Elefant nähert»Und sagte: Emmy, schwerste Frau der Welt, Darf ich um einen kleinen Beischlaf bitten?«, erfüllt nach Gesetzeslage den Aufruf zur Sodomie. Ringelnatz passiert es oft genug, dass sich die Behörden berufen fühlen, ihn wegen mangelnden lyrischen Anstands abzumahnen. Ringelnatz selbst ist klug genug, dergleichen in probate Werbemittel umzuwidmen. Wenn die geizige Kathi Kobus, die nichts so fürchtet wie Geldstrafen, ihren Hausdichter auf Knien bittet, die *Riesendame* nicht vorzutragen, treibt er sein grausames Spiel mit ihr. Wenn er sie ärgern will, rezitiert er die Liebesgeschichte von Emmy und dem Elefanten, will er Kathis Nerven schonen, lässt er die *Riesendame* vor der Tür. Aber derlei heitere Zwischenspiele sind eher selten in diesen Tagen.

»Es ist eine trübe Zeit in Deutschland«, schreibt er Ende Februar 1921 an Muschelkalk. Er muss annehmen, was ihm an Angeboten ins Haus flattert; die Auftritte werden zahlreicher, sind aber allesamt schlecht bezahlt. Er feilscht, bittet Muschelkalk, wichtige von unwichtigen Angeboten zu trennen und ihm telegrafisch zu melden, was sich lohnen könnte. Immerhin: Sie haben jetzt endlich eine Wohnung gefunden, im schönsten Schwabing, Hohenzollernstraße 31a, in einem Gartenhaus im Hinterhof. Schwer zu sagen, ob es Ringelnatz selbst war, der die Legende schuf und aufrechterhielt oder ob sie sozusagen von treusorgenden Biographen erfunden wurde – die Rede ist von Ringelnatz und Muschelkalks Status als Schwarzmieter. Ein Blick in den amtlichen Meldeschein verrät aber, dass Ringelnatz sich auch in der Hohenzollernstraße ordnungsgemäß angemeldet hat, und im Münchener Adressbuch des Jahres 1923 findet sich der Eintrag: Bötticher, Hans, Schriftsteller, Hohenzollernstraße 31 a. GG – das steht für Gartengebäude. Oft hieß es, das Haus sei im Krieg zerstört worden. In Wahrheit aber steht der Altbau immer noch an Ort und Stelle, und wenn man durch den langen Torgang in den Hinterhof schreitet, sieht man auch heute noch das Gartenhaus in seiner alten Pracht. Im ersten Stock hatten Ringelnatz und Muschelkalk ihre mit Nippes und alten Möbeln eingerichtete Wohnung.

Aber noch geht es für Ringelnatz nicht zurück nach München zu seiner jungen Frau. Er bleibt in Berlin und reist von dort in seine Tourneestädte, nach Breslau, nach Stettin, nach Wien. In der Reichshauptstadt findet er Anschluss an die Zentren der zeitgenössischen Kunst und Literatur. Im *Romanischen Café* beim Zoologischen Garten ist er Stammgast; er lernt Theodor Däubler kennen, Kurt Tucholsky, den Galeristen Flechtheim, der für ihn später eine wichtige Rolle spielen wird, und Else Lasker-Schüler, die er einmal sogar um einen »Beischlaf zwecks näheren Kennenlernens« bittet – ohne Erfolg offenbar. Die junge Weimarer Republik nähert sich mit großer Geschwindigkeit der Staatspleite. Das geht so weit, dass die Reichsregierung die teilweise Auflösung des Heeres beschließt – eine brandgefährliche Provokation der alten Militärs, die ohnehin noch wie kranke Hunde am Knochen der Kriegsniederlage kauen. Gleichzeitig organisieren KPD und USPD einen landesweiten Generalstreik, schlagen die Freikorps-Armeen der alten Militärs mit ihren Arbeiterwehren im Ruhrgebiet. Zuvor haben der Infanteriegeneral Walther von Lüttwitz und der Ministerialbeamte Wolfgang Kapp versucht, die Regierung zu stürzen. Ein paar Tage ist Kapp sogar Reichskanzler, sein Regime bricht aber bald zusammen, weil sich die Mehrzahl der Ministerialbeamten der Regierung von Reichskanzler Gustav Bauer verpflichtet fühlen.

Im März 1921 weist der Reichsetat ein Defizit von insgesamt 46,8 Milliarden Mark auf, wenige Tage danach besetzen französische Truppen zum ersten Mal die Rheinhäfen Düsseldorf, Duisburg und Ruhrort, weil die deutsche Regierung die Zahlung der Reparationskosten schuldig bleibt. Die Unruhe im Land wächst, in Sachsen organisieren die Kommunisten einen Aufstand, in Hamburg legen sie den gesamten Hafen lahm und besetzen die große Werft Blohm & Voß. Am 24. März verhängt Reichspräsident Friedrich Ebert den Ausnahmezustand über Sachsen und Groß-Hamburg. Ringelnatz gibt an seine Frau die Parole aus: »Es heißt sparen auf Teufel komm raus.« Aber er kratzt genug Geld zusammen, damit sie nicht ins soziale Elend abrutschen. Er teilt es ein, beruhigt Muschelkalk, dass sie versorgt sei, sollte ihm etwas zustoßen. Und er singt das Lied ihrer Liebe, ihres inneren Reichtums, wie er schreibt, der nur noch dadurch einen Zugewinn an Glanz bekommen könnte, dass Muschelkalk ihn auch sexuell mehr und mehr versteht: »in meiner phantastischen Perversität, oh du Goldblatt, dann haben wir doch ein Paradies. Du weißt schon, dass ich das Rohe, Brutale, Demütigende u. in einer absurden Form (Kuhmagd-Kuh) und das Schmutzige liebe.« Es kann gut sein, dass Ringelnatz in seinen Monaten in Berlin eine Menge von der neuen Sexualmoral – ein Modebegriff der frühen zwanziger Jahre – mitbekommen hat. Es gibt eine Flut an Aufklärungsschriften zur Verhütung, Vorträge über weibliche Sexualität, der Sexualitätsforscher Magnus Hirschfeld eröffnet bereits 1919 eine Sexualberatungsstelle. Ringelnatz ist also mit der unverstellten Artikulation seiner Bedürfnisse im Trend der Zeit. Ein anderer Trend geht ebenfalls nicht spurlos an ihm und Muschelkalk vorüber: die rasante Abwärtsentwicklung der deutschen Wirtschaft, deren Folge Verelendung und Klassenspaltung sind.

Es ist das Elend des Künstlers Joachim Ringelnatz, dass sich sein zunehmender Erfolg nicht in barer Münze niederschlägt. Das Geld ist nicht da, nirgends. Wer etwas hat, gibt es nicht mehr unbedingt für Varieté und Kabarett aus, sondern spart – wie es Ringelnatz und Muschelkalk ja auch tun. In diesen harten Jahren beginnt Ringelnatz seinen Blick für die Wirklichkeit zu schärfen. Er nimmt die Veränderungen im täglichen Leben wahr, die Verrohung, die steigende Kriminalität. Kriminalpsychologen führen die Zunahme der Verbrechen in den Großstädten auf die Gewalterfahrungen des Krieges zurück. Aber es sind natürlich auch Not und Armut, die immer mehr Menschen zu Kriminellen werden lassen. In seinen *Reisebriefen eines Artisten* beschreibt Ringelnatz ein solches Ereignis, knapp rubriziert unter »Berlin, Dezember 1923«:

Guten Morgen, Liebling, gestern nacht
Hat ein Kerl mich überfallen,
Wollte mich niederknallen,
Schrie: »Geld her!« und schoss.
Ich habe ihm fünf auf den Schädel gekracht:

Hammer auf Am-bam-bam-bam-boss.
Das hat mein Haustürschlüssel gemacht.

Das organisierte Verbrechen erlebt seine Blüte im Jahr 1923. Die Gesetzesbrecher stammen aus allen Schichten der Gesellschaft; Hungernde liefern sich Straßenschlachten mit der Polizei. In sogenannten ›Ringvereinen‹ bereiten Männer ihre nächtlichen Raubzüge vor, grausame Morde sind an der Tagesordnung. »Und Kugeln singen in der Nacht«, schreibt Ringelnatz in seinem Gedicht *Wirrsal*, das mit den Versen beginnt: »Und immer wieder steigt von Zeit zu Zeit/ Das Glück zu hoch und sackt das Leid zu tief./ Und dann erwacht,/ Was man gewaltsam totgemacht/ Oder was kraftlos dumpfe Unwahrscheinlichkeiten schlief.« Die unheilvolle Entwicklung, die sozialen Brüche dieser Zeit lassen Joachim Ringelnatz zum politischen Schriftsteller werden. Er beginnt ein literarisches Experiment, einen Montageroman, der die zersplitterte Gesellschaft in dunklen, kalten Bildern spiegelt. Er nennt dieses schwarze Panorama ...*liner Roma*..., abgeleitet von dem damals aufkommenden Genre der »Berliner Romane«, die, so scherzt er, keinen ordentlichen Anfang und kein rechtes Ende hätten. Aber es geht ihm nicht um die kabarettistische Pointe, nicht um das Wortspiel, das geistreiche Bonmot.

Jedem der zwölf kurzen Kapitel ist eine fragmentarische Zeitungsnotiz vorangestellt, einige davon berichten von den täglichen Verbrechen in der Großstadt: »Mordkommission stellte Raubmord fest und beschlagnahmte einen Regenschirm und einen Handkoffer, der modernstes Einbrecherwerkzeug enthielt. Eine Belohnung von 10 000 Mark ist ...« Oder dies hier: »– zusammengebundene Leichen, die gestern aus der Spree gelandet wurden, als die Zwergin Kosanko aus der Skalitzerstraße 210 und der wegen Sittlichkeitsverbrechen mehrfach vorbestrafte Rechnungsrat B. rekognostiziert«. Das ist die Folie, auf der Ringelnatz seine Erzählung sich entfalten lässt. Die Figuren dieses Romans sind einsame Gestalten, die kaum in Beziehung zueinander treten. Gustav ist der undeutlich gezeichnete Protagonist, er heißt wie sein Autor mit Zweitnamen, und er besitzt die gleichen Erfahrungen und fühlt die gleiche Unruhe in sich wie der Autor: »Gustav trägt einen der unzähligen revolutionären Teufel in sich, der immer heraus will, um im Wahne einer objektiven Gerechtigkeit zu protestieren, manifestieren, opponieren.« Ja, diesen Teufel kann sich Gustav, kann sich Hans Bötticher, kann sich Joachim Ringelnatz an die Wand nageln. Er wird gezähmt durch die bleierne Zeit, in der jeder des anderen Feind ist; in der die schlecht verdienenden Schwerstarbeiter aus den Fabriken in die Suppenküchen schwärmen; in der die Männer, die im Krieg waren, keinen Fuß mehr auf den Boden bekommen, auch weil sie keine intakten Füße mehr haben: »Sie legen verkrüppelte Beine über das Trottoir, und die Luft trägt ihre Gesänge wie lampiongeschmückte Ruderboote dahin.« Es ist ein radikales Buch, das Ringelnatz in den Jahren 1919 bis 1923 niederschreibt, ganz anders als alle anderen Texte, die er in seinem Leben aufs Papier bringt. ...liner Roma... ist die Dystopie einer in den Abgrund rutschenden Großstadtwelt, kalt, von menschenfeindlicher Technik angetrieben, und über allem liegt die tägliche Gewalt, die vom traumatischen Erlebnis des Krieges befeuert wird. Aber hier in dieser sinnlos rotierenden Metropole kämpft jeder allein: »Jeder auf seine Art, eingestimmt, die kriegsverhärteten Herzen zu schmelzen.« Es ist ein großes Wunder, wie Ringelnatz, der Nacht für Nacht seine heiteren und gepfefferten Verse in den Kabaretts vorträgt, eine solche sperrige, sich selbst verschlingende Prosa schreiben kann. Auch seine Sprache ist mit einem Mal völlig frei von jenen Manierismen und Umständlichkeiten, die man noch in seinen besten Erzählungen findet. Sein Held Gustav Gastein ist selber Dichter. Er findet bei einer nächtlichen Bootsfahrt ein von Gänsen angefressenes Paket mit Druckbögen einer Kolportageschrift, immer wieder die Seiten 22 bis 29. Er will selbst einen Roman schreiben, der ...liner Roma... heißen soll – diese literarische Grundidee weist weit über die gängigen Schreibsysteme jener Zeit hinaus, heute würde man solche Referenzspiele mit Autor und Text postmodern nennen. Selbst die Schwierigkeit des Textes, seine Rezeption, kommt zur Sprache, wenn Gustav fragt:»Miezko, lasest du mein Manuskript?« Und die Freundin antwortet, wie auch Muschelkalk sich geäußert haben mag:»Ja, manches verstehe ich nicht.« Manches, das den Schriftsteller Gustav bedrückt, beschäftigt auch den Schriftsteller Ringelnatz:»Man hat sein Drama abgelehnt« – ja, richtig, das Stück *Fäkalie* will niemand drucken. Gustav schreibt »traurige Gedichte« – auch die Lyrik von Ringelnatz büßt in jenen angespannten Tagen ihre Leichtigkeit ein. Berlin, das er in seinen letzten Lebensjahren als einzig möglichen Lebensort feiern wird, kommt ihm jetzt, im Jahr 1923, lebensfeindlich vor, eine viel zu rasante Stadt, die wie eine Riesenwelle alles mit sich reißt und nur wenige nach oben spült.

Sausende Lichter,
Tausend Gesichter,
Blitzen vorbei: Berlin.
Übers Gewässer
Nebelt Benzin ...
Drunten wär's besser.

Die wachsende Armut spaltet die Gesellschaft. Wer reich ist, möchte mit den Arbeitslosen und Obdachlosen möglichst nichts zu tun haben und denunziert sie als Volksschädlinge und Kriminelle. Die politische Linke radikalisiert sich sogar in einem solchen Maße, dass sie den neuen Staat und seine demokratische Verfassung infrage stellt, ja abschaffen möchte. Die Kommunisten arbeiten kräftig daran, eine »neue Sowjetunion« zu errichten, eine Räterepublik nach dem Vorbild der gescheiterten Arbeiterparlamente von 1919. Die Stimmung im Land ist gereizt, Revolution liegt in der Luft und Willy Münzenberg, den virilen und öffentlichkeitswirksamen Pressechef der KPD, finden auch die Berliner Intellektuellen schick. Bis es so weit ist, gehen sie ihren Vergnügungen nach, denn solange der Untergang nicht da ist, kann man seine Vorboten wegtanzen. Die Angestellten nehmen die drohende Destabilisierung der Währung zur Kenntnis, haben aber immerhin noch ihre Schreibtische und Akten und bringen Gehalt nach Hause. Ringelnatz fängt in seinem Roman die Bewegung der Großstadtmenschen auf, ihre verzweifelte Lust an der Grenzüberschreitung, am haltlosen Vergnügen im gedämpften Licht der Nachtbars und Kaschemmen:

> Man torkelt weiter, im Berliner Größenwahn neigen sich verschrobene Stirnen, grüßen Hüte, die einmal in München (oder war es Paris?) ebenso flüchtig und geheimniseinig zuwinkten. Man gerät nach Polizeistunde in verbotene Bars, die nur eingeweihten Gentlemännern sich nach Geheimsignal auftun, und wo tanzende Nacktissen, siedende Musik einem unvermerkt teuren schlechten Sekt einflößen. Denn das geknechtete Berlin schlemmt und tanzt, wie man in Paris tanzte vor dem Geköpftwerden. Die Bürger schmunzeln sich morgens über die Pulte hinweg zu:»Die Mark ist wieder gesunken; wir treiben rapid dem Abgrund zu! Schönes Wetter!«

Das liest man so wie man die Sittengemälde von George Grosz in jenen Jahren anschaut: als realistische Abbilder einer bröckelnden Gesellschaft, die sich die Angst aus dem Leib trinkt und tanzt. George Grosz sollte ja eigentlich die Illustrationen zu Ringelnatz' Roman liefern. Die beiden kennen sich von Alfred Flechtheim, dem bedeutendsten Galeristen der Weimarer Zeit. Flechtheim hat sie alle unter Vertrag: Grosz, Dix, später wird er auch dem Maler Joachim Ringelnatz zu beträchtlichem Ruhm verhelfen. Man weiß nicht, warum Grosz keine Bilder zu ...*liner Roma*... gezeichnet hat. Aber man kann sich auch darüber freuen, denn so besitzen wir zehn Illustrationen vom Autor selber – neun von ihnen kann man sich heute im Ringelnatz-Museum in Cuxhaven zeigen lassen. Das Paar, das mit gesenkten Köpfen in einem engen dunklen Raum hockt; der Mann, der wie ein Schatten auf der nächtlichen Straße klebt, an deren Rändern bedrohlich düster die Mietskasernen in den schwarzen Himmel wachsen; Frauen, die eine Leiche waschen, die sie auf Holzkisten gebettet haben; der Mann, der einem Sitzenden das Messer in den Rücken bohrt. Das alles wirkt wie rasch hingepinselt, die Konturen sind oft nachlässig gezogen, die Gesichter maskenhaft, so wie ja auch die Menschen im Roman *Im Halbschatten* unterwegs zu sein scheinen: »das Volk der Angestellten schwärmt aus, Sklaven. Pedanten, die das Ende eines selbstgekauften Bleistifts erleben. Bleich, kurzsichtig gewordene Mädchen.« Fünf Jahre nachdem Ringelnatz sein ...*liner Roma*... im Hamburger Verlag Johannes Asmus herausgebracht hat – ein publizistischer wie finanzieller Erfolg bleibt dem schmalen Buch verwehrt – feiert Alfred Döblin seinen großen Triumph mit seinem Montageroman *Berlin Alexanderplatz*. Döblins Verfahren ähnelt dem von Ringelnatz, auch formal. Beide haben eine desillusionierte, zynische Sprache und, besonders verblüffend, die ungewöhnliche Technik, den Protagonisten direkt anzusprechen. Man muss nur zwei Beispiele gegeneinanderhalten, um die Verwandtschaft der beiden Werke zu sehen. Ringelnatz prophezeit seinem Protagonisten:

Und wie's kam und wie's auch noch kommen sollte, du bleierner Gustav, wirst immer auf dem Grunde bleiben.

Und Alfred Döblin stellt für seinen Helden eine ähnlich unerfreuliche Prognose:

Du hast geschworen, Franz Biberkopf, Du willst anständig bleiben. Du warst unter die Räder gekommen.

Mag sein, dass Ringelnatz mit diesem literarischen Experiment ein paar Jahre zu früh aufwartet. Der Verlag Gustav Kiepenheuer lehnt das Manuskript ab und auch die Rezensenten werfen dem Buch absurderweise vor, das zu sein, was es sein will: ein ungeordnetes, chaotisches und keiner wirklichen Dramaturgie folgendes Porträt einer Stadt in Auflösung: »Man muss Berlin visionär genießen«, heißt es am Schluss des Romans. »Manche reisen herbei, um sich darin zu baden oder auch nur zu waschen. Andern gelüstet es nach abenteuerlichen Fahrten. Manche müssen untergehn.«

Was Joachim Ringelnatz betrifft, so retten ihn seine abenteuerlichen Fahrten durch die Kabaretts und Vortragssäle der Reichshauptstadt vor dem Niedergang. Es läuft nicht schlecht für den neuen Star der Kleinkunstbühne, und das liegt vor allem an Ringelnatz' Pragmatismus. Er stellt jegliche Eitelkeit hintan und nimmt, was man ihm anbietet. An vielen Abenden tritt er auf fünf verschiedenen Veranstaltungen auf, manchmal als »vierte Nummer« in eher unbedeutenden Cabarets wie der *Weißen Maus*. Allerdings kann er seine Wut über das in seinen Augen oft dämliche Publikum nicht immer verbergen. Außerdem fühlt er sich schlecht platziert, gelegentlich muss er sein Programm kürzen. Das führt zu Ärger, er beginnt zu schimpfen, Zuschauer verlassen den Saal. Was ihn erfrischt und aufbaut, sind die großen Adressen: Nach ein paar Nummern in einem Hinterhofladen kann er an Trude Hesterbergs *Wilder Bühne* glänzen, das Publikum liegt ihm dort zu Füßen und versteht seine Kunst. Außerdem legt er großes Geschick im Umgang mit den restriktiven Steuerbehörden an den Tag. Er weist Muschelkalk an, sich in Steuersachen nicht von den Finanzbeamten beeindrucken zu lassen: »Über mein Einkommen weißt du nichts zu sagen«, schreibt er ihr. »Da musst Du Dich sehr bedrückt stellen u. lamentieren, ›manchen Monat überhaupt nichts‹, usw.« Außerdem scheint sich auch verlegerisch ein interessanter Coup anzubahnen. Kurt Wolff möchte die *Turngedichte* und den Prosaband *Fahrensleute* von Alfred Richard Meyer »wegziehen« und als gebundenes Buch publizieren. »Ich fürchte aber, Meyer wird sich sträuben«, schreibt Ringelnatz. Aber auch hier scheint er als guter und harter Verhandler in eigener Sache aufzutreten. Zuerst will Meyer eine ziemlich saftige Ablösesumme kassieren, dann sei er aber »wieder ganz mollig geworden«, sodass Ringelnatz Kurt Wolff im März 1922 mitteilen kann: Meyer will noch die Restbestände verkaufen und ist dann bereit, Wolff das Verlagsrecht für 5000 Mark zu überlassen, eine Summe, die Wolff zwar zu zahlen bereit ist;

aber er scheint auch Gefallen am zähen Verhandlungsgeist seines Autors gefunden zu haben und bittet ihn, Meyer um weitere 2000 Mark herunterzuhandeln. Ringelnatz mag Meyer, die Feilscherei ist ihm sichtlich unangenehm, aber er bekommt den Verleger so weit, die Rechte für 4000 Mark abzugeben. Der Deal geht glücklich für alle Seiten aus, Meyer und Wolff, sagen sich am Ende »duftige Worte«. Nun wird Ringelnatz repräsentative Ausgaben seiner Werke bekommen, besonders der *Turngedichte*, die bislang nur als fleddrige Broschüren des Alfred-Richard-Meyer-Verlags auslagen. Joachim Ringelnatz ist ein guter Organisator und Werbeagent in eigener Sache. Er signiert seine Bücher vor, lässt sie bei den Garderobenfrauen auslegen, sodass die Leute schon Stunden vor seinem Auftritt seine Texte kaufen können. Manche verschenkt er auch, er spielt auf der Marketing-Klaviatur als Virtuose. Mit den Veranstaltern legt er sich immer wieder an, es kommt zu unschönen Szenen, in Mannheim will ihn William Schüff, der Direktor der Kleinkunstbühne *Rumpelmayer*, gleich nach Hause schicken, offenbar weil Ringelnatz seine Marketing-Gewohnheiten allzu offen ausspielt. Manchmal sehnt er sich nach einem anderen Leben, mitunter dem alten Seemanns-Dasein zurück. In einem bislang unveröffentlichten Brief an seinen Freund, den *Simplicissimus*-Chefredakteur und Lyriker Peter Scher, der offenbar kurz vor einer USA-Reise steht, gibt Ringelnatz einen Einblick in seine Arbeits- und Seelenlage:

Dir schreibend sitze ich allein, erkältet auf beiden Ohren tauben (sic!) und mit den Nerven sehr in Unordnung in einem Weinlokal – so zwischen einmal aufgetreten sein und zweimal auftreten müssen. Mir ist weich ums Herz, wenn ich mir vorstelle, wie der Hochatlantik auf dich wirken wird und das andere Ufer drüben.

In seinem Gedicht *München-Hamburg-Altona-Amerika* lässt er sich und seine Freunde »durch die Hafenkneipen treiben/ Nur damit wir unsrem Peter Scher/ Nach Amerika/ Eine schöne Ansichtskarte schreiben.«

Ende April 1922 fährt Ringelnatz mit dem Nachtzug von Mannheim nach München zurück, zu Muschelkalk und zu Kathi Kobus, deren *Simpl* in der Türkenstraße immer noch seine künstlerische Heimatadresse ist. Es muss in diesen Tagen sein, als der junge Philosophie-Student Manfred Hausmann sich von seinem Freund Bruno Snell überreden lässt, einen Abend in der berühmten Künstlerkneipe zu verbringen. Hausmann, der später ein viel gelesener Schriftsteller werden wird, hat eigentlich keine besondere Lust auf Sauferei und verräucherte Räume. Er will seine Doktorarbeit fertigstellen, aber Bruno lässt nicht locker. Und sie kommen zum richtigen Zeitpunkt im *Simpl* an, weil Joachim Ringelnatz gerade dabei ist, ein Gedicht auf Kathi Kobus uraufzuführen. Ein Klavierspieler lässt ein paar musikalische Vignetten durch den Raum plätschern, endet mit einem zarten Triller, dann ertönt noch ein gedämpfter Paukenschlag, Ringelnatz betritt die Bühne, die zu erobern dreizehn Jahre zuvor sein größter Traum war, und sagt sein Gedicht auf: »Das heißt, er sprach es nicht, er nuschelte, krächzte, hustete, flüsterte, seufzte es, auf dem Podium hin und hergehend, vor sich hin, mit Pausen des Nachdenkens, in denen er scheue Blicke zu Kathi hinüber sandte, mit Abwinken, Kopfkratzen und Nichtweiterkönnen, ganz so, als stoppele er es jetzt erst zusammen.« Manfred Hausmann hat das Glück, nach der Vorstellung an Ringelnatz' Tisch sitzen zu dürfen. Das ist eine Ehre, die nicht jedem zuteilwird. Ringelnatz weist oft Menschen zurück, die ihn um eine Unterhaltung bitten, er kann ein wahrer Kotzbrocken sein. Hausmann erlebt, wie Ringelnatz am Kneipentisch sein Weltgebäude entwirft, in einem über weite Strecken genuschelten Monolog *Bekenntnisse eines Schiffbrüchigen* darbietet, Schicksale und Fetzen von Schicksalen ausbreitet. Hausmann erinnert sich:

In manchen Augenblicken bekamen seine Darstellungen eine fast unnatürliche Umrissschärfe. Ein Mensch stand dann, ein Zimmer, eine Straße, ein Schiff, eine Spelunke, eine Landschaft, eine groteske oder makabre Situation stand wie im Scheinwerferlicht da. Aber nur kurze Zeit, dann erloschen sie wieder. Ich konnte nur staunen über die Fülle dessen, was dieser Mann erlebt hatte, was in ihm vorgegangen war und jetzt noch vorging, was für seltsame Gedanken und Einfälle durch ihn hindurch wehten und im Dunklen unwiederbringlich versanken. Das in seinen Gedichten und Prosastücken Festgehaltene ist nur ein ganz kleiner Teil seines gespenstischen Reichtums. Wenn das Tonband damals schon erfunden gewesen wäre, was für Schätze hätten wir allein an diesem Abend sammeln können.

Diesen Seufzer der privilegierten Zeitgenossen hört man immer wieder: Wer Ringelnatz live gesehen hat, beteuert, dass seine Gedichte nur halb so kraftvoll seien, wenn sie nicht vom Dichter selbst vorgetragen werden. Man mag das kaum glauben, wenn man die alten Aufnahmen hört, in denen Ringelnatz seine Texte in seltsam pathetischem Singsang vorträgt, ein bisschen wie ein sächsischer Dylan Thomas. Die Betonungen kommen einem oft verrutscht vor, Akzentuierungen werden wahllos gesetzt. Muschelkalk hat später erzählt, dass Ringelnatz im Studio der Rundfunkanstalten, wo er Gedichte aufnahm, gehemmt gewesen sei. Er habe das Publikum gebraucht, dem er das variantenreiche Spiel mit der Mimik und den raumgreifenden Gesten bieten konnte. Dass seine Gedichte heute nicht vergessen sind, ist auch ein Beweis dafür, dass sie nicht unbedingt die Verstärkung durch die kabarettistische Darbietung ihres Autors benötigen. Und, Hand aufs Herz: Wenn wir heute die Aufnahmen von Ringelnatz mit der wunderbar gelassenen Vorlesekunst Otto Sanders vergleichen, kommen wir schnell zu dem Ergebnis: Sanders Interpretationen tun den Texten von Ringelnatz schon sehr gut. Aber die Geschmäcker wechseln wie die Zeiten, und Ringelnatz beherrscht eine beträchtliche Skala von Temperamenten, einen großen Park an Darstellungsformen und letztlich natürlich das, was man ohne es näher erklären zu können, Charisma nennt. Er benötigt zumeist keine weiteren Requisiten außer dem Tisch und dem Weinglas. Wenn in einem seiner Gedichte ein Schiff übers Meer schaukelt, hat er plötzlich ein imaginäres Schiff in der rechten Hand, und niemand im Publikum bezweifelt, dass es dieses Schiff in Ringelnatz' Hand wirklich gibt. Aber wohin deutet die Hand des Kabarettisten Joachim Ringelnatz? Sie deutet an den Rand der Geschichte, an den Rand des Erfahrbaren – sie deutet, und da mag sich Ringelnatz noch so unpolitisch geben – sie deutet an den Rand des zivilisierten Europas:»In Europa ist kein Gold mehr da./ Alles Gold ist in Amerika.« Und das liegt bitte woran?

> Doch, Sie haben recht, mein lieber Mister,
> Deutschland nährt ein bißchen viel Minister.
> In den Einzelstaats-Beamtenheeren
> Könnte man die Hälfte gut entbehren.

Es gibt durchaus Zeitgenossen, die genau erkennen, dass Joachim Ringelnatz mit seinem Spaßprogramm den großen Abschiedsgesang auf die in ideologischen Kämpfen, altem Hass und nationalistischer Selbstgefälligkeit blockierten westlichen Gesellschaften probt.»Die europäische Gesellschaft zerfällt ahnungslos«, schreibt der Theaterkritiker und blitzgescheite Ringelnatz-Exeget Bernhard Diebold.»Dass es nicht schade ist um sie und ihre Besitztümer, beweist der Einsiedler und Anachoret Ringelnatz, der lyrische Vogel mit den kratzigen Weisen – die beklatscht werden als die Musik der Zeit: das wehmütige Gekrächz des weißen Raben, der die stinkende Leiche Europas wittert.« Joachim Ringelnatz, der Leichenfledderer der versinkenden Weimarer Republik, der Totengräber des kurzfristigen Friedens-Europas? Er selbst hat sich nicht so gesehen; er hat keine Politik machen wollen mit seiner Kunst, ihm ist das zuwider, so wie ihm Schriftsteller mit politischer Tendenz zuwider sind, Brecht zum Beispiel. Dass Bertolt Brecht, der in den frühen zwanziger Jahren als Theateraufräumer von sich reden macht, im Gegenteil Ringelnatz hochschätzt, steht auf einem anderen Blatt. Und doch gibt es eine merkwürdige Episode, deren Ablauf nicht völlig rekonstruiert ist; fest steht nur: Brecht und Ringelnatz haben am 30. September und am 1. Oktober 1922 gemeinsam auf der Bühne gestanden. In den Münchner *Kammerspielen* in der Augustenstraße 89 in Schwabing findet am 30. September die Uraufführung von Brechts Theaterstück *Trommeln in der Nacht* statt, für welches er kurz danach den Kleist-Preis erhalten wird. Brecht hat sich in seinen frühen Münchner Jahren gerne an Karl Valentin gehängt, von dem er viel gelernt hat, und irgendwie muss er den knorrigen Komiker so weit gekriegt haben, mit ihm zusammen eine Kabarett-Revue zu inszenieren: *Die rote Zibebe*, benannt nach der gleichnamigen Kneipe in *Trommeln in der Nacht*. Von diesem Abend hat sich lediglich eine flüchtige Kritik erhalten. Sie stammt aller Wahrscheinlichkeit nach von Hans Sinsheimer, dem Theaterkritiker der *Münchner Neusten Nachrichten*, der auch *Trommeln in der Nacht* bespricht. Die Besetzungsliste liest sich spektakulär: Max Schreck spielt einen Abnormitätenwirt – jener Max Schreck, der soeben als Nosferatu in F. W. Murnaus legendärer *Dracula*-Verfilmung den Vampir gespielt hat. Kurt Horwitz ist dabei, als Kanaille tritt die Tänzerin Valeska Gert auf, Bert Brecht spielt den Klampfenbenke, Liesl Karlstadt die Loreley und Joachim Ringelnatz einen gewissen Kuttel Daddeldu. Das Ganze wird ein Schabernack gewesen sein, eine kabarettistische Klamotte für ein spezielles Mitternachtspublikum. Für Ringelnatz dürfte die Bedeutung des Abends über die übliche Auftrittsroutine nicht hinausgegangen sein. Es gibt keine Äußerung von ihm, keinen Brief und kein Zeugnis. Was allerdings Ringelnatz' Verhältnis zu Brecht betrifft, so hat Muschelkalk dem gemeinsamen Freund Hans Siemsen zwei Jahre nach Ringelnatz' Tod unmissverständlich Auskunft gegeben:

> Ringel war auf jeden Fall stets ein Gegner jeder Tendenz und hatte vor ihr, wenn sie sich mit Kunst mischte, großen Abscheu. Z. B. Bert Brecht war ihm ganz schrecklich. Und im Übrigen hatte er ja nie andere Feinde als Dummheit und Herzenskälte und Verlogenheit, d. h. das Fehlen schlichter Menschlichkeit.

Unterdessen geht Deutschland weiter unruhigen Zeiten entgegen. In Coburg veranstaltet die SA ihren Deutschen Tag, »gegen den marxistischen Terror«, wie die Nazis sagen – die Bürger der Stadt stellen sich aber eindeutig gegen den SA-Terror. Kommunisten und Konservative liefern sich in Berlin heftige Schlachten; Der antisemitische Publizist Julius Streicher entdeckt Hitler für sich und schließt sich ihm an – später wird Streicher den *Stürmer* herausgeben, der den ohnehin schon schwelenden Judenhass in der Bevölkerung befeuert. In Italien braut sich was zusammen: Mussolini macht sich auf seinen Marsch nach Rom – ein Aufbruchsignal auch für die deutsche Rechte. Noch kann sich die Weimarer Republik gegen die nationalistischen Horden wehren: Preußen, Thüringen, Sachsen und Hamburg sprechen ein Verbot der NS-DAP aus. Aber schon am 19. November retten sich die Rechten in eine Nachfolgeorganisation, die Großdeutsche Arbeiterpartei. Das Gute ist dem Bösen oft recht nahe, auch an jenem 19. November, denn in Berlin eröffnet die populäre Chansonsängerin Rosa Valetti ihr eigenes Kabarett: *Die Rampe*. Mittlerweile gibt es 38 Kleinkunstbühnen in der Reichshauptstadt und weitere 140 im übrigen Deutschland.

Joachim Ringelnatz ist inzwischen Handlungsreisender in eigener Sache, und seine eigene Sache sind seine Gedichte, die er auf Speisekarten im Zug schreibt, auf Rechnungen und Zettelchen; wenn man sie heute anschaut, betrachtet man immer auch ein Stück Sozialgeschichte der zwanziger Jahre, selbst wenn man nur eine Mitropa-Frühstückskarte in Händen hält, die über die Preise des Jahres 1923 aufklärt: Kaffee, Tee oder Kakao mit Butter, Brötchen, Zwieback oder Hörnchen bekommt man für 1,40 Mark, wünscht der Reisende eine Tasse Kaffee Hag dazu, zahlt er zwei Groschen drauf. Ringelnatz ist der erste Solokabarettist deutscher Sprache und somit das Modell für nachfolgende Kleinkünstler, die ihre eigenen Texte ganz allein auf der Bühne vortragen: Fred Endrikat, Werner Finck, nach dem Krieg Dieter Hildebrandt, Hanns Dieter Hüsch und Heinz Erhardt. Er knüpft Netzwerke, in jeder großen Stadt und in vielen Provinzen kennt er Menschen, die ihm Auftritte verschaffen, manchmal im privaten Kreis, gut bezahlt und mit einem handverlesenen Publikum, das den großen

Ringelnatz oder gerne auch Daddeldu hochleben lässt. In Frankfurt gehört der Direktor des Kabaretts *Astoris*, Lux Adolph, zu seinen wichtigen Auftraggebern, in München ist es Otto Heusinger, der nach dem Tod der Wirtin Kathi Kobus den *Simpl* übernimmt – mit ihm versteht sich Ringelnatz deutlich besser als mit der sparsamen und schneidigen Frau aus Wolfratshausen. Einer seiner privaten Mäzene ist der Hamburger Juwelier Carl Martin Heinrich Wilkens, ein massiger Mann mit einem guten Humor und einem wunderschönen Haus Ecke Neuer Wall und Jungfernstieg. Wilkens stammt aus einer Bremer Kaufmannsfamilie, er erwirbt Altgold, aus dem er Schmuck für die betuchte hanseatische Gesellschaft fertigt. Auch Wilkens hat den Krieg erlebt, auch er ist Soldat gewesen, und auch ihn hat die Katastrophe geprägt. Während Bötticher zu Ringelnatz wurde und selbst Kunst produzierte, ließ sich Wilkens mit dem Spitznamen Muckelmann anreden, jedenfalls von Ringelnatz, und damit gehört Wilkens zum phantastischen Freunde-Kosmos des Dichters. Wilkens liebt die Künstler, er will sie bei sich zu Hause haben, besonders gerne sieht er es, wenn sie bei ihm für eine Weile einziehen. Hans Leip ist einer von ihnen; seinen Namen kennen heute nicht mehr viele, Leip schreibt abenteuerliche Seefahrerbücher und Vagantenlyrik – sein berühmtestes Gedicht ist eines der traurigsten und ergreifendsten Lieder der Deutschen im Zweiten Weltkrieg geworden: *Lilli Marleen*. Lale Andersen sang es 1939 für die Soldaten in den Schützengräben. Leip notiert sich den Text bereits 1915, als er in Berlin Wache stehen muss. Es dürfte wohl auch Leip gewesen sein, der den Seemann und Dichter Ringelnatz ins Haus Wilkens brachte; Leip verdanken wir auch die einzige Beschreibung des Wilkens'schen Hauses an der Alster, einem klassizistischen Bau aus dem Jahr 1842. Wilkens engagiert einen stadtbekannten Architekten und lässt sich ein repräsentatives Geschäfts- und Wohnhaus errichten:

Die fünf kleinen Schaufenster glichen eleganten Raritätenschreinen. Der Ladeneingang an der gerundeten Ecke erweckte im Unterbewusstsein der zu respektablen Käufen entschlossenen Notabeln die Erinnerung an einen Sektkorken ... Dazwischen trugen mannshohe Bronzeakte vergoldete Beispiele dessen, was man drunten erwerben konnte. ... Das Satteldach, von der Straße kaum bemerkbar, fand seine Auflockerung durch hübsche Gaupen, dem kleinen Erker im Kontorstock ähnlich. Dort oben waren die privatesten, die Schlafgemächer, und noch höher lag die Bodenkammer, die nur mit einer Jakobsleiter erreichbar war und auswärtigen Besuchern gelegentlich – so Joachim Ringelnatz – zur Verfügung stand.

Dass Ringelnatz diese Leiter oft und gerne benutzt, besonders in frühen Morgenstunden nach Ausflügen ins Hafenviertel und auf die Reeperbahn, berichten auch andere Freunde, und von denen hat Wilkens viele und einige sehr berühmte: der Schauspieler Emil Jannings zählt zu ihnen, die Tänzerin Josephine Baker, Erika Mann und eben auch Ringelnatz. Die großen Soireen lässt Wilkens im oberen Stock seines Hauses stattfinden – die Zimmer sind mit Glasmalereien geschmückt, Skulpturen, Vasen und Graphik schaffen das Ambiente des Kunstmäzens. Für Ringelnatz lässt er eine eigene kleine Bühne mit Vorhang bauen, der gesamte Raum lässt sich durch eine schwere Holztür schließen, in deren Mitte ein kleiner Kuttel Daddeldu eingeschnitzt ist: Kann man einem Künstler einen größeren Beweis seiner Wertschätzung geben als durch die Eingliederung seines Konterfeis in die Wohnungseinrichtung? Ringelnatz selbst hat sich an der Gestaltung der Inneneinrichtung mit seinen Mitteln beteiligt, zweimal schreibt er *An eine Wand im Hause C. M. H. Wilkens:*

(6. Dezember 1927)
Hier war ich gern, ich schreib das hin,
Damit man's sieht,
(Wer weiß, ob das noch mal geschieht).

Das klingt noch ein wenig kryptisch, während die Eintragung vom 6. April 1930 relativ wenig interpretatorischen Gestaltungsraum gibt:

Wär ich nicht so verliebt gewesen,
Wär diesmal Besseres zu lesen.

Hamburg ist für Joachim Ringelnatz ein gangbares Utopia. Hier hat sein Leben als Seemann begonnen, hier lebt seine erste Liebe Meta Seidler, die er nicht vergessen kann, hier hat er seinen Stammtisch, seine Mädchen und die Kulisse für Kuttel Daddeldu und dessen Abenteuer:

Und alles kenn ich: Backbord, Luv und Lee,
Das »Rundstück warm«, die Segel und die Lichter,
Die hellen abgesalzenen Gesichter.
Fuhr ich vielleicht umsonst sechs Jahr zur See!

Das sind Zeilen aus seinem Hamburg-Gedicht; es steht in den *Reisebriefen eines Artisten*, Ringelnatz' wohl konzentriertester und artistisch höchstverorteter Gedichtesammlung.

Ich habe – fall nicht um vor Schreck –
ein richtiges Gedicht gemacht

Die frühen Zwanziger sind für Joachim Ringelnatz goldene
Jahre – jedenfalls, was seinen Erfolg beim Kabarettpublikum und
zunehmend auch bei der Leserschaft angeht. Er ist Stammgast auf
allen Bühnen, sei es der Münchner *Simpl*, sei es die Leipziger *Retorte*;
sein Ruf eilt ihm voraus, und dieser Ruf ist nicht ausschließlich
ein guter. In Leipzig wird ihm ein Detektiv ins Publikum gesetzt,
der die Darbietungen des Dichters auf Zoten und Unflätigkeiten
hin ablauscht und zur Anzeige bringt. Immer wieder muss Ringelnatz unkomfortable Stunden auf dem Polizeirevier verbringen;
sein Gedicht *Worte eines durchfallkranken Stellungslosen in einen Waschkü-
bel gesprochen* inkriminiert die sächsische Polizei wegen dessen Zo-
tenhaftigkeit. Angeblich. Aber vielleicht mögen die Behörden das
Gedicht auch deshalb nicht, weil es die Republik aus der Perspektive eines Arbeitslosen schildert, und Arbeitslose gibt es in diesen frühen zwanziger Jahren mehr als genug. Und dieser Stel-
lungslose, der ständig scheißen muss, weil er nur Dreck zu fressen
kriegt, hat Rachephantasien. Ihn durchzucken die Krämpfe im
Darm, aber nicht nur:

> Auch hat vorübergehend mich durchzuckt:
> Ich wollte sterben nach einer großen Raketentat.
> Ich habe Lysol und einen Drillbohrer verschluckt.
> Ich sandte ein Kuvert an den Hamburger Senat;
> In das Kuvert habe ich kräftig gespuckt.

Solcherart Poesie ist man auf der Bühne der deutschen Kabaretts nicht gewohnt, und auch einen dermaßen unbeugsamen
Poeten, den man eigentlich der leichten Muse zurechnete, hat
man nicht alle Tage: »Ich werde mich der Strafe nicht unterwer-
fen, sondern es auf eine Anklage ankommen lassen.« So schreibt

Ringelnatz am 23. November 1922 an Muschelkalk, die in München sitzt und sich auch ein bisschen mehr Stabilität und Sicherheit wünscht und weniger Kampfansagen an die reichsdeutschen Behörden. Aber Joachim Ringelnatz ist sich seiner Sache sicher, und er hat auch guten Grund dazu. Die Bühnen reißen sich weiterhin um seine Auftritte, auch und vor allem im Münchner Simpl soll er möglichst oft auf die Bühne gehen. Es mangelt nicht an Engagements – »überall liest und spricht man von mir«, schreibt er Ende 1922 an seine Frau. Aber es fehlt an Geld und alles wird teurer – die Mieten, das Brot und vor allem das Fahrgeld für die Bahn, die vom 1. Januar 1923 das Sechsfache des bisherigen Fahrpreises verlangt. Dagegen stürzt der Dollar ins Bodenlose: »Und ich spüre«, schreibt er an Muschelkalk, »dass wir einer sehr schlimmen Zeit entgegengehen. Sowie der Dollar sinkt, hören die Schieber auf oder verhalten sich passiv u. dann spüren wir das aufgestapelte Elend sich auf uns abrollen.« Der sich anbahnenden Unordnung, dem drohenden Niedergang setzt Ringelnatz seine Ordnung der Haushaltsführung entgegen. Muschelkalk trägt alle Ausgaben, alle Einnahmen und alle Veröffentlichungen in das Hauptbuch ein, das probate Instrument der Ringelnatz'schen Buchführung.

Es ist schon bitter, dass der immense Erfolg des Joachim Ringelnatz ausgerechnet in einer Zeit aufblüht, da das ökonomische Fundament der Republik tiefe Risse bekommt. Die Theater zahlen ihm für seine Auftritte Mindestgagen, die Höhe der Honorare richtet sich aber oft nach den Erfolgen – kommt eine Vorstellung beim Publikum gut an, erhält der Künstler entsprechend mehr Geld, bleibt der Erfolg aus, gibt es das Übliche: »Ziegelsteine. Ich hab kein Geld vorläufig mehr. Die Zeit ist vorüber. ... Die nächste Mindestgage schon wird runtergehen.« Ziegelsteine nennt Ringelnatz Dollars, die er unter anderem von seinem Berliner Freund Hans Oberreich erhält. Er schreibt in diesen Jahren seine berühmten Spaßgedichte, die Daddeldu-Balladen und die kleinen Stücke, die er meistens als Zugaben bringt: Eine kleine Gruppe von Gedichten ist im parodistischen

Märchenton gehalten, die Texte fangen mit »Es war« oder »War einmal« an wie die bereits in der *Schnupftabaksdose* veröffentliche Moritat vom »Schwefelholz/ Das sich mit erhabnem Stolz/ einen Anarchisten nannte/ Und ein ganzes Haus verbrannte«. Ein Streichholz, das zündelt und kaputt macht, gleichzeitig aber schriftkundig genug ist, um in Meyers Taschenlexikon unter dem Buchstaben A nachzuschauen, was ein Anarchist eigentlich ist – wie kann Ringelnatz dabei nicht an seinen alten Freund und Lehrmeister Erich Mühsam gedacht haben, der sein anarchistisches Feuer an der Sprache entzündet und vielleicht ein zwei Mal ein kleines Bömbchen gezündet hat, bei dem ein Stück Putz von einer Münchner Hausfassade bröckelte. Dann natürlich die Mär von den zwei Molekülen, die auf einer Mühle sitzend den Vorgang des Mahlens per Mühlstein betrachten und sich ansonsten lieb haben. Gerne bringt er nach dem Programm die *Schweinekarbonaden*, die sich gewissermaßen selbst reklamieren, indem sie in den Fleischerladen zurückgehen und die alttestamentarische Formel ›Mene tekel upharsin‹ beschwören. Das Publikum von damals ist mit derlei Bildungsversatzstücken gut genug vertraut, um zu begreifen, dass die Fleischklopse sich als »gewogen und zu leicht befunden« erachten. Der männliche Briefmark, auch einer der traurigen Helden in Ringelnatz' Scherzgedichten, wird von einer Prinzessin geleckt, verliebt sich, will sie wiederküssen und muss leider auf Reisen gehen: »Das ist die Tragik des Lebens«. »Aus« beendet Ringelnatz den Vortrag auf der Bühne. Aber eine Geschichte wollen die Leute immer wieder hören, und sie wollen sehen, wie Ringelnatz da vorne mit unendlich blödem Gesichtsausdruck dem imaginären Gegenstand hinterherblickt, auf dessen Rückkehr alle warten und der aufgrund eines Konstruktionsfehlers wohl für immer verschwunden bleibt. Er kann tatsächlich so blöd ins Leere glotzen, dass alle den Eindruck haben, hier schaut einer, so erzählt es Ringelnatz' Freund Max Geisenheyner, stellvertretend für das dumme Volk stundenlang dem Bumerang hinterher:

War einmal ein Bumerang
War ein weniges zu lang
Bumerang flog ein Stück
Kam nicht mehr zurück.
Publikum noch stundenlang
Wartete auf Bumerang.

Mit diesen Gedichten sichert er sich die Lacher, ihretwegen gehen die Leute zu Ringelnatz, noch sind die Kalauer, die defti-
gen Rüpeleien die Hauptattraktion in Ringelnatz' lyrischem Ein-
mann-Theater. Aber Ringelnatz erschließt sich nach und nach
ein bürgerliches und gebildetes Publikum, das auch die feineren
Arbeiten zu hören wünscht, seine Alltagsgedichte, die er unermüdlich schreibt und seiner Frau nach München schickt, damit
sie die Texte in die Maschine tippt. Ringelnatz hat ein literarisches Unternehmen aufgebaut, das floriert und wächst. Ernst
Rowohlt, der Verleger Tucholskys, beginnt seine Gedichtbände
zu drucken, die *Reisebriefe eines Artisten* werden Ringelnatz' erste
große lyrische Sammlung sein – ein Konzeptbuch mit Städte-
gedichten, melancholischen Augenblicksbildern und sozialkritischen Miniaturen, die oft den Ton von ...*liner Roma*... anklingen
lassen. Aber zuvor lässt Ringelnatz noch ein kleines Meister-
werk der anarchistischen Kinderliteratur verlegen, das *Geheime
Kinder-Spiel-Buch*, welchem er acht Jahre später das etwas mil-
dere *Kinder-Verwirr-Buch* folgen lässt. Was lernen Kinder aus diesen
Versen? Sie lernen vor allem, wie man in der Welt der Erwachsenen jene Unordnung anrichtet, welche die Erwachsenen den
Kindern austreiben wollen. Bereits die Ouvertüre ist ein kleines Feuerwerk der Frechheit und der Frivolität, wie man sie in
den Kinderstuben der nachwilhelminischen Ära keinesfalls vor-
finden will:»Stachus, Kios, Kaos, Kies/ Spinne, Speise, Scheiße,
schieß./ Sexu Elefant Asie/ Fische haben nie kein Knie«, lautet der dritte Abzählreim, auf den das programmatische»Ritze
Rotze Ringelratz« folgt, der Auftakt zu den großen, vernichten-
den Streichen aus Kinderhand. Das erste Gedicht ist die Anlei-

tung zum Maikäfermalen, ein Aufruf zur Tierquälerei, gepaart
mit Handreichungen zum Beschmutzen der Wohnung:

Setze Maikäfer in Tinte. (Es geht auch mit Fliegen.)
Zweierlei Tinte ist noch besser, schwarz und rot.
Lass sie aber nicht zu lange darin liegen.
Sonst werden sie tot.
Flügel brauchst du ihnen nicht erst auszureißen.
Dann musst du sie alle schnell aufs Bett schmeißen,
Dass sie lauter komische Bilder und Worte schreiben.
Bei mir schrieben sie einmal ein ganzes Gedicht.

Das Gedicht *Himmelsklöße* erläutert, wie man Klöße aus Papier und
Exkrementen formt (»Man darf auch vorher schnell noch Popel
hineinkneten«) und diese an die Decke wirft, wo sie kleben bleiben. Die Kinder müssen sich mit offenen Mündern unter diese
Appetitlichkeiten stellen und wer als Erstes einen herunterfallen-
den Kloß im Mund hat, wird von den anderen als »Schweine-
hündin, Schweinehund« beschimpft und in den Kleiderschrank
gesperrt. Für das »Bergmannspiel« wird das Wohnzimmer zur
Kohlengrube umgewidmet, mit richtigen Kohlen aus dem Keller natürlich; beim Doktor-Knochensplitter-Spiel empfiehlt Ringelnatz seinen jungen Lesern, Gänse- oder Hühnerknochen ins
Sofa zu stecken, das Sofa ist dann ein kranker Mann, den es zu
operieren gilt – man ahnt, was dies für das Sofa bedeutet. »Wie
man eine Erfindung macht«, erklärt Ringelnatz den Kindern am
Beispiel des Goldmachens, einer der bevorzugten Tätigkeiten der
Alchimisten früherer Jahrhunderte – Ringelnatz selbst behauptet
ja in *Mein Leben bis zum Kriege*, ein Nachfahre des Dresdner Naturfor-
schers Johann Friedrich Böttger zu sein, der in der ursprüngli-
chen Absicht, Gold chemisch herzustellen, das Porzellan erfand.
Der kleine Hans Bötticher füllt in einen Tivoli-Kreisel Petroleum
und kocht die Chemikalie über einem Spirituskocher: »Wollte
wissen, was daraus entstünde.« Hans' Mutter überrascht ihn bei
seinem aufregenden Verfahren »und verdarb mir die ganze Über-

raschung«. Den Kindern in Ringelnatz' *Geheimen-Kinder-Spiel-Buch* passiert das nicht, die Eltern kommen meist nach vollendeter Verwüstung auf die Szene und der Ausnahme-Pädagoge Ringelnatz rät wahlweise:»… deine und meine Eltern können uns – Weißt du, was ich meine?«, oder »Sie sollen sich lieber und recht bald begraben lassen«. Die Erfindung, zu deren Gelingen Ringelnatz die Anleitung gibt, soll dadurch entstehen, dass die Kinder totgetrampelte Fische, Zahnpulver, Seife und Zwiebeln auf die weißen Tasten des Klaviers auftragen. Anschließend gilt es, Münzen in die Fische zu drücken, und als Krönung wird das Ganze mit Salzsäure beträufelt, die entweder auf dem Klosett zu finden ist, oder, und jetzt lässt Ringelnatz seine ganze Kühnheit der groben sexuellen Anspielung walten: »Oder ihr müsst euch unter das Dienstmädchen stecken/ Dürft aber ja nicht dran lecken.« Es ist die Zerstörung der bürgerlichen Ordnung, zu der Ringelnatz in diesen Texten im Wortsinn ätzende Handreichungen gibt.

Die Kinder macht er zu Verbündeten eines destruktiven Spiels, das die gut gemeinten und schlecht gemachten Ideen einer besänftigenden Pädagogik pervertiert und ins Lächerliche zieht. Nicht lieb sein sollen die Kinder, sondern »sich interessant machen«. Nicht vertragen sollen sie sich, sondern »afrikanisches Duell machen«, also sich so lange gegenseitig ins Gesicht spucken, bis der andere nichts mehr sehen kann. Kindheit ist für Ringelnatz offenbar eine überflüssige Vorstufe zum Erwachsenwerden und sollte schleunigst überwunden werden. Das geht am besten, wenn Kinder schon früh damit beginnen, die schlechten Angewohnheiten der Erwachsenen zu praktizieren. Noch in seiner letzten größeren Arbeit, den *Kasperle-Versen*, die er für den passionierten Puppenspieler und Arzt Eugen Schmidt schreibt, steht der Vers: »Ha! Ihr lacht! – – Mama hat recht: Ach, was sind die Menschen schlecht.« Natürlich ist Ringelnatz sich bewusst, welche Wirkung ein derart antipädagogisches Buch bei der in Erziehungsfragen nicht eben libertär denkenden Öffentlichkeit haben würde. Ringelnatz illustriert sein Buch selbst, auch den Einband gestaltet er – man sieht bunte Kinder um einen fetten Froschkönig tanzen, Schweinchen vergnügen sich auf einem Karussell und ein großes Segelschiff fährt leicht schräg liegend über das Meer. Natürlich bekommt Ringelnatz, bekommt der Verlag Gustav Kiepenheuer umgehend Post von den Behörden. Kiepenheuer muss sich verpflichten, auf den Buchdeckel eine Banderole zu drucken, die das Werk als eindeutig nur für Erwachsene bestimmt ausweist, denn, so das Schreiben des Polizeipräsidenten: »Dieser Inhalt beeinflusst vielmehr die sittlichen Auffassungen sowohl wie den Geschmack der Kinder in einem Sinne, der als durchaus verderblich bezeichnet werden muss und polizeilicherseits nicht geduldet werden kann.« Die Rezensionen sind entsprechend schmallippig, Oskar Loerke, der das Buch nicht witzig findet, konzediert ihm aber immerhin, »die Rohheit unserer Zeit« zu spiegeln. Auch der Nachfolgeband, das Kinder-Verwirr-Buch von 1931, findet wenig Gnade in der moralisch stocksteifen Rezensentenwelt; dabei hat Ringelnatz in diesem Buch weitgehend auf die unheilstiftenden Gebrauchsanweisungen verzichtet und liefert Abzählreime und liebe Gedichtchen über Babys, Beinchen und Schlängelchen. Und diesmal rät er den Kindern sogar, immer schön wieder nach Hause zu kommen, selbst wenn er sie auf die Idee bringt, sich aus dem Haus zu schleichen, um auf die Sonne zu gehen. Allerdings hat es die französische Germanistin Camille Schneider nicht verwunden, dass Ringelnatz den Berliner Kindern verrät, was ihre Eltern »treiben, wenn ihr schlafen gehen müsst«, nämlich: »Da dampft es von Opium und Kokain. Da wird gepaart, dass die Schädel brummen«, und einmal, dass er sogar den Kleinen zuruft:

Kinder, ihr müsst euch mehr zutrauen!
Ihr lasst euch von Erwachsenen belügen
Und schlagen. – Denkt mal: fünf Kinder genügen
Um eine Großmama zu verhauen.

»Wo ist hier«, fragt Camille Schneider, »der moralische Faktor, den wir ins allen Kunstwerken suchen?« Tja, den bei Joachim

Ringelnatz zu entdecken, mag für Leser mit herkömmlichem Moralbegriff mühsam sein. Für die anderen mag der moralische Faktor in der Ansicht stecken, dass Kinder ihre Erfahrungen machen müssen und dass ein Kind ebenso wie ein Erwachsener Leid und Schmerz erfahren muss, auch wenn es noch nicht begreift, welchen Sinn für die Zukunft das alles haben soll:

>>Und ein Schmerz nach dem andern kommt
In das schwebende Brüstchen hinein.
Bis das Brüstchen sich senkt
Und das Kind denkt.<<

Solche Kinder zieht er ruhigen und braven vor. Und was ist mit eigenen Kindern? Wie sieht es aus mit dem Elternpaar Joachim und Muschelkalk Ringelnatz? Sie werden keine gemeinsamen Kinder haben, warum, bleibt ein Geheimnis. Muschelkalks Sohn Norbert Gescher vermutet, die äußeren Umstände, die Geldnot und wirtschaftliche Unübersichtlichkeit jener Jahre habe die beiden vom Kinderkriegen abgehalten. War es das? Oder kann Ringelnatz keine Kinder zeugen? Bis zu seinem Tod hat er sich rührend um die Kinder seiner Schwester Ottilie bemüht, um Georg und Renate. >>Georg hing sehr an Ringel<<, schreibt Muschelkalk nach Ringelnatz' Tod an Peter Scher, >>und Ringel verfolgte voller Hoffnung seine Entwicklung.<< Aber was hat es mit dem Kinderskelett auf sich, von dem Asta Nielsen in ihren Erinnerungen erzählt und das zu jedem Weihnachten der Mittelpunkt eines merkwürdigen Rituals gewesen sein soll? Es gibt ein Foto, auf dem Ringelnatz zu sehen ist, wie er sich gütig lächelnd über ein alienhaftes Wesen beugt, das vor einer Vase mit lamettabehängten Tannenzweigen posiert. Woher dieses Skelett stammt, ist ein Rätsel, welches auch das etwas makabre Gerücht nährt, dieses Skelett sei ein totgeborenes Kind von Ringelnatz und Muschelkalk. Asta Nielsen muss ein paarmal dabei gewesen sein, denn ihre Schilderung ist sehr anschaulich:

Weihnachtsabend feierte das Ehepaar allein vor dem im Lichterglanz erstrahlenden Baum. Da wurde eine Tür des Buffets geöffnet, und heraus kam eine Glaskuppel, die sich über dem Skelett eines Embryos wölbte, das sie mit aufrichtiger Liebe umhegten. Sie hatten ausgerechnet, dass dieses Skelett jetzt ein Mensch von sechsunddreißig Jahren sein müsste, wenn es sich natürlich entwickelt hätte, aber sie betrachteten es stets als ein Kind, holten es an jedem Weihnachtsabend aus dem Buffet und stellten es in den Schein der Weihnachtskerzen. Sehr wenige bekamen die Erlaubnis, das kleine Gerippe zu bewundern. Es wurde hinter Schloss und Riegel gehalten, um nicht von aller Welts Blicken entweiht zu werden. Etwas Mystisches verband es mit dem kinderlosen Ehepaar.

Worin das Mystische genau besteht, kann oder will Asta Nielsen nicht erklären. Vielleicht ist das Ganze ja auch nur eine von Ringelnatz zahlreichen Performances, seinen Weltverfremdungsversuchen, die Geburt und Tod, Liebe und Leben neu formatieren. Woher das Kinderskelett stammt? Es gibt möglicherweise einen dezenten Hinweis in den *Reisebriefen eines Artisten*. Im Gedicht *Stuttgart* erzählt Ringelnatz, dass er dort auch eine Irrenanstalt besucht, überhaupt interessante Dinge gesehen habe. Und auf die selbst gestellte Frage, was er seiner Geliebten als Souvenir mitgebracht habe, lautet die Antwort: »– Manch treuen Gruß/ Eine Probe des erwähntes Weines,/ Anekdoten und sein süßes, kleines/ Embryo in Spiritus.« Beschwörungsritual eines Paares mit unerfülltem Kinderwunsch oder Schabernack eines ewigen Kindes? Asta Nielsen, die Herzensfreundin von Ringelnatz, die große Barfußmädchenseele, findet erstaunlich deutliche Worte für ihren Freund, der, so schreibt sie, ein genialer Künstler sei, als Mensch aber unfertig, gleichwohl völlig unsentimental: »Seine Ansichten waren verblüffend wertlos und sein Geschmack so primitiv, dass man oft an seiner Echtheit zweifelte. Aber wir liebten ihn über die Maßen.«

Joachim Ringelnatz reist durch das Deutschland der zwanziger Jahre – unermüdlich schreibend, rezitierend und dabei stets um

Geld und Auskommen bangend. So gut wie jeden Tag schreibt er Briefe an Freunde, Verleger und natürlich an seine Frau Muschelkalk, die in der gemeinsamen Münchner Wohnung den Haushalt besorgt. »München, bei der echten Frau zuhause«, ruft Ringelnatz in einem seiner Reisebrief-Gedichte aus. Die echte Frau ist Muschelkalk, mit der er seine Zeit verbringt, eine »Kindlich glückliche und fromme Zeit!«:

Schöner war es nirgends, wird es nie.
Und wir kochen, spielen Schach und lesen,
Plaudern, wie die Zwischenzeit gewesen
Ordnen, albern, täubeln.

Wie hält sie es eigentlich aus? Wie bekommt sie es hin, das Zusammensein mit diesem so volatilen, dem Alkohol und dem wüsten Leben verschriebenen Künstler, der sich selbst Artist nennt und dessen Leben wirklich so etwas wie ein Drahtseilakt ist? Muschelkalk beantwortet diese Frage, die ihr offenbar oft gestellt wird, mit einer Anekdote. Sie steht am Waschkessel im Keller der Wohnung in der Münchner Hohenzollernstraße und rührt im großen Waschkessel. Da kommt Ringelnatz herein mit einem großen Topf voller heißer Würstchen, Butterbroten und Bier. Sie soll aufhören zu waschen und mit ihm essen, sagt er. Ein anderes Mal, Muschelkalk steht wieder in der Waschküche, kommt er mit Karten fürs Deutsche Theater; sie möge sich schnell umziehen und mit ihm zum Ball der Prominenten kommen. Die beiden führen das Leben eines Künstler-Ehepaars, obwohl Ringelnatz so viel unterwegs ist. Tagsüber machen sie Ausflüge an den Starnberger See und zu den Münchner Hausbergen, nachts ziehen sie mit Freunden durch Schwabing, der Simpl ist immer der Ankerplatz, aber es kommt vor, dass sie auch noch mitten in der Nacht durchs Ampertal wandern und zum Frühstück ihre Malerfreunde Selma und Adolf des Coudres besuchen. München ist für Ringelnatz der Heimathafen – hier wurde er, was er ist, und hier hat er seinen großen Freundeskreis und die Wohnung in der Hohenzollernstraße, vollgestopft mit Bildern, Büchern und Krimskrams. Er ist prominent, also macht er auch Homestorys. Journalisten dürfen zu ihm, seine Höhle fotografieren, aber er möchte keine Interviews geben; vielleicht, weil er selbst weiß: Das, was er zu erzählen hat, ist so ungeordnet wie seine Wohnung. Ein Reporter der *Münchner Neuesten Nachrichten* versucht trotzdem sein Glück, es gelingt ihm, Ringelnatz in einer Pause im *Simpl* abzufangen. »Interview? Nee, nischt. Aber wenn Se für zehn Minuten mitkommen wollen?« Dann zieht der kleine krumme Mann den verdutzten Reporter auf die Straße, lässt ein Taxi vorfahren – es geht in irgendein Weinhaus, wo er einfach alles erzählt, was ihm gerade einfällt; welcher Wein besonders großartig ist, in welchen Ländern er war und dass er gerade einen Monat lang in Berlin, im *Kabarett der Komiker,* aufgetreten ist. Dann Leipzig, seine alte Heimat, Dessau, Hannover, und in Bielefeld habe es sogar anonyme Briefe gegeben, in denen gefordert wurde, den Auftritt dieses schweinischen Ringelnatz zu verhindern. Und München? Er hält zu der Stadt, auch wenn sie ihn nicht so würdigt, wie er es sich wünscht und wie er es aus anderen Städten gewohnt ist. Er glaubt, dieses Schicksal mit Karl Valentin zu teilen und verrät dem Reporter: »Ich war nur einmal kurz mit Valentin zusammen. Wir haben uns nur gegenseitig herzlich die Hand gedrückt, ohne zu sprechen; und haben uns verstanden. München bleibt München, trotz aller Rückständigkeit. Ich glaube, Valentin fühlte sich dort nicht allzu wohl, trotz aller Riesenerfolge!« Später wird auch Joachim Ringelnatz eher schlecht über München reden. Er wird es »die dümmste Stadt der Welt nennen«, weil in ihr der Kleingeist herrschen wird und die Nationalsozialisten in den Salons und Bierkneipen offene Türen finden werden.

Aber noch ist Ringelnatz unterwegs im Land, und er schreibt auf, was er in den Städten und Provinzen erlebt. Er schildert es in Briefen an Muschelkalk – Ringelnatz ist ein unglaublich rasanter Schreiber, und die Vielzahl seiner Briefe, Telegramme und Postkarten zeigt, dass man auch in den zwanziger Jahren so etwas wie eine Echtzeit-Kommunikation pflegen kann. Aber er schreibt auch weiter seine Gedichte, die immer besser werden, immer virtuoser im Reimschema, immer kühner und schöner in den Bildern. Peter Scher, sein Freund aus München, druckt die meisten im *Simplicissimus*, dessen Chefredakteur er zeitweilig ist. Später wird Ringelnatz sie in seinem ersten großen Lyrikband sammeln, den *Reisebriefen eines Artisten*. Es sind Monologe eines Dichters, der die Welt von einem fernen inneren Kontinent aus betrachtet, jenem geheimnisvollen »Inmirland«, aus dem er, wüsste er einen Anfang, ein Lied singen würde, wie es in einem jener Gedichte heißt, die Ringelnatz in keinen seiner Bände aufgenommen hat. In diesen Texten ist der berühmte Artist, der populäre Unterhaltungskünstler Joachim Ringelnatz auch wieder jener Fremde, der er immer sein will. Alles, was er sieht, ist in ihm drin, alles, was vor sich geht, geschieht in seinem Inneren:

So eine Landschaft gibt's: wo man den bleichen
Mond über weiten Ebenen sieht,
Der glanzlos, deutlich durch die Ferne zieht,
Die – weil sie in uns liegt – wir nie erreichen.

Und wenn er sich, wo auch immer, auf einen *Nächtlichen Heimweg* macht, löst sich sein Körper vom Bewusstsein, er wird sich selbst fremd in der stillen Nacht, in der kein Laut zu hören ist: »Nur drüben am andern Trottoir/ Gehn meine eigenen Schritte.« Einige seiner Gedichte lesen sich wie die Briefe an seine Frau mit den üblichen Anweisungen für die Steuer und den Mahnungen zur Sparsamkeit, nur dass sie sich in den *Reisebriefen* reimen: »Nur merk dir bei dieser Gelegenheit:/ Wenn ich mal sterbe, ist alles dein/ (Nach meinem Wunsch und von Rechts wegen),/ Was ich besessen habe im Leben.« Und auch, wenn es nicht sein kann, dass Joachim Ringelnatz bei seinen Vortragsreisen nach Hongkong gekommen ist, so ist es durchaus denkbar, dass die Kapriole, die er in seinem gleichnamigen Gedicht beschreibt, so oder so ähnlich stattgefunden hat und Anlass für eine Szene zwischen den Eheleuten Ringelnatz gegeben hat: »Ich erhielt heute deinen beleidigten Brief./ Deine Nachschnüffeleien kränken mich tief«, beginnt das Gedicht, das eine Nacht schildert, die der reisende Artist mit einer gewissen Tay-Fi verbracht hat, und ob der Teufel nun wirklich seine Hand im Spiel hat oder eher Ringelnatz seine charismatische Seite ausgespielt hat, ist nicht nachprüfbar. Es ist großartig, wie Ringelnatz den beleidigten und gleichzeitig apologetischen Ton des entlarvten Fremdgehers ins Gedicht transportiert:

> Im Übrigen weißt du: Ich liebe dich sehr.
> Aber so lange von dir getrennt zu sein
> Erträgt aber niemand. Ich bin doch kein Stein,
> Und ich brauche, ganz schroff gesagt: Mehr Verkehr.«

Dass er letzten Endes darauf hofft, dass die ganze Affäre sehr bald verjährt sei, zeigt, dass es sich eben auch um eine Affäre handelt, und es dürfte nicht die einzige des Joachim Ringelnatz gewesen sein; auch wenn Muschelkalk von angeblichen Seitensprüngen ihres Mannes nichts wissen will. Wie sonst sollte er aus Hannover berichten können, »Dass – – (die Frauen dort sind groß/ Und haben einen Schoß/ Und jede einen andersartigen/ Und manche einen goldig blond behaartigen)«. Auch im Bordellmilieu treibt er sich gerne herum, wie früher als Seemann, und hier in Hannover trifft er ein »Hürchen, das bei dem Massenmörder einmal übernachtet hat« – gemeint ist Fritz Haarmann, der in den zwanziger Jahren in Hannover 24 junge Männer ermordet hat. Natürlich sind die Reisebriefe keine autobiographischen Notizen, die sich restlos mit der Wirklichkeit abgleichen lassen. Doch es gibt hübsche Parallelen zwischen den Briefen des Joachim Ringelnatz an seine Frau Muschelkalk und den Gedichten, das vielleicht schönste Beispiel ist Wien, wo Ringelnatz im Februar 1924 gastiert. Das entsprechende Gedicht ist eine sehr offenherzige Darlegung seiner Verdauungsprobleme, und vermutlich hat Kurt Tucholsky es im Sinn, wenn er über Ringelnatz' neuen Ton schreibt:

»manchmal geht er auf die Sprache, wie man auf den Topf geht.«
Hier also:

Ich habe gestern drei Liter Sahne getrunken
Und hinterher ein Würstchen gemacht,
Das hat wie versengte Pferdehufe gestunken,
aber es sah golden aus und wie eine Acht.
Und das soll Umschwung bedeuten;
Ist auch schon eingetroffen:
Ich bin jetzt beliebt bei den Leuten.
Hätt ich nur nicht die Sahne gesoffen!

An Muschelkalk schreibt er am 12. Februar: »Ich lebe aber im Essen sehr gut, so dass ich mich heute Morgen oft übergeben musste. Nun habe ich zwei Liter Sahne getrunken und darauf noch schlimmer gekotzt. Aber sowas geht schnell vorüber.« Die kleine Übertreibung im Gedicht (drei Liter Sahne statt zwei) – so genau muss man es ja nicht nehmen. Aber er trinkt nicht nur Sahne und hängt nicht nur über der Kloschüssel in Wien. Ringelnatz weiß, dass er überall ein Publikum an sich binden kann und dass er, um dies langfristig zu garantieren, mit den richtigen Leuten Umgang pflegen muss. Er geht in die Kaffeehäuser, trifft sich mit dem Essayisten und Bohemien Anton Kuh, in jenen Tagen ein einflussreicher Literat und offenbar reizend und amüsant beim Trinken mit Ringelnatz. Er geht in die Zeitungsredaktionen, es werden sogar Zeichner abgestellt, um ihn zu konterfeien. In der Zeitschrift *Jugend* erscheint in jenen Tagen ein kleiner Aufsatz des Humoristen Curt Seibert über Tänze; Ringelnatz wird in dem Text nicht erwähnt, aber in der Mitte der Seite ist sein Gedicht *Amaryllis* abgedruckt und darunter eine markante Karikatur von der Hand des Zeichners Erich Godal. Ringelnatz steht da mit Monokel im linken Auge, er trägt einen Frack und befindet sich laut Bildzeile auf dem Presseball in Wien. Er lernt einen Agenten kennen, der ihm ein einmonatiges Engagement im Kabarett *Hölle* vermittelt. Dieses kleine Brettl im Souterrain des *Theaters an der Wien* ist berühmt durch den großen Conférencier Fritz Grünbaum, der keine zwanzig Jahre später im Konzentrationslager Dachau ermordet wird. Ringelnatz wird auch in Wien ein Star, die erste Kritik seines Höllen-Engagements fällt gut aus:»Daraufhin wollte mir mein Portier ein besseres Zimmer geben.« Nach Wien tritt er in Norddeutschland auf, zunächst in Bremen, wo er ebenfalls gut ankommt, einen Redaktionsbesuch bei den *Bremer Nachrichten* macht und von seinen Hamburger Freunden Hans Leip und Wilkens bestens betreut wird, mit Muckelmanns, also Wilkens Auto geht es dann nach Hamburg. In den *Reisebriefen* stehen die entsprechenden Stadtporträts beinahe sämtlich chronologisch zu den Auftrittsterminen Ringelnatz'. Seine Beobachtungen teilt er zunächst Muschelkalk und dann der Welt mit:»Ich ging heute spazieren, sah mir auch den Roland an, der aussieht wie Paul Wegener.« Dem großen Schauspieler, der ins *Schall und Rauch*, also in die»Scheißbude«, nur wegen des Ringelnatz kam, reserviert er dafür auch einen guten Platz im Bremen-Gedicht:

Als ich herauskam aus dem Keller, wo
Schon Heine saß, da sagte ich:»Oho!
Denn auf mich sah Paul Wegener aus Stein.
Und er war groß und ich natürlich klein.
Brustwarzen hatte er an beiden Knien,
Vielleicht war's auch der Roland von Berlin.

Die Briefe an Muschelkalk und die Gedichte der *Reisebriefe eines Artisten* – das eine ist ohne das andere nicht denkbar, und in seine Lyrik hat Ringelnatz einen Ton gelegt, den Kurt Tucholsky in seiner Besprechung für die *Weltbühne*»Privatsprache« nennt. Der große Publizist der Weimarer Republik, der plaudernde Literaturkritiker Tucholsky, der zwischen den Buchzeilen das Gras wachsen hört, sieht ganz genau, dass Joachim Ringelnatz eine neue Sprache in die deutsche Lyrik hat fließen lassen: einen privaten Ton, eine mit Anspielungen und Intimitäten gewürzte poetische Mitteilungsprosa, die sich wie zufällig reimt. Wer diese Gedichte liest, wird unwillkürlich selbst zum Adressaten dieser *Reisebriefe*, und der reisende Artist gerät zum vertrauten Freund. »Wenn es eine solche Welt gäbe! Solches Land! Solche Städte!«, seufzt Tucholsky. Und genau das will Joachim Ringelnatz mit seinen Gedichten liefern: eine Verzauberung der Welt, die im Zauber nichts von ihrer Widersprüchlichkeit, ihrer Vertracktheit und ihrer Unzulänglichkeit einbüßt. Ja, er spürt, dass Bremen echt ist und er möchte seine Haut anfassen; er feiert die verhutzelten Weiblein in Augsburg, die Wunderlichkeit der Kleinstadt; er lässt sich den »frischen östlichen Wind« in Königsberg um die Nase wehen und trinkt dabei Sekt, »feilt und dichtet«; schwimmt in Stuttgart »wie ein Schwamm im Glück« und findet in Frankfurt »wieder Freunde, lieb und wert«. Aber er weiß, dass es jenseits der verzauberten Städte auch eine harte Wirklichkeit gibt; und er ist Künstler, Verdreher und Lebenskenner genug, um sich vermutlich ganz triumphal über diesen einen Trick zu freuen: nämlich den einzigen wirklich utopischen Städtetext zum Porträt des Kleinmuts und der falschen Scham vorm Leben werden lassen:

Überalldass a. d. Elbe
Überalldass hat ein Publikum,
Das blickt so dumm, so gottlos dumm,
Dass man es prügeln müsste,
Wenn man nicht sicher wüsste,
Dass es ja selbst nicht weiß, warum.

Sein Horizont befindet
Sich in dem Mittelpunkt der Stadt.
Die Leute dort verbindet
Das Fehlende, das jeder hat.

Sie sehnen nie, sie beten nie.
Sie wissen, dass sie besser sind.
Die Luft ist dort gefroren.
Und keiner – scheint's – macht dort Pipi.

Sie rümpfen, wenn man sagt: ein Kind
Würde gezeugt, geboren.

Sie schlafen, wenn sie wachen,
Leben vielleicht auch umgekehrt.
Sie kauen, wenn sie lachen.
Und dort wird gottlos viel verzehrt.
Sie sind nur Gaumen und Popo.
Zwar ist nicht jedermann dort so,
Ein paar sind ausgenommen;
Zwei sind sogar verehrungswert.
Soll einer von dort kommen,
Der über mich sich nun beschwert.

Ein Glück ist niemals erreicht

Im Jahr 1923 besetzen wieder französische Truppen das Rheinland. Deutschland kann seine Kriegsschulden nicht mehr aufbringen und nun soll das Geld den Betrieben direkt abgerungen werden. Sie legen Zechen und Kokereien still, beschlagnahmen Kohle und übernehmen die Eisenbahnbetriebe. Das Reich steht mit 22 Billionen Mark in der Kreide, übrigens auch bei der eigenen Bevölkerung, die seit 1914 fleißig Kriegsanleihen gekauft hat. In Essen kommt es zu Aufständen gegen die Franzosen mit vielen Toten; der nationalistische Anarchist Leo Schlageter verübt Sprengstoffattentate auf Eisenbahnen. Er wird im April verhaftet, wenige Tage später zum Tode verurteilt und hingerichtet. Hanns Johst, als Dramatiker ein Gegenspieler Brechts und später im Dritten Reich einer der führenden Kulturfunktionäre, schreibt sein damals erfolgreiches Stück *Schlageter* als Antwort auf Brechts *Baal*. Die Regierung ruft die Arbeiter im Ruhrgebiet auf, zu streiken, um den Besatzern die Stirn zu bieten. Die Löhne zahlt die Regierung weiter, eine für die Wirtschaft des wackligen jungen Staates katastrophale Entscheidung.

1923 ist das Jahr, in welchem die Deutschen einen Vorgeschmack auf die Finanzkatastrophe von 1929 bekommen. Der Finanzminister Andreas Hermes lässt Geld nachdrucken, die Preise explodieren, die erste Inflation hat das Land überschwemmt. Am Abend des 24. April, einem Montag, steht Joachim Ringelnatz in der Galerie Flechtheim am Lützowufer 13 und präsentiert, was er in den vergangenen Tagen fabriziert hat: vierzig Bilder und Skizzen, alle wie im Rausch entstanden, einem Furor, der die Folge einer großen Enttäuschung ist. Ringelnatz will eigentlich einen Film machen, genauer gesagt: Er hat den Plan, dick ins Kinogeschäft einzusteigen mit seinem Kuttel Daddeldu. Der lebenserfahrene Seemann wäre der ideale Kinoheld – ein Abenteurer, ein Saufkopp, ein Frauenverführer und gleichzeitig sanftmütig wie ein Seepferdchen. Ringelnatz hat schon einige Erfahrungen gesammelt, kleine Rollen in Stummfilmen gespielt, einmal sogar zusammen mit der reizenden Henny Porten, der Film heißt *Sie und die Drei*. Fotos gibt es heute noch von seinem Auftritt als alte Frau in Hans Christian Kobes Film *Am Rande der Großstadt*: »Ich habe die kleine Rolle einer Urgroßmutter (hässliche spinnenartige Person).« Die Dreharbeiten sind aufregend für den Amateur: »Mein lieber Muschelkalk, als Großmutter im Filmatelier sitze ich neben Tiedtke, dem lieben, prächtigen Tiedtke (nur durch ½ Cognacflasche getrennt).« Jakob Tiedtke wird später, aber das muss Ringelnatz nicht mehr erleben, in Veit Harlans Hetzfilm *Jud Süß* mitspielen. Er wird sich korrumpieren wie so viele Freunde von Ringelnatz, auch Veit Harlan ist ein Freund und Anfang der dreißiger Jahre Ringelnatz' Nachbar im Berliner Künstlerviertel Neu-Westend.

Der Film erlebt in den zwanziger Jahren seine große Zeit. Die ersten Stars werden gemacht, Illustrierte und Wochenschauen befeuern deren Popularität. Aber aus dem Daddeldu ist nichts geworden. Mitte April schreibt er an Muschelkalk: »Ich habe in der Verstimmung über den missglückten Film mich auf die Zeichnerei und Aquarellmalerei geworfen ...« An diesem Abend bei Flechtheim verkauft Ringelnatz 35 Bilder und verdient einenhalb Millionen Mark – Inflationsgeld versteht sich. Es kommt finanziell nicht viel rum bei der Soirée, aber Ringelnatz ist jetzt eine feste Größe der Berliner, ach was der deutschen Kunstszene. Der Schriftsteller und Kurator Carl Einstein nimmt die Organisation der Versteigerung in die Hand, ihm und der Bildhauerin Renée Sintenis hat Joachim Ringelnatz es zu verdanken, dass sich dem Neuling die Galerietüren so sperrangelweit öffnen. Es mag sein, dass Einstein schon deshalb Gefallen an Ringelnatz' Bildern findet, weil in ihnen die Fremde, das Exotische auf so besondere, unverstellte Weise Ausdruck findet. Einstein ist einer der ersten Kunstkenner, die sich für afrikanische Kunst interessieren, Einsteins Essay *Negerplastik* ist noch heute ein Standardwerk.

Wie Einstein Ringelnatz' malerisches Werk eingeschätzt hat, lässt sich nicht belegen. Aber mit einem Blick in seinen Essay kann man erahnen, dass Einstein Parallelen von der von ihm verehrten afrikanischen Kunst zur naiven Kunst des Joachim Ringelnatz zieht:

Die Kunst des Negers ist vor allem religiös bestimmt. Die Bildwerke werden verehrt wie bei irgendeinem antiken Volke. Der Verfertiger arbeitet sein Werk als die Gottheit oder ihr Bewahrer, das heißt, er besitzt von Beginn an Distanz zum Werk, das der Gott ist oder ihn festhält.

»Was sagst du nun zu mir u. zu Gott?«, fragt Ringelnatz seine Frau in jenem Brief vom 24. April, der von der gelungenen Auktion erzählt. Er lässt keinen Zweifel daran, dass er seine Kunst als Gottesgeschenk ansieht. Religiöse Motive finden sich in seinen Gedichten wie in seinen Bildern, sein Ölgemälde *Der Mann am Kreuz* von 1929 zeigt zwei junge Mädchen, die einen Christus anschauen, der auf eigentümliche Weise ans Kreuz gefesselt ist: Die rechte Hand am Querbalken angebunden, lässt er die linke schlaff herunterhängen; das Aquarell *Das weiße Kreuz* zeigt ein solches auf einer erdkugelartigen Wölbung, über der sich das Weltall erstreckt, und in *Herbstgang* geht ein spärlich bekleidetes Paar mit gebeugten Häuptern einen von großen Felssteinen gesäumten Weg entlang. Das Kreuz zur Rechten ist in einer Perspektive gezeichnet, die eine weiße Gestalt nur erahnen lässt, welche mit festen Seilen ans Kreuz gebunden ist. Ringelnatz sucht keine Erlösung in der Religion. Sie ist allgegenwärtige Instanz und dabei genauso unnahbar wie der Künstler selbst. Der Himmel ist auf seinen Gemälden die große Inszenierung der Leere. Seine Himmelsbrücke von 1927 endet im Nirgendwo, Wolken und Nebel umspielen sie, alles, was im Himmel unterwegs ist, Flugzeuge, Montgolfieren – alle sind sie fremd und verloren.

Joachim Ringelnatz liebt das Fliegen; er bekommt gelegentlich verbilligte Flugkarten für die Lufthansa. Einmal schreibt er eine Karte an Peter Scher, er schickt sie vom Flughafen Leipzig ab. »Herzliche Grüße aus dem Flugzeug – irgendwo«, schreibt er. Die Vorderseite zeigt ein weites ödes Flugfeld. Das Motiv könnte eines seiner Bilder sein. Irgendwo, Nirgendwo – das ist der Ort des rastlosen Artisten, des Bühnenkünstlers, der zwar eine Wohnung in München hat, eine Frau, die auf ihn wartet – aber seine Zeit verbringt er in allen möglichen Städten, in den Provinzen und im benachbarten Ausland, wo immer er ein Engagement angeboten bekommt, nimmt er es an. Wenn er in München ist, in seiner Wohnung in der Hohenzollernstraße, sitzt er vor der Staffelei. Er besitzt gute Pinsel, teure Farben, bei der Arbeit trägt er einen weißen Kittel – Malen ist keine Passion, es ist einer der vielen Berufe des Joachim Ringelnatz. Dass er ihn als Beruf erkannt hat, verdankt er Renée Sintenis, der Bildhauerin, die in Berlin mit dem deutlich älteren Maler Emil Rudolf Weiß zusammenlebt. Beide, Weiß und Sintenis, ermuntern Ringelnatz, immer kühnere Malvorhaben zu verwirklichen. Renée Sintenis wird eine von Ringelnatz' großen Freundinnen – sogar im Wortsinn, die hochgewachsene Frau überragt den kleinen Mann deutlich; er lebt bei ihr, wenn er in Berlin ist, und dichtet einige seiner schönsten Sachen für sie. Renée Sintenis hat sich irgendwann auf die Tiermalerei kapriziert; junge stolpernde Pferdchen, Hunde, Katzen und natürlich den berühmten Berliner Bären, den sie 1957 für die Berlinale entwirft. Und Rehe. Das Gedicht vom Reh im Park, eins der schönsten und feinsten Trinkertraumgedichte von Ringelnatz, ist übrigens der einzige Text, den der Dichter vor einer Filmkamera vorgetragen hat, nämlich für einen kurzen Beitrag der Emelka Tonwoche anlässlich seines 50. Geburtstags. Ringelnatz steht im Grünen, genauer gesagt, im Booth-Park vor seinem Haus am Berliner Sachsenplatz. Auf die Bitte des Moderators, ob er »eines seiner zu Recht so beliebten Gedichte vortragen« würde, antwortet der mit Honigkuchenpferdlächeln und einem freundlichen »gerne«. Die Aufnahme, sie ist das einzige erhaltene Filmdokument von Joachim Ringelnatz, zeigt sein zerfurchtes, schon von der beginnenden Krankheit ausgezehrtes Gesicht. Ringelnatz trägt einen dunklen Anzug und eine Krawatte,

und er spricht in sächselndem Singsang: »Dann will ich Ihnen ein
kleines Gedichtchen aufsagen: Im Park ...«

Im Park
Ein ganz kleines Reh
stand am ganz kleinen Baum,
Still und verklärt wie im Traum
Das war des Nachts elf Uhr zwei.
Dann ging ich um vier
Morgens wieder vorbei
Und da träumte noch immer das Tier.
Da schlich ich mich leise
Ich atmete kaum
Gegen den Wind an den Baum
Und gab dem Reh einen ganz kleinen Stips
Und da war es aus Gips.

Renée Sintenis gibt ihm für die Nacht nach dem Flechtheim-
Abend freie Logis, er nimmt morgens ein Bad bei ihr, Renée sei,
sagt Ringelnatz, »engelsgut« zu ihm. Es ist reine Freundschaft
zwischen den beiden, eine tiefe Verbindung zweier Solitäre. Sie
bittet ihn eines Tages, ihm für eine Bronzebüste Modell zu sitzen.
Wenn er von ihr fortgeht, ist ihm »dienstmädchen-donnerstags-
weh, / Weil ich nun weiterfahre. / Und ich war hundert Jahre /
mit dir zusammen, / Renée.« Sie schreibt ihm auf eine Postkarte,
dass sie auch gerne ein so schönes Gedicht schreiben würde wie
Ringelnatz: »Aber ich brauche es auch nicht, glaub ich, du weiß
schon Bescheid.« Sie wird eines Tages auch etwas Bleibendes für
ihren Freund Joachim Ringelnatz schaffen: den Grabstein aus Muschelkalk mit den von ihr entworfenen Lettern seines Namens.

Ringelnatz arbeitet sich an die Malerei ähnlich heran wie er sich
1909 für die Vortragskunst im Simplicissimus geschult hat – durch
Anschauen und Nachahmen. Aber er nimmt auch Unterricht. Am
9. April nutzt er die freie Zeit in Frankfurt, um einen Kurs in

Aktzeichnen zu besuchen. Ringelnatz lässt sich nicht auf Diskussionen über seine Bilder ein, er will sie nicht erklären, weil er sie nicht erklären kann. In seinen Gedichten tastet er das Wunder seiner Malerei gelegentlich ab, in *Amaryllis* lässt der Künstler den Malpinsel die Arbeit machen, die Kunst wird zum Automatismus, die Welt draußen ist ausgeblendet: »Die Zeit steht still/ Der Pinsel zecht, läuft, zecht, läuft schnell/ Und weiter als er darf und will.« Und dass man die Welt im Bild nicht besser machen darf als sie in Wirklichkeit ist, und dass überall die Lüge lauert, deutet Ringelnatz in *Malerin Klugschnack* an: Der Maler, der eigentlich keiner ist, stellt sich vor, er würde einem Bettler ein Stück Käse geben und die Szene zu einer schnurrig-sentimentalen Milieu-Idylle zusammenrühren, dann, so die ironische Drehung, würde er sich berechtigt fühlen, der jungen, offenbar altklugen Malerin »Anfangsunterricht im Malen geben/ Ob ich auch durchaus kein Maler bin«. Sich selbst zurechtweisen, wenn es darum geht, auch in der Kunst ehrlich zu sein! Im Gedicht *Malerstunde* ist es nur eine eingesperrte Fliege, die Hunger hat, aber Ringelnatz weiß, dass der Hunger eine soziale Größe in diesen Jahren ist, und dass man ihn auch zynisch und verlogen beschreiben könnte: »Ach, Hunger tut weh. Aber er schont die Hose/ Und macht sie locker.« Als er darangeht, das Thema Hunger in einem schönen Bild zu bannen, fehlt ihm die passende schöne Farbe: »Ha! Jetzt habe ich eine Idee!/ Weh! Aber keinen lichten Ocker!«

Joachim Ringelnatz organisiert sich als Maler ähnlich professionell wie als Schriftsteller und Vortragskünstler. Die Flechtheim-Auktion hilft ihm, seine Aquarelle und Ölbilder einer breiten Öffentlichkeit bekannt zu machen, er stellt in kleineren Galerien aus, Buchhandlungen verkaufen seine Bilder, und er wird in der Berliner Akademie seine Arbeiten neben denen von Otto Dix, Paul Klee und Wassily Kandinsky ausstellen. Den großen ätzenden Gesellschaftssezierer George Grosz lernt er über Renée Sintenis kennen, die gut vernetzte Bildhauerin und Zeichnerin macht ihn auf den linken Künstlerbund *Novembergruppe* aufmerk-

sam, dem Ringelnatz 1929 beitritt. Auch in die Vereinigung Junges Rheinland lässt Ringelnatz sich aufnehmen – er will seine Kunst
verbreiten, natürlich, um Anerkennung zu finden, aber auch, um
sein größtes Problem in den Griff zu bekommen: seine nach wie
vor auf Kante genähte wirtschaftliche Situation. Zumal die Malerei weniger einbringt als sie ihn kostet: »Ich habe viel Geld für
Material zum Ölmalen ausgeben müssen und wir müssen spar-
sam sein«, schreibt er im Februar 1925 an Muschelkalk. »Meine
Malerei hat viel Geld geschluckt«, heißt es zwei Wochen später,
aber er hat vier Ölgemälde bei Flechtheim und dem Galeristen
Nierendorf in Kommission gegeben. Und er hat seine Stamm-
kunden, zum Beispiel den Feinkosthändler Pabst aus Frankfurt,
der im Frühjahr 1925 die Bilder Nacht überm Kirchhof und Nordsee
für 200 bzw. 100 Mark erwirbt. Ringelnatz muss in dem damals
führenden Delikatessenkaufmann eine verlässliche Geld- und Er-
nährungsquelle gesehen haben, im Jahr 1932 erfreut er Muschelkalk mit der Aussicht auf eine »Sendung Conserven«, die er Pabst
abgeschwatzt hat. Zum Dank dichtet Ringelnatz »Für die Fein-
kostfabrik Pabst und Türk« eine Ladung Reklameverse des Kalibers »Wenn es Dir schmeckt, wo du Dich labst,/ Ist die Parole
Türk und Pabst.« Es wird für Ringelnatz immer schwieriger, seiner Muschelkalk ein regelmäßiges Einkommen zu garantieren.
Die großen Jahre des Kabaretts scheinen auch vorbei zu sein,
bekannte Häuser wie Trude Hesterbergs Wilde Bühne stehen vor
der Insolvenz, außerdem liefern sich die Stars des Kabaretts immer wildere Hahnenkämpfe – ähnlich wie beim neuen Schall und
Rauch: die Diseusen Kate Kühl, sie ist auch eine große Ringel-
natz-Freundin, und Marguerite bekämpfen sich bis aufs Blut, der
Vermieter Wreschinsky will den Vertrag nicht verlängern, Walter
Mehring fliegt raus, Kurt Tucholsky wird engagiert, kehrt aber
auf dem Absatz wieder um, »stattdessen ist die versoffene Was-
serratte Mehring frech wieder aufgetaucht«, notiert der Kaba-
rettautor und Dandy Marcellus Schiffer in sein Tagebuch. Am 16.
Oktober brennt das Theater nach einem Kurzschluss durch einen defekten Ventilator völlig ab. »Das ist ein großer Verlust für

mich«, schreibt Ringelnatz an Muschelkalk, verspricht ihr aber gleichzeitig, nach der Ruine zu fahren und den »guten guten Engel« zu besuchen. Damit ist eine kleine Statue im Hinterhof des Theaters gemeint, in welchem Ringelnatz das gemeinsame Gottessymbol für sich und seine Frau sieht. Ringelnatz muss mühselige Arbeiten übernehmen – die kleine schnodderige Geschichte *Kuttel Daddeldu erzählt seinen Kindern das Märchen von Rotkäppchen* soll er für Alfred Richard Meyer zwölfmal abschreiben und illustrieren – der Verleger möchte eine exklusive Ausgabe für Liebhaber herausgeben; eine hässliche Arbeit nennt Ringelnatz die mühsame Herstellung der Liebesgabe, aber er fühlt sich ein wenig in Meyers Schuld, schließlich hat Ringelnatz ihm zugunsten des glanzvolleren Kurt Wolff Verlags den Rücken gekehrt. Seit Monaten geht Ringelnatz nun hausieren mit einem Prosabändchen – eine Sammlung grotesker Märchen, die Verleger reagieren mäßig begeistert, was nicht verwundern kann, denn die Geschichten sind reichlich bemühte und deshalb literarisch schwer übersteuerte Nonsensnovellen. Unter dem Titel *Nervosipopel* erscheinen sie 1924 im kleinen Münchner Verlag Günther Langes – beachtet wird das Buch kaum. Es stehen zwei Texte in dem Band, von denen der eine in seiner utopischen Hinwendung vielleicht einen Spiegel der Ringelnatz'schen Seelenlage darstellt. Gemeint ist die Geschichte *Abseits der Geographie*: Der vom Elend der Eintönigkeit geschundene und daher lebensmüde Droschkenkutscher Porösel gewinnt den Eindruck, sein Pferd lache ihn aus. Tatsächlich ist der Gaul sogar in der Lage zu sprechen und rät seinem etwas dümmlichen Herrn, sich in eine bestimmte Wohnung in der Fasanenstraße zu begeben (wenn die in Berlin gemeint ist, dürfte die Wohnung heute in direkter Nähe zum Literaturhaus liegen). Dort soll sich Porösel per Klospülung in eine Welt der Empfindungslosigkeit befördern lassen. Und tatsächlich gelangt der Kutscher in ein Land, das keinen Schmerz kennt und keinen Tod, allerdings auch keine Liebe. Er lässt seinen Porösel Tagebuch führen, eine Angewohnheit, die auch Ringelnatz hat, und die Eigenarten des Landes schildern:

Es gäbe dort kein Verrecken, womit er Tod oder Sterben meint. Wenn einem beim Duell ein Ohr oder sonst ein Glied abgeschlagen wurde, so wuchs innerhalb von acht Tagen erstens ein neues Ohr an den Menschen und zweitens ein neuer Mensch an das Ohr. (…)

Außerdem, vermerkt Porösel, gebe es in diesem schmerzfreien Utopia auch keine »Zuneigung in unserem schmutzigen Sinne«, die Verbindung von Schmutz und Sexualität kennen wir ja schon aus den Briefen an Muschelkalk. Wer sich aber an diesem wunderbaren Ort vermehren wollte, muss sich ein paar Finger abschneiden und zehn Tage warten, bis er Nachwuchs bekommt. Wieder eine Zeugungsphantasie von Ringelnatz, dem kinderlosen, »herzbetrunkenen Kind«, wie er sich einmal nennt. Die Kultur der Unverwundbarkeit und der Schmerzlosigkeit, die in diesem nur durch den Abort zugänglichen Land gepflegt wird, langweilt den Droschkenkutscher, und der Erzähler distanziert sich sofort von diesem »engköpfigen Tagebuchschreiber«. Letzten Endes entscheidet sich Porösel aber nach einem unappetitlichen Rückkehrversuch durch die Toilette seiner Schwester, wiederzukehren »in jene geheimnisvolle Fremde, wo er verscholl«. In der Fremde verschwinden, aufgehen und untergehen in einer Welt, die wild und unvertraut ist – war das nicht der brennende Wunsch des jungen Bötticher, der deshalb zur See fuhr, in den Krieg zog und sich am Ende in Joachim Ringelnatz verwandelt hat? Es wird in *Nervosipopel* auch von einem jungen Mann erzählt, der sich weit weg wünscht, weg von der Erde, weg von den Menschen, weg von dem, was Rilke in seinen *Duineser Elegien* die »gedeutete Welt« nennt. Fidje Pappendiek stiehlt dem Fallschirmakrobaten Pilmartine, einem Franzosen, die Schau, indem er auf ein Fahrrad steigt und mit diesem im Himmel verschwindet. Im Ort wird der bis dahin als faul und unzuverlässig geltende Lehrling zum Mythos, dann beginnt das Vergessen, und eines Tages kehrt Fidje zurück, ohne zu verraten, wo er sich die ganzen Jahre aufgehalten hat. Der Junge vermarktet seine Geschichte, die keine erzählte Geschichte ist; er wird reich, dann stellt man ihn nach einer Intrige vor Gericht; der Richter unternimmt einen weiteren Versuch, Fidje zu bewegen, seinen geheimnisvollen Aufenthaltsort preiszugeben. Er erzählt von seinen Erlebnissen auf den Planeten Glyzerin und Klopsie, auf denen er gelebt habe, später sei er auf den Seitenmond Exlibris gelandet – erinnert das nicht an jene frühen Münchner Jahre, in denen Ringelnatz kleiner Seitenvater Appendix bei den Bibliomanen um Carl Georg von Maassen war? Natürlich endet die Gerichtsverhandlung damit, dass Fidje demonstrieren muss, wie er seinerzeit das Fahrrad bestiegen und mit diesem fortgeflogen sei, ein Effekt, der auch bei der Beweisführung wieder eintritt, Fidje verschwindet spurlos im Himmel. Den Fantasien der Flucht aus dem Erreichten, die Furcht, im Gegebenen das Erstarrte vorzufinden und in der Selbstzufriedenheit zu verkommen, hat Joachim Ringelnatz immer neue Varianten geschenkt. Er bleibt der Abenteurer, als der er 1901 angetreten ist, die Weltmeere zu durchfahren. Der »geheimnisvoll lockende Trieb« lässt ihn, wie er in seinem Gedicht *Der Abenteurer* schreibt, »durch meine eigene Brust« reisen:

Ich will mich treiben lassen
In Welten, die nur ein Fremder sieht.
Ich möchte erkämpfen, erfassen,
Erleben, was anders geschieht.

Ein Glück ist niemals erreicht.
Mich lockt ein fernstes Gefunkel,
Mich lockt ein raunendes Dunkel
Ins nebelhafte Vielleicht.

Im Januar 1925 heißt dieses fernste Gefunkel Paris. Für drei Wochen reist Joachim Ringelnatz in die französische Hauptstadt. Von München aus fährt er los, lässt sich von einer schwatzsüchtigen Frau, die sich fälschlich als Französin ausgibt, halb totquatschen, bis er sich kurz nach Nancy in den Speisewagen flüchtet, wo er sich eine Flasche Champagner reinzieht. Sein Französisch ist schlecht, er hat in der Schule versäumt, es zu lernen, und was die Seeleute an Kauderwelsch anzubieten hatten, ließ dem Matrosen Bötticher auf dem Feld der Sprachaneignung keinen Schritt weiterkommen. Er wohnt im Hotel Raspail, direkt am Boulevard Montparnasse, und lässt sich nachts durch die Bars und Restaurants treiben. Er isst Austern, trinkt billigen Wein; weil er nicht weiß, was die Namen auf der Speisekarte zu bedeuten haben, bestellt er immer das vierte Gericht von oben. »Und wenn ich Fleisch dachte, kamen Weinbergschnecken, und als ich mich auf eine raffinierte Fischpastete freute, erschien ein Teller mit Spinat. Aber alle Speisen sind lecker und spottbillig und der Kaffee ist stark.« Er macht Bekanntschaften in Paris, vor allem mit Deutschen, die dort leben. Der junge Maler Paul Strecker führt ihn durch die Kneipen und in die Künstlerateliers; auch der neunzehnjährige Hanns Erich Haack heftet sich an Ringelnatz. Warum der spätere Diplomat Haack, der sowohl im Dritten Reich als auch später in der Bundesrepublik den inoffiziellen Titel ›Meisterspion‹ trug, so eng mit Ringelnatz ist, bleibt rätselhaft. Haack gehört später zur Organisation Todt, die Rüstungswälle für U-Boote bauen ließ, er ist dort für die »rechtlichen« Fragen zuständig. Nach dem Dritten Reich knüpft er lückenlos an seine diplomatische Karriere an, wird der erste Leiter des Bundesarchivs und von 1972 bis 1980 Chef der deutschen Delegation bei der UNESCO in Paris. Jetzt aber, im Januar 1925, läuft er mit dem berühmten Artisten Joachim Ringelnatz über die Boulevards. Haack lernt in Ringelnatz einen Mann kennen, den das Leben bitter gemacht hat, dessen Beobachtungskunst genau und kalt ist und dessen Lebensverzweiflung sich in Wut und Verachtung gießt: »Warum geht es wohl gerade allen ekligen Leuten so gut?«, soll er den jungen Haack gefragt haben. Hanns Erich Haack erinnert sich dreißig Jahre später, anlässlich Ringelnatz' 70. Geburtstag, in einer kleinen Grußgirlande für die *Deutsche Rundschau*:

Es werden rund 25 Jahre her sein, dass wir uns zuletzt in Paris begegneten, wo Du über den regenglänzenden Asphalt rutschtest und Dich über Negerkapellen, Schnaps und Spießbürger ärgertest. Aber ich weiß noch sehr gut, welche Freude Du an Kiki hattest und an all den vielen großen und kleinen Menschlichkeiten der Seine-Stadt wie an den Pastelltönen des empfindlichen Malers Jules Pascin. Dein äußeres Leben hielten wir für ein Missverständnis: denn dein Geist flog sehr hoch, während dein Leib sozusagen im Urzustand auf dem Bärenfell (mit Methorn!) verblieben war. Natürlich war das nur Schein ... Du empfandest das Leben als eine grimassenhafte Paraphrase und wusstest, dass die Wahrheit dahinter steht. Kein Wunder, dass Du im Kampf gegen die Härte, Kälte und Gefühllosigkeit Deiner Mitmenschen manchmal abstoßend heftig wurdest und in der Wut der Verzweiflung Zuflucht zum wilden Schrei der Kreatur nahmst. Dann kam es vor, als öffnetest Du Deine Pulsadern und ließest Dein Blut in Strömen fließen.

Scheu, ängstlich und eigentlich liebebedürftig – so will Haack seinen älteren Freund erkannt haben. Vermutlich im Umfeld Haacks dürfte der Kunsthändler Adolph Wüster stehen, mit dem Ringelnatz am 5. Januar auf dem Montmartre sitzt. Wüster ist Diplomat in Paris und wird später vom Reichsministerium angestellt und beauftragt, Bilder anzukaufen. Er wird eine, wenngleich nicht sehr große, Rolle beim staatlich organisierten Kunstraub der Nationalsozialisten spielen. Diese Zeit ist noch fern in jenen Januartagen 1925. Ringelnatz zieht ohne Ziel durch die Stadt, springt auf Omnibusse auf, nimmt irgendeine Straßenbahn irgendwohin. Er lernt die Metro kennen, die Gerüche nach hygienischer Seife, mit welcher die Wagen abgespritzt werden, er fährt Taxi, staunt über den grandiosen Verkehr der Metropole, die er immer wieder mit Berlin vergleicht, das ihm klein und eng vorkommt:»Berlin ist ein Dorf dagegen«, schreibt er an Muschelkalk. In Paris ist Ringelnatz als Maler unterwegs. Er knüpft Kontakte, der Direktor des Kölner Wallraf-Richartz-Museums führt ihn durch die Museen und der Maler Paul Strecker macht ihn mit dem Künstler Jules Pascin bekannt. Pascin ist zwei Jahre jünger als Ringelnatz und ein Star in der Bohemewelt des Montmartre. Der Sohn eines reichen bulgarischen Getreidehändlers heißt mit bürgerlichem Namen Julius Pincas und kommt bereits 1905 nach München, wo ihn Albert Langen zum regelmäßigen Mitarbeiter seines *Simplicissimus* macht. Der Vater verachtet die Kunst seines Sohnes und verbietet ihm fortan, seinen Namen zu führen. Pincas wählt das Anagramm Pascin und zieht zurück nach Paris, sein Atelier richtet er am Boulevard des Batignolles ein, wo er fulminante Feste und Gesellschaften gibt. Am 7. Januar ist auch Joachim Ringelnatz unter den fünfzehn bis zwanzig Gästen. In seinem Feuilleton *Ringelnatz im großen Paris* schreibt Ringelnatz:»Das wurde eine tolle Geschichte, die in des Künstlers Atelier begann, wo seine schönen Aquarelle und Zeichnungen in einem Krankenkassenzahnarztzimmer herumfleddern; und sie endete (wenigstens für mich) in einer Bar.« In welchen Bars er im Einzelnen war, listet Ringelnatz in seinem Gedicht *Abschied für Pascin* auf, das, in einem charmant-ungelenken Französisch geschrieben, die ganze Essenz seines dreiwöchigen Paris-Aufenthalts enthält:»Je suis été chez Pascin./ Et j'ai trouvé des amis;/ Et un plus bon s'appelle vin. – / J'aime Paris.« Auch das berühmte Kabarett Jockey wird erwähnt, wo Ringelnatz der reizenden Sängerin Kiki Montparnasse zuhört, die eigentlich Alice Prin heißt und eines der bevorzugten Nacktmodelle des Fotografen Man Ray ist.

Paul Strecker schreibt am 16. Januar in sein Tagebuch:»Nachmittags bei Pascin auf Montmartre mit Levy, Ringelnatz, Frau Krohg, die von einem Papagei gebissen worden ist und den Arm in der Schlinge trägt, einem Bulgaren Papazoff und einer Ungarin, Mutter einer wie man versichert sehr schönen Tochter. Atelier im grössten Durcheinander, östlich wie die ganze Production. Ringelnatz trägt ein selbstverfasstes franz. Gedicht vor, Pascin gewidmet.« Paul Strecker erinnert sich 1947 noch einmal an den Abend in Pascins Atelier am Boulevard des Batignolles:

Ringelnatz hatte eine Zeichnung gemacht und schenkte sie Pascin; er hatte wohl im Geheimen den Wunsch, dass auch Pascin ihm etwas schenke. Pascin lächelte mild und fern, wie er es immer tat. Er war immer wo anders. Aber Ringelnatz bekam keine Zeichnung. Im Atelier, auf dem Bett, auf dem Boden verstreut lagen die herrlichen Blätter Pascins.

Ein weiteres Gedicht schreibt Ringelnatz für Muschelkalk. In diesen Versen schimmert Ringelnatz' Abneigung gegen das Spießertum der Stadt durch, von dem Hanns Erich Haack spricht:

> Unsympathisch, unergründlich
> Comme chez nous ist die Bourgeoisie,
> Doch die simplen Leute von Pari
> Und die Künstler und die bunten Fremden,
> Pascin, Eiffelturm und der und das und die –
> Morgen, Liebste, schildre ich das mündlich.
> Und die Strümpfe und koketten Hemden.

Der schwer depressive Pascin erhängt sich am 5. Juni 1930 in seiner Pariser Wohnung. Der Tod des Malerfreundes erschüttert Ringelnatz. Sein Gedicht *Leid um Pascin* beginnt mit dem Satz:»Ach das Leben ist schwer.« Für ihn ist auch Paris kein Ort mehr, an den er zurückkehren möchte:»Das Herz auf dem Montmartre brach.// Er spürt, dass die Welt um ihn kleiner wird und beschwört die Freundschaften, die ihm jetzt noch bleiben:»Die Menschen, die ihm nach/ Noch leben und so lieben –:/ Ihr wenigen, lasst Hand in Hand.«

Aber noch geht das Leben weiter für den reisenden Artisten. Seine großen Gedichtbände liegen noch vor ihm, seine Erfolge als Vortragskünstler und Maler sind ungebrochen. Auch wenn die äußere Welt, das Leben als freier Künstler immer schwerer wird.

Ich pfeife durchaus nicht auf Ruhm und auf Ehre

Der Journalist Walter Anatol Persich lernt Ringelnatz Ende der zwanziger Jahre kennen und unternimmt den Versuch, den berühmten Künstler zu interviewen – ein Ansinnen, das Ringelnatz immer wieder zurückgewiesen hat, und auch bei Persich möchte er keine Ausnahme machen. Aber der junge Reporter scheint ihm sympathisch zu sein, eine Seltenheit bei dem oft so schroffen und auskunftsunwilligen Ringelnatz. Und so gelingt es Persich, Ringelnatz einige interessante Äußerungen zu seinem Künstlertum abzuringen. Mitten im Raum des Lokals habe Ringelnatz gestanden, erinnert sich Persich:»Ein kleiner Mann mit Rosen in der Hand. Ganz kindlich umschloss seine linke Hand das Sträußchen, während die rechte ein Glas Cognac-sauer hielt und seine Nase dominierte. Über den Augen flammten wilde Brauen, durch das Gesicht liefen die Spuren eines wirklichen Lebens.« Persich fragt ihn, was man als Journalist zu fragen hat, nämlich ob Ringelnatz ihm ein Interview geben würde. Ringelnatz lehnt ab, aber Persich hat ohnehin gleich erkannt, dass es sinnvoller ist, den Artisten in ein unverbindliches Gespräch zu locken:»Joachim erzählt als Mensch viel wichtigere Sachen als er als Interviewter verraten würde.« Und auch Ringelnatz weiß genau, warum er sich grundsätzlich nicht auf Wortlaut-Befragungen einlässt, er kennt sich selbst gut genug:»Sie müssen mir nicht übelnehmen, wenn ich Quatsch rede, wahrscheinlich bin ich schon wieder sehr besoffen. Aber das schadet nichts.« Dann geht ein veritables Geschimpfe los auf die Frankfurter Clique, die ihm immer unsympathisch gewesen sei, weshalb er sich in Frankfurt lieber allein bewege. Dann erzählt er eine hanebüchene Geschichte vom Besuch einer Verbrecherkneipe – das Wort verwendet er auch in seinen Briefen aus Paris –, in welcher er verhaftet worden und in einen Polizeiwagen geschleppt worden sei. Schließlich habe sich herausgestellt, dass alle Verbrecher in Wahrheit Statisten eines Films gewesen seien und jemand habe, während er abgeführt worden sei, gerufen: »Guck mal, was der für'n perversen Schlips hat.« Dann folgt ein rustikales Bekenntnis zum Artistenleben, das er scharf zum Literatentum abgrenzt: »Der Literat«, sagt Ringelnatz, »lebt nur halb, er ist zu intellektuell behaftet, um sich wirklich auszuleben, der Artist, nur im Kreise seiner Arbeit atmend, lebt unbedingt und rückhaltlos.« Immerhin bedaure er, als junger Kerl den Dingen zu wenig Gewicht beigemessen zu haben, er dürfte damit Bildungsangelegenheiten meinen, die Pflicht, sich lesend und studierend einen Grundstock an Wissen anzueignen. Ihr Fehlen bedauert Ringelnatz immer wieder, er kokettiert wohl mit seiner angeblichen geistigen Unbelecktheit, die er allerdings, wo er konnte, mit Lektüre ausgeglichen hat.

Die Jahre, die nun noch vor ihm liegen, sind von zwei grotesk einander entgegenstehenden Phänomenen geprägt: die wachsende Popularität des Schriftstellers und Kabarettisten und die immer prekärer werdende wirtschaftliche Lage von Muschelkalk und Ringelnatz. »Besitz macht ruhelos und bringt nicht Ruhm«, schreibt er in einem Gedicht aus dieser Zeit. Die Nachrichten aus der Republik sind alles andere als zukunftsweisend. Im Ruhrgebiet geht die Kohleförderung drastisch zurück. Die Gewerkschaften versuchen sich von ihren kommunistischen Unterorganisationen freizuschütteln und die Reichstagsabgeordneten beschwören die Weimarer Republik als ersten Volksstaat. Eine Einschätzung, die von den liberalen und linksdenkenden Intellektuellen im Land eher nicht geteilt wird. Eine Art Flaggenkrieg bricht aus, die Regierung lässt öffentliche Gebäude mit den Reichsfarben schmücken, libertäre Privatmenschen bringen die schwarz-rot-goldene Fahne an ihren Fenstern an – es wird so grotesk, dass Reichswehrminister Wilhelm Groener die Beflaggung durch die Reichswehr regeln lässt. Das Reichsflaggengesetz schreibt vor, dass »das Beflaggen mit den Farben schwarz-weiß-rot ohne gleichzeitige Beflaggung mit den Farben schwarz-rot-gold« verboten ist. »Steife

Flaggen, die zur Börse hasten«, heißt es in Ringelnatz' Hamburg-Gedicht aus den Reisebriefen. In München, wo Ringelnatz nach wie vor lebt, wird Adolf Hitler mehr und mehr zur Salon-Größe. Der Kunstverleger Hugo Bruckmann lässt ihn in seine Villa ein; an dem Abend ist auch der Ruhrbaron Emil Kirdorf anwesend, dem Hitler das Programm seiner NSDAP herunterbetet. Kirdorf wird Bruckmann Geld geben, damit er Hitlers Kampfschrift Der Weg zum Wiederaufstieg publizieren kann.

»Deutschland ist eine Ausbeutungskolonie des internationalen jüdischen Parketts.« Mit dieser Losung lässt Joseph Goebbels im Juli 1927 zum ersten Mal sein Kampfblatt Der Angriff erscheinen. Noch sind die Nationalsozialisten überschaubare Größen, die von Industriellen und Bankleuten finanziert werden, weil die sich von den Braunen den Wiederaufstieg Deutschlands zu alter imperialer Herrlichkeit versprechen. Ringelnatz nimmt die Veränderung des politischen Klimas wahr; er spürt, dass Nonkonformisten wie er in München nicht sehr gelitten sind, und er hat ein feines Gespür für die schärfer werdende Rhetorik von rechts und die Hilflosigkeit der besitzständewahrenden Politik: »Es gibt eine Lüge, politisch und kühn/ Und die ist auch noch zu rügen.« Viel deutlicher wird er nicht; er will kein politischer Schriftsteller sein, Staatsgeschäfte interessieren ihn nur, soweit sie seine eigene Haushaltskasse angehen.

Im Gedicht Die zwei Polis sagt er es deutlich: Kunst und Staatskunst haben keine gemeinsame Schnittmenge; die Politik prägt die Zeitläufte, und in denen gibt es keinen Platz für die Kunst, für den Geist, für das freie Denken, wie es Ringelnatz vorschwebt: »Bei der Tik verlangt man Krummheit/ Im gegebenen Moment./ Und die Zei wünscht füge Dummheit,/ Weil sie keinen Shakespeare kennt.« Er möchte »möglichst fern von beiden sein«, aber ein Schriftsteller, der eine derart große Aufmerksamkeit mit Texten auf sich zieht, die ein so radikal nonkonformes Weltbild spiegeln, wird zwangsläufig politisch sein. Bei seinen Auftritten ach-

197

tet er nach wie vor darauf, seinem Image gerecht zu werden. Die Rolle als Seemann ist festgelegt, sie ist seine Corporate Identity und er wird in ihr nicht brechtisch werden oder mühsamisch und tucholskysch. Andererseits ist er auch ein Erzieher, ja, Ringelnatz ist der verwegene, sofaaufschlitzende Pädagoge einer Jugend, der er Anpassung und Demütigung ersparen möchte. Er weiß selber und sagt es immer wieder: Bei ihm selbst ist die Jugend nicht glücklich verlaufen. Immer geriet das eine zugunsten des anderen ins Abseits. In seinem Gedicht *Der Mut der reifen Jugend* steht es bündig:

> Soll reife Jugend weise, überlegen,
> Maßvoll gelehrt und unpolitisch sein??
> Darf sie verdreht und zukunftsblind verwegen
> Vergnügungen saufen?? – Ja! und so auch: Nein!

Er hat eine große Fangemeinde, die ihm schmeichelt, ihm zujubelt und ihm wohl allzu oft auch gehörig auf die Nerven geht. Muschelkalk wird mehr und mehr seine Agentin, sie muss auch die Briefe beantworten, die ihm missfallen:»Den Brief an Chalikiopoulos sende ich dir anbei zurück, *ich* kann solchen hysterischen Frauen *nicht* antworten. Ich konnte dieses Geschwafel, was von einer grauenhaften Langeweile zeugt, nicht einmal zu Ende lesen. *Antworte Du ihr* ...«

Auch Ernst Rowohlt, sein Verleger, der ihn als Schriftsteller groß gemacht hat, bekommt Ringelnatz' uncharmante Seite zu spüren. Rowohlt ist dabei, Ringelnatz' Kriegserinnerungen vorzubereiten, und schickt ihm ein Telegramm:»Können Sie am Mittwoch nach Berlin kommen und bei mir wohnen?« Ringelnatz »drahtet zurück: Nein. Gruß Ringelnatz. Er soll ruhig einmal sehen, daß ich böse auf ihn bin.«

Selbstbewusst ist Ringelnatz von Anfang an gewesen. Der lockende Trieb, etwas zu erleben, hat ihn ermächtigt, sich das zu holen, was ihm zusteht, im Leben und in der Kunst. Er wird hochmütig, kanzelt Journalisten ab, die für ihn eigentlich nicht ganz unwichtig sind. Er besucht die Redaktion der *Woche*, findet »diese Leute grenzenlos dumm«, auch beim *Berliner Tageblatt* findet er nur dumme Leute, »die keine Ideen mehr haben. Alle wollen nur Rundfragen und immer nur Rundfragen.«

Die Umfrage bei Prominenten, auch heute noch eine beliebte Einrichtung in Redaktionen, wird in der Tat inflationär betrieben, Ringelnatz hat auf zahllose solcher Ansinnen mal ernst, meist aber ironisch geantwortet. »Was ich täte, wenn ich 50 000 Dollar besäße? Ich würde verrückt, bliebe also Schriftsteller.« Auf die Frage, ob sich dichterisches Schaffen mit anderer Tätigkeit vereinbaren lasse, fällt ihm als Antwort ein: »Aber ich frage Sie: Können drei Jahre als Gehilfe einer Leichenfrau spurlos an Ihnen vorübergehen?« Anlässlich der Frage, was er mit seinem ersten selbstverdienten Geld gemacht habe, skizziert er eine hanebüchene Hausierer-Geschichte und endet seine Entgegnung mit dem Satz: »Ich könnte weinen, wenn ich daran denke, dass diese rührende Anekdote vollkommen erlogen ist.«

Er reist durchs Land, schreibt wie der Teufel und schickt die Texte zu Muschelkalk nach München. Der lyrische Kleinunternehmer Joachim Ringelnatz ist ein hochorganisierter Agent in eigener Sache, und Muschelkalk ist keineswegs nur die brave, unkritische Kopistin seiner Werke. Sie rezipiert und kritisiert, und was sie an seinen Arbeiten auszusetzen hat, nimmt er selten an: »Was Du über das Krampfhafte bezüglich Flugzeuggedichte schreibst, trifft gerade für das Nilpferdgedicht nicht zu, dieses Gedicht ist sozusagen auf Bestellung für das *Illustrierte Blatt* und zu einer (!) Foto gemacht.« Sein Publikum ist inzwischen bereit für die anderen Ringelnatz-Töne, die nicht derben, die nachdenklichen und lyrischen Texte. Ringelnatz weiß genau, wann und vor allem wo er sie vortragen kann.

In Frankfurt kann man mit einem melancholischen Gedicht wie *Komm, sage mir, was du für Sorgen hast* eher etwas anfangen als im *Simpl*, der immer noch seine Hausadresse und wichtigste Einnahmequelle ist. »Es weht ganz sanft über die brutalsten Dinge«, schreibt der Kritiker Bernhard Diebold. »Peter Altenbergsche Schärfe und Morgensternsche Güte. Aber mehr im Rausch gelallt als aus der Meditation. Er denkt weniger als dass er schaut. Er sieht so viele unwichtige Dinge wichtig werden.«

In hoher Taktzahl erscheinen seine Gedichte in Zeitungen und Illustrierten, Ernst Rowohlt bringt seine lyrischen Sammlungen in aufwendigen Editionen heraus, fast alle mit Zeichnungen von Olaf Gulbransson auf dem Titel. Sie zeigen Ringelnatz im Zerrbild, sein markantes, klabauterhaftes Gesicht, seine schmale, schlotternde Gestalt hält ein kleines Flugzeug in der Hand: *Flugzeuggedanken* erscheint 1929. Ringelnatz liebt die Fliegerei, davon war bereits die Rede. Die Welt von oben betrachtet bietet ihm die Perspektive des von allen Mühen Entbundenen. Die »Felder und Bauten des Fleißes« sind ihm fremd, er weiß, dass er dort unten irgendwann begraben wird, aber der Gedanke, in der Luft zu bleiben und zu leben und gleichzeitig tot zu sein, erschreckt ihn auch. Seine *Flugzeuggedanken* sind ein großer Gesang auf die noch junge Technik, er nimmt sie mal aus dem Blickwinkel des Vogelkundlers wahr, wenn er das Aussteigen der Passagiere beschreibt: »Ich habe persönlich festgestellt:/ Sie bringen lebendige Junge zur Welt,/ Die wie Menschen aussehen, / Wenn sie aus ihnen herausgehen.« Er spottet über Flugangst und Übelkeit: »Speie froh. Es wird dir polizeilich/ Und moralisch jederzeit verziehn.« Flugzeuge sind für ihn Kommunikationsmedien, sie überliefern, was woanders geschieht, beinahe in Echtzeit: »Flugzeuge landen von Zeit zu Zeit,/ Und jedes aus anderer Gegend./ Ich höre, dass es in Bozen schneit/ Und dass es in Hamburg regnet.« Dem Blasierten, der beim Flug nicht das Hochgefühl erfahren hat, das der Dichter nach einer Flugreise empfindet, faucht er sein knappes »Danke, sagte ich, genügt!/ Halten Sie jetzt Ihren Schnabel!« entgegen.

Ringelnatz lässt sich gerne im Umfeld der Luftfahrt fotografieren; vor einer Rundreise mit dem Fesselballon in Augsburg, lachend beim Herausklettern aus einem havarierten Flugzeug, bei einer Flugschau der Lufthansa Ende der zwanziger Jahre und einmal auch mit dem Kunstflieger Ernst Udet, der später des Teufels General wurde. Davor gehörte Udet zu jenen »Fliegerleuten«, die für Ringelnatz »goldige Kerls« sind, mitunter »Humorvoll und kühn, sich beherrschend, bescheiden«. Ringelnatz benutzt das Flugzeug für friedliche Zwecke – um das Gefühl der Erhabenheit auszukosten oder um schnell an einen Auftrittsort zu kommen. Oder, und hier wird es fast schon ein wenig allegorisch, um ein Werk von Ort zu Ort zu transportieren, wie das Bild *Arktische Landschaft*, das er »ganz zart in eines Flugzeuges Bauch« steckt, damit es an den Herrn gerät, der es ihm abgekauft hat.

Joachim Ringelnatz hat jetzt seine Flughöhe erreicht, er ist ein bekannter, ja ein berühmter Mann in der an Berühmtheiten sicher nicht armen Weimarer Republik. Er mag schroff sein, wie entferntere Bekannte, aber auch engere Freunde immer wieder betonen; aber er ist auch ein guter Gesellschafter, ein versierter Netzwerker. Fast jeden Tag lernt er neue Leute kennen; die Namen und Adressen bittet er Muschelkalk zu notieren – man kann nie wissen, wozu der oder die mal gut sein könnte. Für Homestorys lässt er Journalisten in seine Wohnung in der Hohenzollernstraße, am liebsten natürlich solche, die er kennt – wie seinen alten Freund Max Geisenheyner, der ein Jahr jünger ist als Ringelnatz und Redakteur der *Frankfurter Zeitung*. Ihm verdanken wir eine schöne Beschreibung von Ringelnatz' Münchner Wohnung, in die man durch einen Hof geht, der, so Geisenheyner, »fast berlinisch« ist. Eine Gegend für Beamte und kleine Angestellte, und mittendrin, na eben, der Artist und seine Frau, die hier übrigens keineswegs als Schwarzmieter wohnen, wie es gelegentlich kolportiert wird. Ringelnatz hat sich immer rechtzeitig und ordentlich angemeldet, das bestätigt der Meldebogen der Stadt München lückenlos von der ersten Wohnung an der Weißenburger Straße bis zur letzten in Schwabing. Geisenheyner ist oft zu Besuch bei Ringelnatz, und er kann sich gar nicht sattsehen und er kann gar nicht aufhören zu erzählen von dieser »Zauberbude … Mit Ecken und Eckchen, mit hundert Bildern und Bildchen, berühmter Namen, seltsamen Nippfiguren und den Bronzetieren seiner Freundin Renée Sintenis.« Und wenn Geisenheyner, auch er offenbar ein verträumter Vogel, das Ohr an die Tür hält, ist ihm, »als knackten drinnen leise die Möbel, als scheuerten die Bilder an der Wand, als tanze das kleine Skelett in der Nische des Sekretärs einen lustigen Cancan«. Das seltsame Kinderskelett, von dem Asta Nielsen so beeindruckt war und das Anlass zu wilden Spekulationen gibt, scheint also ein stets sichtbares Requisit des Ringelnatz'-schen Wohnungs-Theaters zu sein.

Ringelnatz steht am Ende der zwanziger Jahre hoch im Kurs. Leider steht der Kurs selber nicht sehr hoch, die Einnahmen, die Ringelnatz macht, reichen nach wie vor gerade zu einem einigermaßen würdigen Leben zu zweit. Aber Ringelnatz hält den Kopf über Wasser; er ist nicht der arme Poet, er ist der hochgehandelte Artist. Im Kölner Kabarett *Astoria* erzählt er, dass er für jedes Glas Wein, das er auf der Bühne trinke, zweihundert Mark ausbezahlt bekomme. Das ist natürlich ein Witz, aber ein sehr guter, weil er zeigt, wie selbstbewusst Ringelnatz ist und wie genau er seinen Marktwert kennt, jedenfalls seinen potenziellen.

Zu Beginn des Jahres 1928 erreicht die Arbeitslosenzahl in Deutschland einen neuen Rekord: 1 862 000 Menschen haben keine Stelle, aber Reichskanzler Luther kündigt an, das Dritte Reich zu zimmern, »das die ganze Nation in gesunder Gliederung zusammenschweißt«. Das ist natürlich strammes Wunschdenken. Die Republik schrumpft ökonomisch und politisch ihrem Ende entgegen; aber in Berlin blüht die Kultur. 1928 ist das Theaterjahr schlechthin, Max Reinhardt inszeniert *Der lebende Leichnam* von Tolstoi, *Artisten* von George Manker Watters und Arthur Hopkins. Erwin Piscator führt am Nollendorfplatz *Die Abenteuer des braven Solda-*

ten *Schwejk* auf, die Uraufführung von Georg Kaisers Komödie *Der Präsident* findet am *Frankfurter Schauspielhaus* statt. Und am 31. Oktober wird unter der Regie von Erich Engel Brechts *Dreigroschenoper* im *Theater am Schiffbauerdamm* uraufgeführt. Ein Triumph, wie Willy Haas in seinen Erinnerungen berichtet:».. die Zeit war reif für den gallenbitteren Zynismus, die Brutalität, den harten Knockout der Songs von Brecht und Weill.« Auch die Kabarettbühnen sind selbstbewusst wie eh und je. Am 21. Januar feiert das *Kabarett der Komiker* seinen »Ball des Lachens« im *Sportpalast* – die Berliner Filmstars sind nahezu vollständig in Frack und Abendkleid dabei. Joachim Ringelnatz' Freude ist allerdings eher gedämpft; er fühlt sich an den Rand gedrängt, sein Name ist auf dem Programm des Kabaretts der Komiker klein gedruckt »im Gegensatz zu Valentin und Hansen«. Erich Kästner, der ihn auf der Bühne sieht, feiert ihn in der *Neuen Leipziger Zeitung*: »Ringelnatz spricht – indem er Stühle umschmeißt und Rotspon trinkt – seine alten unverwüstlichen Groteskgedichte, die wertvoller sind als 80 Prozent der übrigen Gegenwartsliteratur zusammengenommen.« Aber Ringelnatz ist missgestimmt, er hat den Eindruck, dass seine Angelegenheiten nicht angemessen vertreten werden. Zum Beispiel verzögert sich der Vorabdruck seiner Kriegserinnerungen im *8-Uhr-Blatt*. Er macht Rowohlt dafür verantwortlich. Im Frühsommer erscheint der Text in regelmäßigen Folgen, allerdings jedes Mal stark gekürzt. Ringelnatz redet auf seinen Verleger ein, wenigstens im Buch den vollständigen Text zu drucken. Wie wir wissen, setzt sich Rowohlt auch hier mit seinen Kürzungen weitgehend durch. Im April reist Ringelnatz für zwei Wochen nach London. Schwer zu sagen, was er dort will und was ihm dort passiert ist. Jedenfalls ist seine Bilanz negativ – London kann neben dem Paris-Erlebnis von 1925 nicht bestehen. Vermutlich hat man ihn dort nicht angemessen empfangen:»England is a happy land,/ Und es braucht uns nicht,/ And it doesn't understand,/ Was aus foreign Herzen sucht und spricht«, heißt es in dem Gedicht *Rückkehr zweier Thüringer aus England*. Vermutlich ist seine Eitelkeit ein wenig gekränkt, weil es in diesem Jahr 1928 nicht nur Ringelnatz auf deutschen Bühnen gibt, sondern ein ganzes Feuerwerk von Theaterabenteuern. Er verabscheut Brecht, das hat Muschelkalk für ihn eindrücklich kundgetan. Aber Ringelnatz bewundert Kurt Weill und er würde gerne mit diesem großen Komponisten zusammenarbeiten. Muschelkalk weist er an, Weill sein Singspiel *Mut, Gesang und Gaunerei* zur Vertonung anzubieten. Weill hat aber einen anderen Autor, dessen Gedichte ihm offenbar mehr am Herzen liegen, Bertolt Brecht eben. Kurz: Aus der Zusammenarbeit wird nichts. Aber das macht nichts, denn Ringelnatz hat seit Kurzem ein anderes, noch relativ neues Medium für sich entdeckt: den Rundfunk.

Er wird regelmäßig eingeladen, seine Gedichte »in den Äther« zu schicken, wie es frühmodern mystisch heißt; die Texte, die er sprechen soll, wählt Muschelkalk aus, und sie scheint dabei nicht furchtsam zu sein: »Was hast Du da für gefährliches Zeug an den Breslauer Rundfunk gesandt! Die Strömung! Sockenburg! Reklame!« Seine Empörung ist natürlich nur gespielt, denn es macht ihm großen Spaß, die Leute mit dem Gedicht von der Wasserleiche und dem Schrott, den diese hinter sich herzieht, zu erschrecken. Es gefällt ihm die schlüpfrig-traurige Geschichte vom einsamen Spanner, der das Mädchen beim Sockenaufhängen beobachtet und sich wünscht, »Jetzt ein Wind zu sein in Deinen Hosen« – und am Ende hängen steifgefrorene Socken im Wind: »Ihr Besitzer lebte fern im Norden/ Und war homosexuell geworden.« Und die Reklame ist eine Werbung für Bettnässer-Pillen – alles nicht unbedingt Themen für ein weihevolles Stündchen der ganzen Familie vor dem Volksempfänger. Ringelnatz' Radioauftritten verdanken wir, dass seine Stimme überhaupt auf Tonbändern überliefert ist. Seltsam, wie in Berlin die Kunst über der politischen Realität schwebte wie ein Rilke'scher Engel, der das Schöne als des Schrecklichen Anfang verkörpert. »Lag schon etwas in der Luft von der großen Krise, die genau ein Jahr später über die Welt losbrach?«, fragt Willy Haas ein bisschen unschlüssig in seinen Memoiren *Die Literarische Welt*. Die Antwort liegt auf der Hand. Die SS wird zum deutlich wahrnehmbaren Machtorgan der immer einflussreicher werdenden Nationalsozialisten, Heinrich Himmler ist der Anführer dieser Kampfbande. Willy Haas spürt eine »Stimmung zwischen forciertem Optimismus und allerhand bösen Ahnungen«. Berlin mag im Sinkflug sein, aber das Entertainment an Bord ist immer noch ausgezeichnet: Großstadtleben, Großzügigkeit und großes Theater auf den Bühnen, auch das Kino feiert seine Triumphe.

Wie anders ist es in München, wo Ringelnatz wohnt! Vor zehn Jahren stand es knapp davor, eine Sowjetrepublik zu werden, jetzt, an der Schwelle zu den dreißiger Jahren, ist es kleinkarierte Provinz, die Kulturfunktionäre sind stumpf und voller Hass auf alles Großstädtische. Ein Auftritt der in Berlin gefeierten Tänzerin Josephine Baker wird abgesagt – zu exotisch, zu obszön, zu fremd. Die Lichtreklame, ein leuchtendes Sinnbild der Großstadtwelt, darf in München nicht installiert werden. Rassismus, Antisemitismus und eine aggressive Zivilisationsfeindlichkeit sind beinahe natürliche Lebensäußerungen in dieser einst so lässigen, kunstfrohen Stadt. Hitler schleimt sich durch die Salons, besonders willkommen ist er im Haus des Verlegers Hugo Bruckmann und seiner Frau Elsa. Beide sind glühende Verehrer und machen Hitler mit den Gepflogenheiten der feinen Welt vertraut. Den Sumpf, in welchem die kunstfeindliche, reaktionäre Bewegung und ihre Steigbügelhalter groß und gefährlich werden, wird Lion Feuchtwanger, auch er ein gebürtiger Münchner, zwei Jahre später in seinem ätzend scharfen Romanpanorama Erfolg offenlegen. Im Stadtrat, der ja auch für die Kulturfinanzierung verantwortlich ist, setzen sich die reaktionären Kräfte gegen die Sozialdemokraten durch. Der neue Bürgermeister Karl Scharnagl fordert mehr Bodenständigkeit in der Kunst – eine Idee, die wenige Jahre später in ganz Deutschland zu Bilderstürmen und Bücherverbrennungen führen wird.

Einige Jahre zuvor, 1923, war Hitler noch damit gescheitert, die Regierung des Ministerpräsidenten Gustav von Kahr zu stürzen.

Der gewitzte von Kahr ging scheinbar auf Hitlers Forderung ein, sich ihm und seiner Bewegung anzuschließen. Am 9. November wird Hitlers geplanter Siegeszug vor der Feldherrnhalle zur, gleichwohl blutigen, Blamage. Der Umstürzler muss fliehen, auf dem Odeonsplatz liegen vierzehn Tote. Joachim Ringelnatz ist einer jener Münchner Künstler, deren Arbeiten in München als großstädtisch versaut gelten. Die Zeitungen, vor allem die immer reaktionärer werdenden *Münchner Neuesten Nachrichten*, ignorieren ihn. Noch ist der *Simpl* sein Hauskabarett und er der Hausdichter. Aber Ringelnatz hat den Blick längst nach Berlin gerichtet. Die Stadt wird für ihn zum Modell der Großstadt schlechthin, eine Identifikationsfläche, mit der er verschmelzen möchte. 1929 schreibt er sein berühmtes Gedicht *Sehnsucht nach Berlin*.

Berlin wird immer mehr Berlin.
Humorgemüt ins Große.
Das wär mein Wunsch: es anzuziehn
Wie eine schöne Hose.

Und wär Berlin dann stets um mich
Auf meinen Wanderwegen.
Berlin, ich sehne mich in dich.
Ach, komm mir doch entgegen.

Entgegen kommt ihm die Stadt schon lange. Er ist dort eigentlich schon seit seinen künstlerischen Anfängen zuhause – in den Kabaretts, bei seinen Freunden Asta Nielsen, Renée Sintenis und Hans Siemsen. Und natürlich in den Kneipen und Bars, dem *Café des Westens* und bei *Peltzer* in Mitte. München erlebt einen beispiellosen Exodus fast aller bedeutenden Künstler. Feuchtwanger geht schon 1925 nach Berlin, Heinrich Mann geht, Ricarda Huch geht, Franz Blei und den Skandaldramatiker Georg Kaiser hält es ebenfalls nicht länger in der selbstgefälligen Stadt der Spießer und Kunstfeinde.

Auch den *Münchner Neuesten Nachrichten* entgeht diese Abwanderung nicht. Die Redakteure veranlassen eine Umfrage bei Münchner Künstlern nach deren Verhältnis zur Stadt. Ringelnatz antwortet nicht, er schreibt stattdessen Ende Dezember aus Stuttgart an Muschelkalk:»Ich halte es für möglich, dass diese Zeitung und der Stadtrat von München und sonstige führende Persönlichkeiten etwas in sich gegangen sind und sich mit der Frage der Abwanderung der Prominenten etwas beschäftigt haben und nun auf einmal (natürlich bayrisch plump) anfangen, mir den Hof zu machen.«

Ringelnatz lässt sich nicht täuschen, er bleibt unbestechlich, sein sicheres Gespür für falsche Töne schützt ihn vor jeder Art der Anwanzerei. In der Zeitschrift *Zwiebelfisch*, für die Ringelnatz regelmäßig Beiträge liefert, hat er bereits zwei Jahre zuvor auf die Frage geantwortet, was man von Schwabing erhoffen dürfe. Er habe ausgehofft, schreibt er, das heißt, er hoffe durchaus noch, dass sich bei den Münchner Behörden eines Tages vernünftige Menschen durchsetzen würden:»Menschen, die erkennen, dass jene Leitung die beste ist, die von den Geleiteten am wenigsten gespürt wird.« Deutlicher kann man es nicht sagen: Die Stadt gängelt ihre freien Geister und wird dadurch selber zu einer unfreien, geistfernen Stadt. Tatsächlich scheinen sich einige Stadtverordnete mit schlechtem Gewissen ihres populären Bürgers zu erinnern. Aber es ist zu spät. Hans Ludwig Held, der liberale und kunstsinnige Direktor der Münchner Stadtbibliothek, bittet Ringelnatz um einen Beitrag für die Handschriftensammlung. Aber Ringelnatz bleibt schroff:»Es ehrt und überrascht mich, dass mich die Stadt München als Schriftsteller kennt«, antwortet er sarkastisch. Aber ein Autograph will er Held nicht schicken. Ringelnatz hat abgeschlossen mit dieser Stadt, deren»kleinpopelige Schmach« er nicht länger erdulden will. Später schreibt er an Peter Scher und seine Frau den recht robusten Satz:»Wenn ihr nachts einmal durch die Friedrichstraße kommt, dann pinkelt bitte vor die Tür zum Simplicissimus.« Dass Ringelnatz die Friedrichstraße mit der Türkenstraße verwechselt, mildert die Wucht der Schmähung kaum. Das Jahr 1928 geht mit schlechten Vorzeichen für das kommende Jahr zu Ende. Die Staatsverschuldung des Reichs ist innerhalb eines Jahres um 269,8 Millionen Reichsmark gestiegen. Linke und rechte Parteifunktionäre und Gewerkschafter stellen die Tauglichkeit der Weimarer Verfassung infrage. Die NSDAP geht weitere Schritte von der Bewegung zu einer organisierten Partei. Und Ringelnatz? Er macht weiter, er reist durch die Lande, tritt in Dresden auf, in Bielefeld, Wiesbaden, Halle, Frankfurt und Königsberg, wo er auf Einladung des Buchhändlers Rudolf Haffke im Gebauhrsaal auftritt. An einem Sonntag kommt er in der eiskalten Stadt an, 32 Grad minus, die Taxis streiken, er hält es kaum aus. Und wenn Ringelnatz etwas nicht aushält, setzt er sich hin und schreibt ein Gedicht:»An Kälte zweiunddreißig Grad./ Ich ächzte und ich stöhnte. / Ja Königsberg war stets ein Bad/ Für südwarm weich Verwöhnte./ Und weil ein Streik der Autos war, / Verfluchte ich den Februar/ Was den durchaus nicht rührte.«

Ringelnatz' Gastspiel ist ein Erfolg, die Zeitungskritik des Abends lässt auf ein kluges und differenziert denkendes Publikum schließen; die Königsberger applaudieren nicht mehr dem Obszönitäten verteilenden Seemann, sondern zollen dem Dichter ihren Beifall:»Und der in seinem tiefen Gefühl angesprochene Zuhörer weiß nicht recht, ob er Anerkennung oder Dankbarkeit, Neid um so viel intuitives Leben oder den gefühlten Verlust seiner eigenen Innigkeit heimträgt.« Der mit dem Kürzel No. zeichnende Rezensent vergleicht Ringelnatz mit Erich Kästner:»Kästner zielt auf etwas, will etwas; Ringelnatz will gar nichts; er ist liebevoll wie in der Karikatur etwa Daumier.« Man muss No.s Analyse nicht zutreffend finden, aber sie zeigt, dass Ringelnatz über das Kabarettistische hinaus rezipiert wird. Er ist keine ulkige Nummer, er ist ein Kulturphänomen, literarische Figur und Literat in einem. Der Rezensent schließt seinen Bericht mit einer kleinen Hymne:»In einer ungütigen Gegenwart ist gütiger Humor eine seltene Gabe. Ringelnatz necesse est.« Und es ist Erich Kästner, No.s Referenzgröße, der Ringelnatz im Februar 1930 den stärksten unter den »brauchbaren Lyrikern« nennt: »Er verliebt sich, mehr denn je, in unmittelbare Klangfiguren. Er nähert sich, auf seine Weise, und von seiner Seite her, der reinen Lyrik.« Zurück in Berlin, schreibt Ringelnatz am 14. Februar an Muschelkalk: »Königsberg war ein Triumph. Du wirst im Wäschesack nur günstige Kritiken finden.« Die Triumphe setzen sich in Halle und Wiesbaden fort, zwischendurch schreibt Ringelnatz sein Drama *Die Flasche* fertig, eine polternde Seemannsballade um den Matrosen Hans Pepper, das Stück ist, wie alle von Ringelnatz' Dramen, eher misslungen. Trotzdem will er es diesmal durchsetzen, was mit Ach und Krach auch gelingt. Er möchte natürlich, dass *Die Flasche* in großer Besetzung auf die Bühne kommt, und zwar mit seiner großen Freundin Asta Nielsen und seinem großen Freund Paul Wegener. Aber große Schauspieler sind daran interessiert, ihren Ruhm zu mehren und nicht, ihn durch die Mitwirkung in einem schlechten Stück zu bekleckern. Erst drei Jahre nachdem Ringelnatz sein Stück beendet hat, wird es aufgeführt, nämlich am 9. Januar 1932 am *Leipziger Schauspielhaus*. Die Inszenierung findet durchaus Beifall, vielleicht auch, weil Ringelnatz in Leipzig eine Art Heimvorteil besitzt. Auf der Besetzungsliste steht kaum ein bekannter Name, mit Ausnahme von Hans Hessling, der den Musiker Grischa spielt und der später ein vielbeschäftigter Filmschauspieler sein wird. Ringelnatz geht mit seinem Ensemble auf Tournee; er übernimmt selbst die Rolle des Seemanns Hans Pepper, Asta Nielsen gibt ihm ein paar Tipps, und Muschelkalk ist auch mit dabei. Sein Tagebuch *Mit der Flasche auf Reisen* ist die ziemlich kokette Selbstbespiegelung eines sehr prominenten Joachim Ringelnatz, der überall seine Anhänger und Verehrer findet und noch einmal heiter und fast unbeschwert quer durch Deutschland, in die Schweiz und am Schluss sogar nach Prag reist.

In Teplitz endet die Tournee, es geht mit dem Bus zurück nach Leipzig, und dann muss ihn eine kleine Sentimentalität angewandelt haben. Oder ist es Neugier oder die Aussicht auf einen kleinen Triumph, dass er ein Billett nach Wurzen löst, um seine Geburtsstadt »wiederzusehen, vielleicht kennenzulernen«. Und wie ist es dort, wen hat er getroffen, den Direktor des Stadtmuseums, der so treu seit Jahren alle Ringelnatziana sammelt, deren er habhaft werden kann? Ringelnatz verrät es nicht. Er schreibt nur: »Wurzen!?!? – ach du liebe Zeit! Mein Wurzen. Dann räusperte ich mich und fuhr nach Berlin.«

Aus dem Herzen eine Wüste machen –
Berlin 1930

Es braucht mehr als ein Räuspern, damit Ringelnatz und Muschelkalk nach Berlin umsiedeln. Sein Ekel vor München schlägt in blanken Hass um:»Dass es tot und öde in München ist, freut mich sehr; diese Stadt soll lebendig verwesen.« Nach wie vor ist er viel unterwegs, und angesichts dessen, was und vor allem wen er auf seinen Reisen durchs Reich so alles sieht und kennenlernt, lässt seine Briefe zu giftigen Aperçus werden. In Hannover sieht er nur vollgefressene Politiker, die Politik zum eigenen Nutzen betreiben:»Aber so ist Deutschland in der Provinz und sogar in der Kapitale überhaupt«, schreibt er an Muschelkalk im September 1930 und unterschreibt den Brief zaunpfahlwinkend:»Dein Nazi ... Ringelnatz.«

Die *Münchner Neuesten Nachrichten*, offenbar neuerdings sehr für den im Aufbruch begriffenen Ringelnatz sensibilisiert, vermelden unter der Rubrik»Abwanderungen nach – der Reichshauptstadt«:

Joachim Ringelnatz, der lange im *Simplicissimus* wirkte, wird, wie die *Vossische Zeitung* mitteilt, im Frühjahr 1930 endgültig nach Berlin übersiedeln. Er hofft dort mehr künstlerische Anregung und vor allem weiteren Erfolg mit seiner Malerei zu finden.

Es brodelt in Berlin, der SS-Mann Horst Wessel wird in seiner Wohnung von einem KPD-Aktivisten niedergeschossen und stirbt fünf Wochen später im Krankenhaus. Er wird der erste Märtyrer der immer stärker werdenden Nationalsozialisten sein. Ende März tritt das Kabinett von Reichskanzler Hermann Müller zurück, weil sich Zentrumspartei und Sozialdemokraten nicht darauf verständigen können, wie die Arbeitslosenversicherung finanziert werden soll. Drei Tage später stellt der neue Reichskanzler Heinrich

Brüning sein Kabinett vor. Die Nationalsozialsten werden zweitstärkste Kraft, und Reichspräsident Paul von Hindenburg weist Brünings Ansinnen zurück, das Kabinett aufzulösen, um einer von Hitler geführten Minderheitsregierung Platz zu machen. Brüning nennt die »nationalsozialistische Bewegung eine Fieberkurve des deutschen Volkes, die bald wieder verschwinden wird«.

Zwischen all diesen dramatischen Ereignissen, am 14. März nämlich, laden Joachim Ringelnatz und seine Frau Muschelkalk zur Einweihungsfeier in ihre neue Wohnung am Sachsenplatz 12 im Berliner Stadtteil Neu-Westend. Die modernen Mietskasernen sind vor Kurzem erst fertiggestellt worden – es ist ein Viertel für Künstler geworden, eine großstädtische Frische liegt über dem Quartier, in dessen Mitte sich ein kleiner, aber sensationeller Park streckt, mit Felsformationen, brandenburgischer Fauna und einem kleinen See. Fred Hildenbrandt, der Journalist vom *Berliner Tageblatt*, wohnt im Haus Nummer 3. Er erinnert sich: »Am Sachsenplatz waren die Leute … immer reizend miteinander.« In seinen Memoiren wirft Hildenbrandt ein bisschen die Adressen durcheinander. Er wohnt keineswegs im gleichen Haus wie der spätere Jud-Süß-Regisseur Veit Harlan, der wohnt nämlich Sachsenplatz 5. Paul Hindemith hat auch nicht die Wohnung darunter bezogen, sondern lebt im Haus Nummer 2. Aber das ist im Grunde nicht wichtig, solange Hildenbrandt wahrheitsgetreu die Atmosphäre im Künstlerviertel schildert. Es habe, schreibt er, kaum Kontakte unter den Schauspielern, Musikern und Schriftstellern gegeben. Aber unten in jenem kleinen Park, den der Stadtarchitekt Erwin Barth in den zwanziger Jahren entworfen hat, treffen sie sich und reden übereinander wie die Waschweiber. Auch im Restberlin hat sich dieses sonderbare Soziotop herumgesprochen, immer wieder tauchen Neugierige auf, Journalisten auch, die von den Anwohnern zum Teufel gejagt werden. Hildenbrandt erinnert sich auch an Joachim Ringelnatz, der regelmäßig die *Westend-Klause* aufsucht, manchmal dort schon morgens, zusammengesunken und träumend gesessen habe. »Er mochte mich nicht leiden«, klagt

Hildenbrandt und erzählt eine Geschichte, die wohl sehr treffend die Seelenlage des Joachim Ringelnatz in jenen frühen dreißiger Jahren spiegelt. Eines Nachmittags geht Hildenbrandt auf einen schnellen Gin in die Kneipe und wird von Ringelnatz von der Seite angesprochen:

Da sagte er halblaut zu mir:»Wenn Sie Erfolg haben wollen, müssen Sie aus Ihrem Herzen eine Wüste machen.« Ich schwieg. Er setzte hinzu:»Wissen Sie, wer das gesagt hat? Mussolini hat das gesagt zu der englischen Bildhauerin Claire Sheridan.«

Hildenbrandt geht nicht auf Ringelnatz' Rempelei ein. Er verlässt die *Westendklause* und resümiert später:»Ich glaube, der Grundzug seines ganzes Wesens war eine unheilbare, tiefverborgene und mit Alkohol übergossene Trauer.« Hildenbrandt dürfte mit seiner psychologischen Handreichung nicht ganz falsch liegen. Die Gedichte, die Ringelnatz in jenen Jahren schreibt, kreisen um die Motive Fremdheit, Einsamkeit, politischer Verdruss, sie kreisen um Abschied und Sehnsucht nach Aufbruch. Er fragt sich und den Leser,»warum Bekannte nicht immer Freunde sind« – Fred Hildenbrandt mag sich die Frage auch gestellt haben. Er reist durch die *Welten des Inseits*, so der Titel eines der *Gedichte dreier Jahre*:»So weit wie die Weite ist,/ So tief mag die Enge sein.« Zudem sieht er sich»von lauten dummen Menschen« umgeben und doch beglückt ihn, neben der immer noch großen Liebe zu Muschelkalk, vor allem: Er hat mit seinem Umzug nach Berlin die richtige Entscheidung getroffen.»Ich verstockt und verstumpft/ Habe endlich mich auf den Kopf gestellt«.

Wieder ein Aufbruch, wie damals, als er zur See gegangen ist und ein Leben abgeschlossen hatte, das ihn zu lähmen drohte und seine Kräfte aufzehrte. Und das Eheglück wird vom Neuen ebenfalls befeuert:»Neue Heimat lässt mich treu dir sagen: So wie Dich habe ich kein andres lieb.« Die neue Stadt versetzt ihn in Hochstimmung; selbst die immer noch enge Haushaltslage bringt ihn nicht aus seiner gelassenen Stimmung. Muschelkalk bildet sich weiter, sie macht in Hersfeld ihr Stenografie-Examen, Ringelnatz bleibt in der neuen Wohnung zurück und ist mit allem versöhnt – mit seiner prekären Finanzlage, ja, sogar mit München. An Peter Scher schreibt er:»Ich bin notgedrungen faul und warte mit gekünstelter Gleichgültigkeit auf den Gerichtsvollzieher. Aber die Nachtigallen singen am Sachsenplatz und in der Schellingstraße in München weiß ich gute Freunde.«

Berlin ist für Joachim Ringelnatz ein großes poetisches Labor. Hier gelingen ihm Großstadtgedichte von großer Leuchtkraft, konzentrierte Abstraktionen des Gesehenen. Von den Träumern in der Untergrundbahn sagt er: Sie träumten ihre Zeit, ihr Geschick,/ Beidem untertan.« Berlin ist alles für ihn, Heimat und Sehnsucht nach woanders. Es ist das Gegenmodell zum kleinpopeligen, engen München:

> Leg dich in deine Hände.
> Dann schäumt das schillernde Berlin
> Um deine ernsten Wände – –
> Dein Schiff wird in die Ferne ziehn.

Hier in Berlin macht er eine Art zwischenmenschlichen Kassensturz. Welche Freunde sind noch echt, wen kann er entbehren? »Es wird mal Zeit, Freundschaften aufzurauhen«, ruft er sich im Gedicht Gepflegte Wege zu. Seine Bitterkeit, von der Hildenbrandt erzählt, ergießt sich auch auf seinen Bekanntenkreis. Er weiß, wer er ist und dass seine Berühmtheit den Fluch der falschen Verehrung mit sich bringt: »Ihr Gästebuch wird dich nennen. Sie waren so begabt, dich zu kennen«, schreibt er nicht ohne Hochmut in einem verächtlichen Gedicht über Künstlerkollegen. Er will keine allzu große Nähe, er möchte nicht berührt werden, weniger denn je: »Wir brauchen weite Fernen,/ einander wahr und rein kennenzulernen.«

Zu den wenigen Freunden, die Joachim Ringelnatz an sich he-

214

ranlässt, zählt der Augenarzt Julius Gescher, ein kunstsinniger und gebildeter junger Mann, schlank, mit goldener Brille. Auch er zieht 1930 nach Berlin, Ringelnatz kennt ihn noch aus den Münchner Jahren. Er gehört zu den Auserwählten, die mit Ringelnatz und Muschelkalk die vielgerühmten Weihnachtsfeste verbringen dürfen, jene, in denen der Tanz um das Kinderskelett den Höhepunkt bildet. Als Ringelnatz schwer erkrankt, ist es Gescher, der sich um die besten Ärzte bemüht. Nach dem Tod des Freundes kümmert er sich um Muschelkalk, hilft ihr wohl auch finanziell. 1938 bekommen sie einen gemeinsamen Sohn, Norbert, kurz darauf heiraten sie. 1945 stirbt Gescher an Scharlach, Muschelkalk erfährt erst Monate später vom Tod ihres zweiten Mannes, der gerade einmal 47 Jahre alt wird. Auch Ringelnatz' späte Poesie ist eine Lyrik der Todesahnung.»Nun wird mein Jahrgang wohl bald sterben müssen«, schreibt er in seinem Gedicht *Vor meinem Kinderporträt* und erinnert sich an seine Kindheit, an»Die Augen, die/ So wenig sahn vor lauter Poesie«.

Die Welt verdüstert sich für Ringelnatz, und nicht nur für ihn. Das Land wird von Streiks durchzogen, die Bergarbeiter im Ruhrgebiet kämpfen wie eh und jene um ihre Löhne, auch die Metallarbeiter in Berlin legen die Arbeit nieder. Kommunisten und Nationalsozialsten liefern sich Prügeleien, die NSDAP organisiert Demonstrationen gegen den Antikriegsfilm *Im Westen nichts Neues* nach dem Erfolgsroman von Erich Maria Remarque.»Von allen Seiten drängt ein drohend Grau zu uns«, dichtet Ringelnatz. An Muschelkalk notiert er Anfang Dezember trotzig:»Der Hitler-Rummel lässt mich kalt.«Ihn drücken auch andere Sorgen: Seine Schulden, die Angst, seine Miete nicht zahlen zu können, und das dauernde Unterwegssein beginnen, seine Gesundheit zu ruinieren.

Das Jahr 1931 wird ihm noch mehr abverlangen. Er unternimmt eine große Tournee, die ihn nach Wien und Prag führt. An Peter Scher schreibt er:»Ich habe eine längere Reise hinter mir. Wien (scheiße wie bei uns), Prag gefeiert und schön.«In der österreichischen Hauptstadt wird ähnlich wie in Berlin das Publikum rar, die Menschen haben kein Geld mehr für Vergnügungen: »Das Volk ist ganz verarmt. Mir graust nun vor heute Abend«, schreibt er an seine Frau. Muschelkalk wiederum ist mit der Organisation seines Schriftsteller- und Artistendaseins beschäftigt. Sie muss ihren Mann zur Ordnung rufen, wenn er wieder einmal gegen seinen ausbeuterischen Verleger Ernst Rowohlt wettert. Er soll Rowohlt nicht schreiben, warnt sie: »Ich habe in stundenlanger Rechnerei herausgefunden, dass seine Abrechnung stimmt.« Rowohlt bemüht sich nämlich sehr wohl um die Verbreitung von Ringelnatz' Büchern – unter immer schwerer werdenden Bedingungen. Muschelkalks Mahnworte scheinen ihren Mann erreicht zu haben. Peter Scher berichtet er: »Mit Rowohlt stehe ich wieder auf einer festeren, obwohl kühleren Basis. Er setzt meine (wie alle übrigen) Bücher von 7 Mark und 8 Mark auf fünf Mark, ja auf 3 Mark. Aber ich finde das richtig.« Der Verleger bereitet den zweiten Band von Ringelnatz' Erinnerungen vor, der chronologisch eigentlich der erste sein müsste: *Mein Leben bis zum Kriege* erscheint im Herbst 1931. Während seine Reisen und Vortragsabende ihm allmählich zur ermüdenden Routine geraten, lebt Ringelnatz in seiner neuen Wohnung am Sachsenplatz auf. Im Berliner Adressbuch hat er hinter seinen Namen die Berufsbezeichnung »Artist« setzen lassen. Er malt und schreibt in einem lichtdurchfluteten Atelier, die Wohnung ist mit Plüschsofas und kuriosen Stühlen möbliert – ein gewaltiges Buffet sorgt für Kneipenatmosphäre, überall werden Kunstwerke drapiert, vor allem die Tierfiguren der Freundin Renée Sintenis. Seine Neujahrsfeste sind legendär – »hier traf sich alles, nur keine Bürgerlichkeit«, erinnert sich Asta Nielsen. Die Zeiten werden zunehmend finster, aber Ringelnatz und seine Freunde pflegen einen exzessiven Hedonismus, alles ist antibürgerlich, antispießig und antistramm: »So geschah es dann«, schreibt die Nielsen, »daß man Dosenhummer aß, während der Nachbar Schildkrötensuppe oder Gulasch verzehrte.« Natürlich sind all diese Köstlichkeiten Geschenke von Freunden und Gönnern, die Ringelnatz im Laufe des Jahres gehortet hat. Mit Muschelkalk stürzt er sich ins Berliner Leben, die beiden »tauchten fröhlich in dem schillernden Strom dieses für uns neuen Berlin unter«, wie Muschelkalk sich Mitte der sechziger Jahre erinnern wird. Sie selbst nimmt verschiedene Jobs an, als Sekretärin mit ihren Fremdsprachenkenntnissen. Die beiden führen eine echte Großstadtehe, es gibt keine festen Rollenaufteilungen zwischen Frau und Mann, mal kocht sie, mal stellt er die »dampfenden Schüsseln auf den Tisch«. Nachts tritt er auf, danach wird getrunken, morgens früh ist er wieder auf den Beinen – der alte Seefahrer in ihm bestimmt den Lebensrhythmus. Der soziale Treffpunkt der Clique um Ringelnatz ist nach wie vor die *Westendklause*, die von den Brüdern Karl und Walter Franke betrieben wird. »Gebildete und angenehme Menschen« verkehren dort, sagt Ringelnatz, und Muschelkalk nennt ein paar Namen: der Slawist Karl Tiander gehört zu dem Kreis, der Schriftsteller Wladimir Brenner und der angeblich von Ringelnatz nicht geliebte Journalist Fred Hildenbrandt. Bei Asta Nielsen in der Kaiserallee geht das Ehepaar Ringelnatz ein und aus, Ernst Udet lässt im Atelier Papierflugzeuge steigen und Ringelnatz wirft den Fliegern sein berühmtes Butterbrot hinterher, welches dann an der Decke kleben bleibt. Irgendwann fiel die Schnitte zu Boden, und Ringelnatz malte über den Fettfleck ein rotes, von einem Pfeil durchbohrtes Herz, in das er den Namen Asta malte. Sehr anrührend schreibt Muschelkalk später: »Unter diesem Herzen habe ich gewohnt, bis ich nach dem Tode von Ringelnatz aus der Wohnung am Sachsenplatz ausziehen musste.«

Die Tournee mit seinem Stück *Die Flasche* markiert den letzten unbeschwerten Sommer, den der Artist Joachim Ringelnatz erlebt. Aber auch dieser Sommer ist getrübt von Einschlägen. Sein Freund, der Filmschauspieler Bruno Kastner, erhängt sich in einem Hotelzimmer – aus Geldnot und wohl auch, weil sein Ruhm dahinschwindet. Die politische Lage in Berlin verschärft sich zusehends. Hitler, der seit Februar die österreichische gegen die deutsche Staatsbürgerschaft eingetauscht hat, will Hindenburg aus dem Amt drängen. Die SA wird verboten, kurz danach wird das Verbot wieder aufgehoben. Am 30. Mai tritt Heinrich Brüning als Reichskanzler zurück, Hindenburg gewinnt zwar die Wahl, wird aber von Brünings Nachfolger Franz von Papen aufgefordert, den Reichstag aufzulösen. Harry Graf Kessler nennt Papens Regierungsrede einen »miserabel stilisierten Akt finsterer Reaktion«. Im Juli stoßen Kommunisten und Nationalsozialisten in Altona aufeinander. Der Altonaer Blutsonntag kostet 18 Menschen das Leben. Ein Demonstrationsverbot ist die Folge. In Eberswalde hält Hitler seine »Intoleranz-Rede«, in welcher er ankündigt, »die dreißig Parteien aus Deutschland hinauszufegen«. Vier Tage später wird seine NSDAP nach den Reichstagswahlen stärkste Partei. Was mag Ringelnatz zum drohenden Ende der Republik gedacht, gesagt, geschrieben haben? Muschelkalk erklärt, warum es keine Zeugnisse von ihm gibt: »Ich habe aus dieser Zeit keine Dokumente aufgehoben, da ihr Besitz zu gefährlich ist.« Aber dass Ringelnatz im Gespräch mit Freunden, befeuert vom Alkohol in Kneipen, seine Ansichten zu Hitler, Goebbels und den bald neuen Machthabern kundgetan hat, steht außer Zweifel. Eines Abends sitzt er in der Kölner *Weinstube Deneke*, seinem dortigen Stammlokal, wo der literaturverliebte Wirt Jakob Dierse für ihn und seine Freunde einen Ringelnatz-Stammtisch freihält. Ringelnatz klopft an diesem Abend ein paar seiner Gedichte auf ihre politische Zuverlässigkeit hin ab und kommt zu dem Schluss, dass seine beiden Ameisen Gefahr laufen könnten, in Altona auf der Chaussee von den Stiefeln der SS zerquetscht zu werden. Und der Holzwurm in der *Schnupftabaksdose* dürfte sich mit seinem pampigen »Was geht mich Friedrich der Große an« für die große nationale Erhebung nicht gerade empfehlen. Irgendwann hebt Ringelnatz sein Glas und ruft in die Kneipe: »Dennoch lebe der Natzismus!« Das betretene Schweigen in der Runde kostet er ein wenig aus, dann korrigiert er: »Der Ringel-Natzismus selbstverständlich.« Ringelnatz hat viel riskiert, er hat seinen Ekel vor den Nazis mal besser, mal schlechter versteckt, auch in seinen Gedichten hat er ihn ausgelebt. Eines seiner letzten spielt mit der seinerzeit auch in

Ringelnatz-Kreisen populären Frage, »Ob nicht tief/ am Nazitum was dran sei/ Ob Hitler nicht doch ein Mann sei«. Solche Fragen stellen »die Lauen«, die nicht erkennen, dass »unrelative Lumpen« das Land in Klumpen hauen. Das Wort relativ – es wird nach dem Holocaust eine besondere Karriere machen – kleidet Ringelnatz in die deutliche Frage: »Ist relativ der Graus?« Seine Reaktion auf die Nazis, so endet das Gedicht, ist Hass: »Der Hass, der groß und weitsichtig ist/ Der schaffende Hass, der richtig ist.« Das wohl kühnste Beispiel ist seine *Olympische Hymne* von 1933. Ringelnatz hat den Text für einen von Goebbels persönlich ausgeschriebenen Wettbewerb um die beste Hymne für die Olympischen Spiele 1936 eingesandt:

Jauchzend steigt die Olympiade
Olympiade unsrer Zeit!
Alles wartet der Parade.
Chöre hallen klangbereit.

In Begeisterung sich heben
Muss beim Anmarsch solcher Macht
Rechts und links das Volk. – Es beben
Ihre Herzen welterwacht.

Nur mit Geist kann Leib gedeihen.
Geist erstarkt an Mut und Kraft.
Einen beide sich, dann weihen
Leben sie, das Leben schafft.

Nicht der Zorn soll Muskeln schwellen,
Aber jugendheißes Spiel.
Tretet an, ihr Kampfgesellen!
Zieht mit Gott zu edlen Spiel.

Liest man die jeweils ersten Buchstaben der einzelnen Verse von oben nach unten, erschließt sich aus dem Akrostichon der Name des Verfassers: Joachim Ringelnatz. Der war aber noch genialer in seiner Frechheit. Ringelnatz sandte das Gedicht nämlich unter dem Pseudonym Erwin Christian Stolze ein. Der Göttinger Literaturwissenschaftler Frank Möbus hat die Buchstaben der Namen dergestalt neu geordnet, dass sie den Satz ergeben:»Wer ein Nazistrolch ist.« Es ist Ringelnatz' Glück, dass im Propaganda-Ausschuss niemand helle genug war, dieses Anagramm als das zu entschlüsseln, was es ist: der direkte Angriff des Dichters Joachim Ringelnatz auf den Nationalsozialismus und seine Kulturpolitik.

Dass die neuen Machthaber sehr genau wissen, mit wem sie es zu tun haben, erfährt Ringelnatz schon bald nach den Wahlen vom 30. Januar, die Hitler in den Stand des Reichskanzlers versetzen. Einen Monat danach, am 28. Februar 1933, legt Innenminister Wilhelm Frick die»Verordnung zum Schutz von Volk und Staat« vor. Sie bedeutet die Aufhebung der Presse- und Meinungsfreiheit. Ringelnatz darf in Deutschland nicht mehr auftreten. Mitte Mai veröffentlicht das *Börsenblatt für den Deutschen Buchhandel* eine Liste mit den Namen von 130 unerwünschten Autoren, darunter Bertolt Brecht, Alfred Döblin, Erich Kästner, Erich Maria Remarque und Joachim Ringelnatz. Bei der Bücherverbrennung am 20. Mai werden auch seine Bücher ins Feuer geworfen. In den Zeitungen wird Ringelnatz noch erwähnt, sein fünfzigster Geburtstag als Ereignis gefeiert. An den *Simplicissimus*-Wirt Otto Heusinger schreibt er am 14. August 1933:»Andererseits sind dieser Tage gerade meine Daddeldu-Bücher und Turngedichte beschlagnahmt, und zwar auf Anordnung einer süddeutschen Behörde.« Der Ton des Briefes ist erstaunlich nüchtern.»Schließlich geht es ja auch ohne mich und ohne viele«, schreibt Ringelnatz. Im April hatte Ringelnatz noch Hoffnung, die Kulturbehörden würden ihm Freiräume gestatten:»Wie im Mai sich die neue Regierung, bzw. die Nazis zu mir stellen werden, kann ich noch nicht entscheiden. Mein Gastspiel in Dresden wurde trotz Applaus und bester Presse plötzlich polizeilich verboten.« Ordnungskräfte hatten ihn mitten im Programm von der Bühne geholt.»Ich sitze in

Dresden und bin undresdlich«, hat er damals noch gewitzelt. Im Laufe der kommenden Monate vergeht ihm der Spaß. Im Herbst trägt er noch bei seinem Freund Muckelmann in Hamburg vor – im privaten Kreis, versteht sich. Ein weiterer öffentlicher Auftritt wird verboten, das Verbot wird in der Presse lanciert, und der Schaden für Ringelnatz ist immens. Es gibt jetzt in Deutschland für ihn keine Möglichkeit mehr, Geld mit Kabarettvorstellungen zu verdienen, auch in seinem Stammbrettl, dem *Simpl*, darf er nicht mehr sprechen. Freunde ermöglichen ihm ein Engagement in der Schweiz. Er kann im Zürcher Kabarett *Nebelspalter* auftreten, aber dazu braucht er einen Pass, den die Behörden ihm nicht ausstellen wollen. Es gibt ein unwürdiges bürokratisches Gezeter, das erst endet, als ihm ein befreundeter Diplomat zu dem Dokument verhilft. Wer dieser Freund, inzwischen Konsul in Berlin, sein könnte? Vielleicht Haack, der junge Begleiter aus Paris, der in Ringelnatz so viel Tiefe erkannt haben will? Die Tournee führt Ringelnatz zunächst nach Basel, wo er im *Gambrinus* auftritt, für ihn eine bekannte Adresse.

Das Publikum wünscht sich offenbar einen anderen Ringelnatz als den dünnen feinen Mann, der zarte Gedichte vorträgt. Aber er lässt sich nicht aus dem Konzept bringen, er weiß, dass er alles ist: der zärtliche Dichter des Alltags und der polternde Klabautermann. Welchem Temperament er den Vorzug gibt, ist seine Sache. Ringelnatz weiß, dass er in Deutschland ein Verfolgter ist, genau wie sein Freund Hans Siemsen, der scharf denkende und hochempfindsame, stets kränkelnde Journalist, der viel für Ringelnatz' Reputation getan hat. Siemsen ist nach Paris gezogen, er hat das Exil gewählt. »Wir müssen – auch hier – uns vieles denken und still entlassen«, schreibt ihm Ringelnatz am 5. Februar 1934 aus Basel. Ringelnatz hat sich in ein Café am Rheinufer gesetzt und schaut den Möwen zu, die über dem Fluss kreisen und immer wieder ins Wasser stürzen, um sich einen Fisch zu schnappen. »Ob es unter diesen so offen egoistischen Tieren wohl gute, opferfähige Freundschaften gibt«, fragt er den Freund. Er weiß, dass er Abschied nehmen muss von seinem Beruf, der ihn seit zehn

Jahren durch die Lande jagt. Irgendwann Mitte Februar wirft ihn in Zürich ein schweres Fieber um. Sein Körper macht nicht mehr mit, er schreibt ihm die Quittung für dieses Leben – die Seefahrten, den Alkohol, die Zigaretten, die Aufenthalte in kalten Zügen und in schlechten Hotels mit schlechtem Essen. Aber er schleppt sich Abend für Abend auf die Bühne, er muss seinen Vertrag erfüllen, er ist ein professioneller Künstler, ein verlässlicher Artist, der seinem Publikum verpflichtet ist. Was ist mit seinen Zürcher Freunden, dem Maler Karl Hüegin, den er verehrt und dessen Bilder er schätzt? Sie haben andere Sachen im Kopf, die Fastnacht, die ihnen wichtiger ist als der kranke Freund im Hotelzimmer. Er schreibt jeden Tag an Muschelkalk, seine Sehnsucht ist groß, er spürt, dass ihm die Kräfte schwinden und will so schnell wie möglich nach Berlin zurück. Peter Scher lädt ihn ein, über München zu fahren, aber Ringelnatz lehnt ab. »Ferner rate ich Dir sehr ernsthaft von einem Vortrag in d. Schweiz ab« Warum? Statt einer Erklärung schickt er diesen Satz hinterher: »All dies ohne weitere Erläuterung.«

Am 1. März will er zurück nach Berlin fliegen; aber die Maschine hat einen technischen Fehler und muss in Stuttgart notlanden. Alles keine guten Zeichen. Und das Fieber, an dem er in Zürich fast gestorben wäre, ist auch nicht die Begleiterscheinung einer heftigen Grippe gewesen. Ringelnatz lässt sich vom Arzt untersuchen. Die Diagnose lautet Tuberkulose in einem fortgeschrittenen Stadium. Eine Heilbehandlung muss her, aber die ist kostspielig. Gottfried Benn, selbst Arzt und mit Muschelkalk und Ringelnatz befreundet, versucht vergeblich, eine kostenlose Therapie herauszuschlagen. Es muss also Geld her. Und das Geld kommt. Ringelnatz hat ein Jahr zuvor den in Baden-Baden ansässigen Arzt Eugen Schmidt kennengelernt. Schmidt war Gast in einem Ringelnatz-Gastspiel in Stuttgart und trifft sich nach der Vorstellung mit dem Künstler. Schmidt, der als Mäzen die Baden-Badener Musiktage unterstützt, kennt auch Paul Hindemith, dessen Wohnung ja direkt gegenüber der von Ringelnatz, nämlich am Sachsenplatz 2 liegt. Er fährt am 20. Juni 1933 nach Berlin und besucht Ringelnatz in seiner Atelierwohnung. Artigkeiten, ein Autogramm. Die beiden schreiben sich Briefe, in denen ihre Freundschaft wächst, sie duzen sich, Schmidt versorgt Ringelnatz mit teuren Zigaretten und macht ihm im Dezember 1933 den Vorschlag, Verse für ein Kasperle-Theater zu schreiben. Schmidt fertigt für seine Töchter kleine Figuren an und benötigt für seine Privatvorstellungen den passenden Text. Die Figuren des Kasperle-Theaters listet Eugen Schmidt seinem Freund auf, es ist das übliche und unverzichtbare Personal von Kasperle über den Schutzmann bis hin zum Teufel. Aber da ist noch eine Figur, die auftreten soll und unbedingt einen eigenen Vers benötigt:»ein Matrose namens Ringelnatz.« Der arbeitslose Artist macht sich gleich ans Werk, er ist eilfertig und dankbar für die Arbeit, bietet seinem Auftraggeber sogar an, die Texte mit der Hand abzuschreiben, damit die Schmidts einen Original-Ringelnatz haben. Die Kasperle-Verse sind Ringelnatz' letzte fertiggestellte Arbeit. Und die letzten Strophen dieses heiter-metaphysischen Zyklus sind die vermutlich berühmtesten:

Ich komme und gehe wieder
Ich der Matrose Ringelnatz.
Die Wellen des Meeres auf und nieder
Tragen mich und meine Lieder
Von Hafenplatz zu Hafenplatz.

Ihr kennt meine lange Nase
Mein vom Sturm zerknittertes Gesicht.
Daß ich so gerne spaße
Nach der harten Arbeit draußen,
Versteht ihr das?
Oder nicht?

Eugen Schmidt hat es verstanden, und er hat auch verstanden, dass die neue Zeit nur Unheil bringen wird. Als der Krieg ausbricht, nimmt sich der Arzt das Leben.

Wenn es unversehens ganz finster wird –
das letzte Jahr

Im Frühsommer 1934 fängt Joachim Ringelnatz noch einmal ein großes Buch an. Er nennt es *Der letzte Roman*. Der Text bringt es auf etwas mehr als hundert Seiten – wieder ist es eine Großstadtgeschichte, eine große Schauspielerin kommt darin vor, sie trägt Züge von Asta Nielsen. In den Notizen zu seinem Roman, die Ringelnatz auf kleine Schnipsel schreibt, verwechselt er einmal sogar den Namen der Romanfigur mit dem seiner Herzensfreundin Asta. Die Geschichte bricht sich ständig in langen Schilderungen von Landausflügen, einer Fesselballonreise, die das Kapitel »Die Fahrt ins Ungefähre« füllt. Es ist eine feine Phantasie über die vergangenen Jahre im Leben des Joachim Ringelnatz, die frohen Feste in Berlin kommen darin vor, ja sogar die *Westendklause*, die im Text »Grönland« heißt. Ringelnatz lebt in diesen wenigen Kapiteln noch einmal seinen Künstlertraum, der aus Reisen und Freundschaften gestrickt ist. Der Roman spielt in Berlin und in Zürich, wo Ringelnatz seine letzten Auftritte hatte. Er lässt sogar Details seiner Befindlichkeit nicht aus, das frühe Schlafengehen, das er sich für die Zeit seines Zürcher Engagements angewohnt hatte, und die Schmerzen im Kehlkopf, mit denen sich seine schwere Tuberkulose ankündigt. Der letzte Roman feiert die Künstlerfreundschaft, die Sehnsucht nach der Ferne und, was Wunder, die Liebe. Es gibt einen Hans in der Geschichte, und es gibt eine Lotte, Hans nennt sie seinen »großen Lebenskameraden«. – Hans und Lona, das hart arbeitende Paar mit dem großen Freundeskreis: »Für Stunden solcher Freundschaft haben wir nie genug ausgeben können, haben es nie bereut!« Hans vergisst in der Berliner Wohnung die im Topf kochenden Würste, eine gelbe Flüssigkeit quillt in den Flur und alarmiert den Nachbarn Niemüller. Hat Ringelnatz nicht einmal seine Frau vom Waschzuber mit heißen Würstchen weggelockt, damals in München? Auch die

Riesendame liegt plötzlich in Hans' Wohnung, nachdem sie »über alle Jahrmärkte gereist« ist – und Joachim Ringelnatz, so könnte man die Drehung ins Biographische wagen, einen unangenehmen Prozess wegen Verletzung der guten Sitten einbrachte. War Ringelnatz in Zürich unbeobachtet? Oder hat das Dritte Reich einen Schatten in die Schweiz gesandt, um den Asphaltliteraten und Schweinetrog-Poeten Ringelnatz zu observieren? Ist jener Mann im Gebüsch, der ihm »sogar nach Zürich gefolgt« ist, reine Fiktion oder darf man Ringelnatz' *Letzten Roman* in Teilen als verschlüsselten Bericht über die ersten Jahre der Diktatur lesen? Ringelnatz hat das neunte Kapitel nicht fertigstellen können. Am 7. Juni zieht er in die Lungenheilanstalt Beetz-Sommerfeld, wo er die endgültige Diagnose bekommt: »beidseitige exsudative Lungentuberkulose der Oberlappen« – der Kehlkopf ist ebenfalls befallen. Die Klinik wird von dem fortschrittlichen Pneumologen Dr. Hellmuth Ulrici geführt, der auch mit Thomas Mann in Briefkontakt steht und diesen wohl auch fachlich bei der Arbeit am *Zauberberg* beraten hat. Ringelnatz kommt auf die Station F1.

Es ist wieder Sommer, ein schöner Sommer wie im Jahr davor. Im Juni sind es 38 Grad im Schatten, und in Berlin hängt die Hakenkreuzfahne an allen öffentlichen Gebäuden. Die Kultur ist tot, kein neuer Film, keine Theaterpremiere, nur Verordnungen, Verbote, Verfolgung. »Männer in braunen Uniformen marschierten durch die Straßen«, schreibt Asta Nielsen in ihren Erinnerungen: »Wenn auch die marschierenden Stiefel in nicht übermäßiger Zahl auftauchten, so dröhnten sie doch auf dem Asphalt und hämmerten gegen die Trommelfelle wie das Echo einer noch nicht allzu fernen Zeit. Man zitterte vor Angst.« Ernst Rowohlt, den Ringelnatz so oft angerempelt hat, gelingt es immerhin, den letzten Gedichtband seines Hausautors auf den Markt zu bringen: *Gedichte, Gedichte von einstmals und heute* – der schwer melancholische Titel kommt in die Buchhandlungen, als Ringelnatz ins Sanatorium zieht. Die Schwermut, die schon vor längerer Zeit in seine Gedichte eingezogen ist, hat sich ausgebreitet wie die Krankheit in ihm:

Es wird vorübergehn
Doch meine Müdigkeit
Glaubt nicht daran. – Die Uhr schlägt zehn
Und elf und zwölf; und wieder dann die gleiche Zeit.

So müde sein und noch nicht ruhn,
Nicht sterben dürfen – – Ach und nun
So ohne Trost die Liebste wiedersehn,
Die ich doch trösten will – –

Die Uhr schlägt zwölf und drei und vier und zehn. –
Wenn ihre Feder bricht, stünde die Uhr jetzt still.

Ringelnatz beginnt ein Tagebuch. Er schreibt auf, wie er leidet: an
den Schmerzen, am unfreundlichen Verhalten der Schwestern, an
der Belästigung durch die Mitpatienten. Er liegt, selber todkrank,
neben Todkranken, was seine Stimmung nicht gerade hebt. Bis auf
die Knochen abgemagert, versucht er zu schreiben, er will seinen
Letzten Roman fertigstellen, Einfälle notiert er auf kleinen Zettelchen,
aber es bleiben nur Einfälle, er hat keine Kraft mehr für den großen Wurf. Er hustet, er, der Kettenraucher, verkneift sich sogar
die Zigaretten, um gesund zu werden – natürlich hält er es nicht
durch. Jeden Mittwoch und jedes Wochenende kommt Muschelkalk aus Berlin angereist. Sie bringt ihm Bier, Wurst, Früchte. Er
kämpft gegen das Fieber, 39,1 misst das Thermometer, sein Rip-
penfell ist entzündet, er hat ununterbrochen Durchfall, weil die
Tuberkulose auch den Darm erreicht hat, nachts stöhnt er vor
Schmerzen, die Schwestern sind zu faul, um nach ihm zu sehen.
Er sieht sich selbst beim Verfall zu: »Sonnige Wiese und Kiefern-
rinde so dicht, zehn Schritt?, vor mir. – – Daran habe ich meine
Fleischlosigkeit erkannt: an dem doppelten Lineal: Spitzwinkli-
ges Knochen-Unterbein, über das meine Hand fuhr.« Er will außer Muschelkalk niemanden sehen; seine Stimme ist weg, er kann
nur noch flüstern. Trotzdem kommen vereinzelt Freunde zu ihm,
Eugen Schmidt aus Baden-Baden, der Kasperle-Arzt, Ringelnatz

ist gerührt über den Besuch. Unterdessen rufen Freunde im *Berliner Tageblatt* zu einer Spendenaktion für den kranken Schriftsteller auf. Ernst Rowohlt ist dabei, Kurt Tucholsky, Asta Nielsen und Paul Wegener, auch Ringelnatz' Schwager Hermann Mitter unterstützt den Appell. Es kommt einiges dabei herum, mit dem Geld kann Ringelnatz seine letzten Monate – so es die Krankheit zulässt – in Würde verbringen. Er verzweifelt am Roman und liest die Romane anderer: immer wieder Hemingway, den Muschelkalk ihm nahelegt, dann den irischen Erzähler Liam O'Flaherty und Jack London. Er kämpft weiter, aber er scheint zu ahnen, dass es sehr schlecht steht:»Ich schlief von früh acht Uhr bis abends fünf Uhr ununterbrochen, so dass ich zweimal die Visite nicht gewahr wurde. Nun fünf Uhr allerdings sehr munter und – – ach Gott sei mit mir.«

Und die Welt da draußen, nimmt er sie wahr?

Den Tod Hindenburgs am 2. August notiert er kommentarlos, von der Ermordung des missliebig gewordenen SA-Schergen Ernst Röhm einen Monat zuvor lesen wir nichts – möglicherweise hat Muschelkalk hier eingegriffen. Aber er bekommt mit, wie sich der verehrte Gottfried Benn an die neuen Machthaber hängt. Am Tag des Röhm-Putsches veröffentlicht Benn seinen fatalen Aufsatz *Ahnenschwierigkeiten* in der Zeitschrift *Deutsche Zukunft*. Darin »beweist« er unter Aufwendung sogenannter rassenkundlicher Fachliteratur, dass es unter seinen Vorfahren keine Juden gegeben habe und seine arische Abstammung außer Zweifel stehe. Ringelnatz – er und Muschelkalk schreiben sich aus Angst vor Überwachung auf Englisch – notiert in einem Brief an seine Frau:»The Benn-article was not interesting ›kläglich‹ for himself.« Mehr muss man zu dieser Anwanzerei wohl wirklich nicht sagen. Ganz anders geht es seiner Freundin Asta Nielsen. Sie hat sich unbeliebt gemacht bei Hitler und bei Goebbels, der ihr anbietet, eine Filmgesellschaft zu gründen, die sein Propagandaministerium finanzieren würde. Den Pakt mit dem Teufel will sie nicht eingehen. Sie wird kaltgestellt. Ringelnatz schreibt ihr:»O dies abscheuliche Geschmeiß, was aus Sadismus und Borniertheit nun dich belästigt.« Sein Zustand wird immer schlechter, im September kommt eine Luftröhrenentzündung zum Krankheitselend hinzu. »Tatterich. Interesselosigkeit, Stumpfsinn packen mich.« Manchmal schafft er es, für ein paar Stunden auszubüchsen in das nahe gelegene Wirtshaus *Die Wackelburg*. Er versucht, die lieblose Behandlung durch die Schwestern mit Essensboykott zu bestrafen. Manchmal rafft er sich auf, rennt wütend in die Küche und verlangt ein anständiges Frühstück: »Ich bin doch kein Waisenkind«, schimpft er. Sein Leben wird klein, die Entdeckung einer privaten Toilette ist für ihn so schön wie die Märchen von Andersen, Hauff und Grimm zusammen – er verbringt dort die halbe Nacht, sein Körper ist inzwischen so ausgezehrt, dass der Chefarzt Muschelkalk zu einem Gespräch bittet. Dr. Ulrici lässt keinen Zweifel, dass Ringelnatz sterben wird – mittlerweile hat die Tuberkulose auch die Bauchhöhle erreicht. Er ist austherapiert, Muschelkalk fährt mit ihm nach Berlin, aber sie wird die letzten Monate nicht alleine mit ihrem todkranken Mann sein. Die Krankenschwester Luise Klein nimmt sich unbezahlten Urlaub, um den sterbenden Joachim Ringelnatz in seiner Wohnung am Sachsenplatz 12 zu pflegen. Hier liegt er in einem Bett in seinem großen hellen Atelier. Die Pflege des schmerzgepeinigten, völlig ausgezehrten Mannes ist aufwendig, Opiate und Morphium müssen ständig gereicht werden, trotz der Hilfe von Luise Klein ist Muschelkalk am Ende ihrer Kräfte. Einen Monat nach Ringelnatz' Tod schreibt sie an Peter Scher: »Ich warte einmal darauf, richtig traurig, richtig unglücklich zu sein. So weit habe ich es aber leider noch nicht gebracht. Das Ganze dauert wohl zu lange und war zuletzt so quälend, dass man es nicht mit einem einmaligen großen Schmerz überwinden kann. Ich denke oft an jenen Moment zurück, in München, als Ringel vor meinen Augen in dem landenden Flugzeug umkippte. (Er bekam dann nur ein Pflaster auf die Nase). Ich frage mich oft, wenn es damals schon ›aus‹ gewesen wäre, wäre das besser für mich gewesen.«

In den letzten Tagen seines Lebens schläft er fast nur noch. Die Schmerzen verschwinden, der Husten lässt nach. In den Morgenstunden des 17. November 1934, einem Samstag, sitzt Muschelkalk an seinem Bett. Er sagt zu ihr:»Lach doch, Muschelkalk.« Dann streichelt er ihre Hand, bis er für immer einschläft, den Kopf auf der Seite, den rechten Arm auf dem Gesicht. In dieser kindlichen Stellung wird er in den Sarg gebettet und mit einer alten Fahne aus seinen Seefahrerzeiten zugedeckt. Er liegt dort, so schreibt seine Schwester Ottilie,»friedlich und heiter wie glücklich träumend«.

Vier Tage später, am 20. November, einem grauen Nebeltag, steht der Sarg mit der Fahne in der Trauerhalle des Friedhofs an der Heerstraße. Kerzen und Lorbeeren schmücken den Saal, Muschelkalk hat einen kleinen Blumenstrauß auf den Sarg gelegt. Der Organist spielt Seemannslieder, zuletzt Ringelnatz' Lieblingslied *La Paloma*. Neun Freunde geben ihm das Geleit und Paul Wegener hält eine kleine Ansprache, er erzählt von dem chinesischen Buddha, den er Ringelnatz geschenkt habe.»Fort und vorbei!«, sagt er, dann werfen alle eine Handvoll Erde ins Grab. Und Asta Nielsen ruft der Witwe die Verse aus Ringelnatz' Gedicht *An M.* zu:

Wenn ich tot bin, darfst du gar nicht trauern
Meine Liebe wird mich überdauern
Und in fremden Kleidern dir begegnen
Und dich segnen.

Überdauert hatte aber auch Ringelnatz selbst, jedenfalls sein Werk. Seine Gedichte spuken, wie Peter Rühmkorf schreibt,»als quicklebendige und leicht zitierbare Geister in vielen Köpfen herum«. Und es ist auch keineswegs so, dass Joachim Ringelnatz als großer Unverstandener in der Nachwelt umgeht. Wer ihn liest, wird ihn sofort verstehen. Er hat zur großen Feier des Lebens eingeladen und jene Menschen, die er für klug genug hielt, mit den Abgründen seines Herzens vertraut gemacht – auch das kann man aus seinen Gedichten, seinen Erzählungen und seinen Erinnerungen erfahren. Joachim Ringelnatz ist als Hans Bötticher aufgebrochen, um das Fremde, das Ferne kennenzulernen und das Geheimnis der Welt zu ergründen. Der Welt ist er manchmal abhandengekommen, oft genug hat er sie auch umarmt und sie ihn. Aber fremd ist er ihr immer ein bisschen geblieben. Und fremd war er wohl auch sich selbst ein wenig; seine Kunst empfand er als großes Geschenk, weil er sie mit der großen Leichtigkeit des Artisten abrufen konnte. »Wenn ich einen Anfang wüsste, sänge ich ein Lied aus Inmirland«, schrieb er in seinem Gedicht *Pfingsten*. Joachim Ringelnatz hat dieses Lied gesungen, und es ist ein kleines Wunder und ein großes Glück, dass man es heute noch mitsingen kann. Das Inmirland gehört nicht nur dem Ringelnatz. Aber wer kann uns schöner aus diesem fremdfernen Land erzählen als er?

Anhang

Quellenverzeichnis

Unsereiner wird immer kleiner

S. 13 Thomas Mann, *Tagebücher* 1933–1924, herausgegeben von Peter der Mendelssohn, Frankfurt a.M. 1977, S. 145. // S. 17 Hermann Glaser, *Wie Hitler den deutschen Geist zerstörte*. *Kulturpolitik im Dritten Reich*, Hamburg 2005, S. 161. // S. 18 Walther Kiaulehn, *Mein Freund der Verleger*. *Ernst Rowohlt und seine Zeit*, Reinbek 1967, S. 145. // S. 18 Joachim Ringelnatz, *Briefe*, herausgegeben von Walter Pape, Berlin 1988, S. 459. // S. 20 Joachim Ringelnatz, *Das Gesamtwerk in sieben Bänden*, herausgegeben von Walter Pape, Zürich 1994, Band 6, S. 243. // S. 26 Ebd., Band 7, S. 13.

Das Fremde kommt zu ihm

S. 31 Unveröffentlichtes Manuskript, Kulturhistorisches Museum Ringelnatz-Sammlung, Wurzen // S. 32 Joachim Ringelnatz, *Das Gesamtwerk in sieben Bänden*, herausgegeben von Walter Pape, Zürich 1994, Band 6, S. 20. // S. 32 Ebd., S. 25. // S. 34 Ebd. // S. 34 Ebd., Band 4, S. 160. // S. 37 Georg Bötticher, *Meine Lieben*. *Plaudereien*, Leipzig 1989, S. 5–38. // S. 38 Joachim Ringelnatz, *Das Gesamtwerk in sieben Bänden*, herausgegeben von Walter Pape, Zürich 1994, Band 6, S. 29. // S. 39 Ebd., Band 7, S. 267. // S. 40 Ebd., Band 6, S. 30. // S. 40 Ebd., Band 4, S. 217. // S. 40 Herbert Günther, *Joachim Ringelnatz in Selbstzeugnissen und Bilddokumenten*, Reinbek 1964, S. 25. // S. 41 Joachim Ringelnatz, *Das Gesamtwerk in sieben Bänden*, herausgegeben von Walter Pape, Zürich 1994, Band 6, S. 37.

Wir gingen in See

S. 46 Sammlung Gescher, zitiert nach: Joachim Ringelnatz, *Das Gesamtwerk in sieben Bänden*, Band 5, S. 361 f. // S. 47 Joachim Ringelnatz, *Das Gesamtwerk in sieben Bänden*, herausgegeben von Walter Pape, Zürich 1994, Band 5, S. 121. // S. 47 Ebd., S. 122. // S. 48 Ebd., Band 6, S. 60. // S. 49 Ebd., S. 57. // S. 50 Ebd., S. 64. // S. 52 Ebd., S. 95. // S. 52 Ebd., S. 98. // S. 53 Ebd., S. 119. // S. 54 Bayerisches Staatsarchiv München, *Handschriftensammlung* // S. 55 Ringelnatz-Museum Cuxhaven // S. 56 Joachim Ringelnatz, *Das Gesamtwerk in sieben Bänden*, herausgegeben von Walter Pape, Zürich 1994, Band 6, S. 149. // S. 56 Ebd., Band 7, S. 113. // S. 57 Joachim Ringelnatz, *Briefe*, herausgegeben von Walter Pape, Berlin 1988, S. 294, 396. // S. 57 Ebd., S. 235. // S. 59 Joachim Ringelnatz, *Das Gesamtwerk in sieben Bänden*, herausgegeben von Walter Pape, Zürich 1994, Band 5, S. 131. // S. 60 Gottfried Benn, *Den Traum alleine tragen*. *Neue Texte, Briefe und Dokumente*, herausgegeben von Max Niedermayer und Paul Raabe, Wiesbaden 1966, S. 202. // S. 62 Bayerisches Staatsarchiv München, *Handschriftensammlung*.

Freisein an Bord

S. 67 Joachim Ringelnatz, *Das Gesamtwerk in sieben Bänden*, herausgegeben von Walter Pape, Zürich 1994, Band 6, S. 190. // S. 67 Ebd., Band 4, S. 87. // S. 68 Ebd., Band 6, S. 201. // S. 69 Ebd., S. 199. // S. 69 Ebd., S. 204. // S. 71 Joachim Ringelnatz, *Briefe*, herausgegeben von Walter Pape, Berlin 1988, S. 401.

Es lag etwas in der Luft

S. 72 Erich Mühsam, *Unpolitische Erinnerungen*, Berlin 2003, S. 90. // S. 78 Joachim Ringelnatz, *Das Gesamtwerk in sieben Bänden*, herausgegeben von Walter Pape, Zürich 1994, Band 6, S. 226. // S. 80 Rene Prévot, *Kleiner Schwarm für Schwabylon*, München 1954, S. 130. // S. 80 Erich Mühsam, *Unpolitische Erinnerungen*, Berlin 2003, S. 114. // S. 81 Privatsammlung Ralf Wassermeyer, Lübeck // S. 81 Joachim Ringelnatz, *Das Gesamtwerk in sieben Bänden*, herausgegeben von Walter Pape, Zürich 1994, Band 6, S. 240. // S. 82 Privatsammlung Ralf Wassermeyer, Lübeck // S. 86 Joachim Ringelnatz, *Das Gesamtwerk in sieben Bänden*, herausgegeben von Walter Pape, Zürich 1994, Band 4, S. 358. // S. 87 Rolf Hoerschelmann, *Leben ohne Alltag*, Berlin 1947, S. 163. // S. 88 Erich Mühsam, *Unpolitische Erinnerungen*, Berlin 2003, S. 168. // S. 88 Reinhard Koester, *Lesebuch*, Köln 2004, S. 121. // S. 94 Joachim Ringelnatz, *Das Gesamtwerk in sieben Bänden*, herausgegeben von Walter Pape, Zürich 1994, Band 6, S. 289. // S. 95 Ebd., Band 7, S. 7. // S. 96 Ebd., Band 6, S. 303. // S. 97 Joachim Ringelnatz, *Briefe*, herausgegeben von Walter Pape, Berlin 1988, S. 26. S. 97 // Ebd., S. 28. // S. 98 Ebd., S. 33. // S. 98 Ebd., S. 120. // S. 98 Joachim Ringelnatz, *Das Gesamtwerk in sieben Bänden*, herausgegeben von Walter Pape, Zürich 1994, Band 6, S. 319.

Mord allerorts – ich las Macbeth

S. 100 Joachim Ringelnatz, *Briefe*, herausgegeben von Walter Pape, Berlin 1988, S. 352. // S. 101 Bayerisches Staatsarchiv München, *Handschriftensammlung* // S. 101 Joachim Ringelnatz, *Das Gesamtwerk in sieben Bänden*, herausgegeben von Walter Pape, Zürich 1994, Band 7, S. 395 f. // S. 104 Ebd., S. 27. // S. 104 Ebd., S. 31. // S. 104 Ebd. // S. 106 www.muehsam-tagebuch.de // S. 107 Joachim Ringelnatz, *Das Gesamtwerk in sieben Bänden*, herausgegeben von Walter Pape, Zürich 1994, Band 7, S. 124. // S. 108 Ebd., S. 138. // S. 108 Ebd., S. 150. // S. 109 Ebd., S. 155. // S. 109 *Die Frauen um Ringelnatz – Zum 130. Geburtstag des Künstlers*, Ausstellungskatalog, herausgegeben von Sabine Jung / Stadt Wurzen, Wurzen 2013, S. 151. // S. 109 Ebd., S. 199. // S. 109 Ebd., S. 200. // S. 110 Ebd., S. 209. // S. 110 Joachim Ringelnatz, *Das Gesamtwerk in sieben Bänden*, herausgegeben von Walter Pape, Zürich 1994, Band 7, S. 157. // S. 110 Ebd., S. 170. // S. 110 Ebd., S. 174. // S. 111 Ebd., S. 175. // S. 111 Ebd., S. 221. // S. 112 Ebd., S. 248. // S. 112 Ebd., S. 268. // S. 112 Ebd., S. 285. // S. 113 Herfried Münkler, *Der große Krieg. Die Welt 1914 bis 1918*, Berlin 2014, S. 515. // S. 113 Joachim Ringelnatz, *Briefe*, herausgegeben von Walter Pape, Berlin 1988, S. 77. // S. 114 Joachim Ringelnatz, *Das Gesamtwerk in sieben Bänden*, herausgegeben von Walter Pape, Zürich 1994, Band 7, S. 302. // S. 116 Ebd., S. 318. // S. 116 Joachim Ringelnatz, *Briefe*, herausgegeben von Walter Pape, Berlin 1988, S. 95. // S. 117 Joachim Ringelnatz, *Das Gesamtwerk in sieben Bänden*, herausgegeben von Walter Pape, Zürich 1994, Band 7, S. 320. // S. 117 Ebd., S. 332. // S. 117 Ebd., S. 334. // S. 118 Ebd., S. 348. // S. 119 Joachim

Ringelnatz, *Briefe*, herausgegeben von Walter Pape, Berlin 1988, S. 116. // S. 119 Joachim Ringelnatz, *Das Gesamtwerk in sieben Bänden*, herausgegeben von Walter Pape, Zürich 1994, Band 7, S. 381.

Ich suche Sternengefunkel

S. 122 Kurt Tucholsky, *Gesammelte Werke in 10 Bänden*, herausgegeben von Mary Gerold-Tucholsky, Fritz J. Raddatz, Reinbek 1975, Band 2, S. 208. // S. 123 Joachim Ringelnatz, *Das Gesamtwerk in sieben Bänden*, herausgegeben von Walter Pape, Zürich 1994, Band 4, S. 185. // S. 123 Joachim Ringelnatz, *Briefe*, herausgegeben von Walter Pape, Berlin 1988, S. 117. // S. 125 Ebd., S. 118. // S. 125 Ebd., S. 232. // S. 126 Ebd., S. 119. // S. 127 Ebd., S. 123. // S. 127 Ebd., S. 124. // S. 128 Ebd., S. 125. // S. 128 Ebd., S. 128. // S. 128 Ebd., S. 287. // S. 129 Ebd., S. 130. // S. 129 Ebd., S. 131. // S. 130 Privatsammlung Ralf Wassermeyer, Lübeck // S. 130 Joachim Ringelnatz, *Briefe*, herausgegeben von Walter Pape, Berlin 1988, S. 124. // S. 131 Joachim Ringelnatz, *Das Gesamtwerk in sieben Bänden*, herausgegeben von Walter Pape, Zürich 1994, Band 4, S. 190. // S. 132 Joachim Ringelnatz, *Briefe*, herausgegeben von Walter Pape, Berlin 1988, S. 137. // S. 133 Staats- und Universitätsbibliothek Hamburg // S. 133 Joachim Ringelnatz, *Das Gesamtwerk in sieben Bänden*, herausgegeben von Walter Pape, Zürich 1994, Band 5, S. 232. // S. 136 Joachim Ringelnatz, *Briefe*, herausgegeben von Walter Pape, Berlin 1988, S. 151. // S. 136 Ebd., S. 153. // S. 137 Ebd., S. 155.

Wir sind oft unbefriedigt, weil wir übersicher witzeln

S. 144 Joachim Ringelnatz, *Briefe*, herausgegeben von Walter Pape, Berlin 1988, S. 163. // S. 144 Ebd., S. 170. // S. 144 Ebd., S. 174. // S. 145 Stadtarchiv Wasserburg am Inn, Signatur Std A Wbg/ Inn, VI 3415 // S. 148 Joachim Ringelnatz, *Briefe*, herausgegeben von Walter Pape, Berlin 1988, S. 188. // S. 150 Joachim Ringelnatz, *Das Gesamtwerk in sieben Bänden*, herausgegeben von Walter Pape, Zürich 1994, Band 4, S. 183 f. // S. 150 Ebd., S. 189. // S. 152 Ebd., S. 187. // S. 153 Ebd., S. 206. // S. 153 Alfred Döblin, *Berlin Alexanderplatz – die Geschichte von Franz Biberkopf*, Zürich/ Düsseldorf 1996, S. 265. // S. 153 Joachim Ringelnatz, *Das Gesamtwerk in sieben Bänden*, herausgegeben von Walter Pape, Zürich 1994, Band 4, S. 213. // S. 155 Stadtarchiv Wasserburg am Inn. Signatur Std A Wbg/ Inn, VI 341. // S. 156 Manfred Hausmann, *Kleine Begegnungen mit großen Leuten*, Neukirchen/Vluyn 1973, S. 83. // S. 157 Ebd., S. 85. // S. 159 Hans Siemsen, *Schriften III. Briefe*, Essen 1984, S. 187. // S. 162 Hans Leip, *Die Taverne zum musischen Schellfisch. Aus dem Leben des John Corbus*, München 1963, S. 144 f.

Ich habe – fall nicht um vor Schreck – ein richtiges Gedicht gemacht

S. 165 Joachim Ringelnatz, *Briefe*, herausgegeben von Walter Pape, Berlin 1988, S. 278. // S. 171 Stadtarchiv Wasserburg am Inn, Signatur Std A Wbg/ Inn, VI 3415 // S. 172 Asta Nielsen, *Die schweigende Muse*, Berlin 1977, S. 376. // S. 172 Ebd. // S. 174 Bayerisches Staatsarchiv München, *Handschriftensammlung* // S. 177 Joachim Ringelnatz, *Briefe*, herausgegeben von Walter Pape, Berlin 1988, S. 313.

Ein Glück ist niemals erreicht

S. 182 Ebd., S. 302. // S. 182 Ebd., S. 290. // S. 183 Carl Einstein, *Negerplastik*, Leipzig 1915, S. XIII. // S. 187 Marcellus Schiffer, *Heute Nacht oder nie*, herausgegeben von Viktor Rotthaler, Berlin 2002, S. 132. // S. 189 Joachim Ringelnatz, *Das Gesamtwerk in sieben Bänden*, herausgegeben von Walter Pape, Zürich 1994, Band 4, S. 224. // S. 192 Hans Erich Haack, *Mein lieber Ringelnatz*, in: Deutsche Rundschau, 79. Jahrgang 1953, Heft 8. // S. 193 Joachim Ringelnatz, *Das Gesamtwerk in sieben Bänden*, herausgegeben von Walter Pape, Zürich 1994, Band 5, S. 243. // S. 193 Akademie der Künste, Berlin, Paul-Strecker-Archiv Nr. 2. // S. 193 Akademie der Künste, Berlin, Paul-Strecker-Archiv Nr. 9.

Ich pfeife durchaus nicht auf Ruhm und auf Ehre

S. 195 Bayerisches Staatsarchiv München, *Handschriftensammlung* // S. 198 Joachim Ringelnatz, *Briefe*, herausgegeben von Walter Pape, Berlin 1988, S. 345. // S. 198 Ebd., S. 347. // S. 199 Ebd., S. 359. //S. 203 Willy Haas, *Die literarische Welt. Erinnerungen*, München 1960, S. 146. // S. 203 Erich Kästner, *Gemischte Gefühle. Literarische Publizistik. 1923–1933*, Berlin 1989, Band 2, S. 8. // S. 204 Joachim Ringelnatz, *Briefe*, herausgegeben von Walter Pape, Berlin 1988, S. 357. // S. 205 Vgl. Richard Bauer, *Geschichte Münchens*, München 2003, S. 162 f. // S. 207 Joachim Ringelnatz, *Briefe*, herausgegeben von Walter Pape, Berlin 1988, S. 367. // S. 207 Ebd., S. 392. // S. 207 Stadtarchiv Wasserburg am Inn, Signatur Std A Wbg/ Inn, VI 3415 // S. 208 Bayerisches Staatsarchiv München, *Handschriftensammlung* // S. 209 Erich Kästner, *Gemischte Gefühle. Literarische Publizistik. 1923–1933*, Berlin 1989, Band 1, S. 176. // S. 209 Joachim Ringelnatz, *Briefe*, herausgegeben von Walter Pape, Berlin 1988, S. 370. // S. 210 Joachim Ringelnatz, *Das Gesamtwerk in sieben Bänden*, herausgegeben von Walter Pape, Zürich 1994, Band 5, S. 314.

Aus dem Herzen eine Wüste machen

S. 211 Joachim Ringelnatz, *Briefe*, herausgegeben von Walter Pape, Berlin 1988, S. 399. // S. 211 Bayerisches Staatsarchiv München, Handschriftensammlung // S. 213 Fred Hildenbrandt, *... ich soll dich grüssen von Berlin 1922–1932. Berliner Erinnerungen ganz und gar unpolitisch*, post mortem herausgegeben von zwei Freunden, München 1966, S. 78 f. // S. 214 Stadtarchiv Wasserburg am Inn, Signatur Std A Wbg/ Inn, VI 3415 // S. 215 Ebd. // S. 216 Ebd. // S. 216 Asta Nielsen, *Die schweigende Muse*, Berlin 1977, S. 376. // S. 217 Joachim Ringelnatz, *Reisebriefe an M.*, herausgegeben von Muschelkalk Ringelnatz, Berlin 1964, S. 137. // S. 217 Ebd., S. 139. // S. 220 *Ringelnatz! Ein Dichter malt seine Welt*, herausgegeben von Frank Möbus, Friederike Schmidt-Möbus, Frank Woesthoff und Indiana Woesthoff, Göttingen 2000, S. 186 f. // S. 221 Joachim Ringelnatz, *Briefe*, herausgegeben von Walter Pape, Berlin 1988, S. 464. // S. 221 Ebd., S. 461. // S. 221 Hans Siemsen, *Schriften III. Briefe*, Essen 1984, S. 143. // S. 222 Stadtarchiv Wasserburg am Inn, Signatur Std A Wbg/ Inn, VI 3415.

Wenn es unversehens ganz finster wird – das letzte Jahr

S. 225 Asta Nielsen, *Die schweigende Muse*, Berlin 1977, S. 391. // S. 226 Joachim Ringelnatz, *Das Gesamtwerk in sieben Bänden*, herausgegeben von Walter Pape, Zürich 1994, Band 5, S. 315–337. // S. 228 Stadtarchiv Wasserburg am Inn, Signatur Std A Wbg/ Inn, VI 3415 // S. 229 Brief aus dem Privatbesitz von Frank Möbus, Göttingen // S. 229 Peter Rühmkorf, *Dreizehn deutsche Dichter*, Reinbek 1989, S. 50.

Auswahlbibliographie

I. Bücher von Ringelnatz

Joachim Ringelnatz, *Das Gesamtwerk in sieben Bänden*, herausgegeben von Walter Pape, Zürich 1994

Joachim Ringelnatz, *Briefe*, herausgegeben von Walter Pape, Berlin 1988

Joachim Ringelnatz, *Reisebriefe an M.*, herausgegeben von Muschelkalk Ringelnatz, Berlin 1964

Kunterbunte Nachrichten. Briefe aus Berlin von Joachim Ringelnatz, Berlin 2011

Joachim Ringelnatz / Eugen Schmidt / Gertrud Schmidt, *Briefwechsel*, Warmbronn 1999

II. Bücher über Ringelnatz

Herbert Günther, *Joachim Ringelnatz in Selbstzeugnissen und Bilddokumenten*, Reinbek 1964

Walter Pape, *Joachim Ringelnatz – Parodie und Selbstparodie in Leben und Werk*, Walter de Gruyter Berlin, New York 1974

In Memoriam Joachim Ringelnatz, Eine Bibliographie in: *Biographische Notizen, unveröffentlichte Gedichte und Erinnerungen der Freunde*, neu herausgegeben von Frank Möbus, Berlin 2010

Ringelnatz! Ein Dichter malt seine Welt, herausgegeben von Frank Möbus, Friederike Schmidt-Möbus, Frank Woesthoff und Indiana Woesthoff, Göttingen 2000

Frauen um Ringelnatz – Zum 130. Geburtstag des Künstlers, Ausstellungskatalog, Wurzen 2013

III. Zeugnisse von Zeitgenossen

Gottfried Benn, *Den Traum alleine tragen. Neue Texte, Briefe und Dokumente*, herausgegeben von Max Niedermayer und Paul Raabe, Wiesbaden 1966

Willy Haas, *Die literarische Welt. Erinnerungen*, München 1960

Manfred Hausmann, *Kleine Begegnungen mit großen Leuten*, Neukirchen / Vluyn 1973

Fred Hildenbrandt, *... ich soll dich grüssen von Berlin 1922–1932. Berliner Erinnerungen ganz und gar unpolitisch*, post mortem herausgegeben von zwei Freunden, München 1966

Rolf Hoerschelmann, *Leben ohne Alltag*, Berlin 1947

Erich Kästner, *Gemischte Gefühle. Literarische Publizistik. 1923–1933*, zwei Bände, Berlin 1989

Walther Kiaulehn, *Mein Freund der Verleger. Ernst Rowohlt und seine Zeit*, Reinbek 1967

Hans Leip, *Die Taverne zum musischen Schellfisch. Aus dem Leben des John Corbus*, München 1963

Erich Mühsam, *Unpolitische Erinnerungen*, Berlin 2003

Asta Nielsen, *Die schweigende Muse*, Berlin 1977

Rene Prévot, *Kleiner Schwarm für Schwabylon*, München 1954

Peter Rühmkorf, *Dreizehn deutsche Dichter*, Reinbek 1989

Hans Siemsen, *Schriften III. Briefe*, Essen 1984

Hermann Sinsheimer, *Gelebt im Paradies. Erinnerungen und Begegnungen*, München 1953

Kurt Tucholsky, *Gesammelte Werke in 10 Bänden*, herausgegeben von Mary Gerold-Tucholsky, Fritz J. Raddatz, Reinbek 1975

Carl Zuckmayer, *Als wär's ein Stück von mir. Horen der Freundschaft*, Frankfurt / M. 1997

IV. Weitere Literatur

Philippe Aries, *Geschichte der Kindheit*, Aus d. Franz. von Caroline Neubaur u. Karin Kersten. Mit e. Vorw. von Hartmut von Hentig, (Hanser-Anthropologie). München 1976.

Hilke Thode-Arora (Hg.), *From Samoa with Love. Samoa-Völkerschauen im Deutschen Kaiserreich. Eine Spurensuche*, Katalogbuch zur Ausstellung im Völkerkundemuseum in München, 2014

Peter Gay, *Die Republik der Außenseiter. Geist und Kultur in der Weimarer Zeit. 1918 – 1933*, Aus d. Amerikan. übers. von Helmut Lindemann. Mit e. Einl. von Karl Dietrich Bracher, Frankfurt/M. 1970

Hermann Glaser, *Wie Hitler den deutschen Geist zerstörte. Kulturpolitik im Dritten Reich*, Hamburg 2005

Herfried Münkler, *Der große Krieg. Die Welt 1914 bis 1918*, Berlin 2014

Manfred Overesch / Friedrich W. Saal, *Die Weimarer Republik. Eine Tageschronik der Politik – Wirtschaft – Kultur*, Augsburg 1992

M. Overesch / F.W. Saal, *Das Dritte Reich. 1933 bis 1939*, Düsseldorf 1982

Heinrich August Winkler, *Weimar 1918–1933*, München 2005

Personenverzeichnis

Dank

Wer mit Ringelnatz zu tun haben will, kommt an Norbert Gescher nicht vorbei. Und das ist gut so. Ihm verdanke ich aufschlussreiche, amüsante und bewegende Gespräche und interessante Einblicke in Ringelnatz' handschriftlichen Nachlass. Und
die Gelegenheit, ein bisschen von der Atmosphäre zu erleben,
in der Muschelkalk das Nachleben ihres Mannes organisiert hat.
Dirk Heißerer in München war von der Idee, ein Buch über Ringelnatz zu schreiben, ebenso begeistert wie ich. Ihm danke ich
für befeuernde Gespräche und wichtige Hinweise auf Archive
und spannende Dokumente aus seinem Archiv. Erika Fischer
von der Ringelnatz-Stiftung in Cuxhaven hat einen ganzen verregneten Nachmittag lang mit mir Briefe und Gedichte durchgesehen. Sabine Jung in Wurzen danke ich für aufschlussreiche
Gespräche über Probleme der Ringelnatz-Forschung im Osten sowie bislang unveröffentlichte Dokumente über die Familie. Ein
Dank gebührt auch Frank Möbus in Göttingen, der mir aus seinem privaten Archiv den Brief von Ottilie über die letzten Tage ihres Bruders zur Verfügung stellte. Ralf Wassermeyer in Lübeck hat
mir seine großartige Sammlung von Werken der deutschen Literatur der zwanziger Jahre gezeigt und fabelhafte Ringelnatz-Dokumente überlassen. Ich danke Matthias Haupt, der mir die einzigartige Ringelnatz-Sammlung des Stadtarchivs Wasserburg am Inn
zugänglich machte. Und ich danke Wolfgang Hörner, der mir mit
seinem Verlag die Gelegenheit gab, ein knappes Jahr lang durch
die wunderbare Welt des Joachim Ringelnatz zu gehen.

© Julia Amalia Heyer

Hilmar Klute ist Streiflicht-Chef der Süddeutschen Zeitung. Er hat einige Bücher veröffentlicht, zuletzt den zeitkritischen Essay *Wir Ausgebrannten*.